समाजशास्त्र शिक्षण
TEACHING OF SOCIOLOGY

समाजशास्त्र शिक्षण
TEACHING OF SOCIOLOGY

लेखक
डॉ0 शरदेन्दु किसलय
एम.एस.-सी., पी-एच.डी.
शिक्षक हवलदार
सेना शिक्षा कोर, भारतीय सेना

डिस्कवरी पब्लिशिंग हाउस
नई दिल्ली–110 002

प्रथम संस्करण: 2007

ISBN: 978-93-5056-650-3

प्रकाशक
डिस्कवरी पब्लिशिंग हाउस
4831/24, अन्सारी रोड, दरियागंज
नई दिल्ली—110 002
दूरभाष—23279245
फैक्स—23253475
e-mail: dphbooks@rediffmail.com
dphtemp@indiatimes.com

प्रिण्टर्स
सचिन प्रिंटर्स दिल्ली

प्रस्तावना

वर्तमान समय में हमारे देश में 40 फीसदी से ज्यादा लोग निरक्षर तथा अशिक्षित हैं। उनमें सामाजिक गुणों का अपेक्षित विकास नहीं हुआ है। वे बौद्धिक, राजनीतिक एवं सामाजिक तौर पर पूर्ण रूप से जागरूक नहीं हैं। परिणामस्वरूप समाज में अधिकांश लोगों का आर्थिक, सामाजिक, धार्मिक, सांस्कृतिक और राजनीतिक शोषण हो रहा है। राष्ट्रीय विकास के मार्ग में अवरोध अलग से है। राजनीतिक अस्थिरता के कारण सरकारों द्वारा कोई भी ठोस तथा प्रगतिशील कदम प्रभावशाली तरीके से उठाना संभव नहीं हो पा रहा है। अतएव समाजशास्त्र की शिक्षा वर्तमान परिप्रेक्ष्य में अनिवार्य है।

समाजशास्त्र के अंतर्गत समाज का वैज्ञानिक अध्ययन होता है। समाजशास्त्र एक ऐसा विज्ञान है जो समाज के विभिन्न पक्षों एवं आयामों का अध्ययन करता है। कहने का अर्थ है कि समाजशास्त्र समाज का विस्तृत रूप से अध्ययन करता है। लेकिन समाज का अध्ययन अन्य सामाजिक विज्ञानों में भी किया जाता है, जैसे—समाज के ऐतिहासिक पक्ष का अध्ययन इतिहास में, समाज के राजनीतिक पक्ष का अध्ययन राजनीति शास्त्र में, समाज के आर्थिक पक्ष का अध्ययन अर्थशास्त्र में तथा समाज के मनोवैज्ञानिक पक्ष का अध्ययन मनोविज्ञान में किया जाता है। कहने का अर्थ यह है कि समाजशास्त्र ही एक ऐसा विज्ञान नहीं है जो समाज का अध्ययन करता है अपितु इसके अलावा दूसरे विषय भी समाज का अध्ययन करते हैं।

समाजशास्त्र के शिक्षण में शिक्षण विधि, शिक्षण आव्यूह तथा शिक्षण प्रतिमानों का उपयोग किया जाता है। शिक्षण व्यूह में व्यक्तिगत भिन्नता को प्राथमिकता दी जाती है और यहां छात्र केन्द्रित प्रतिभा के तहत शिक्षण के लक्ष्य को प्रधानता दी जाती है और उसी लक्ष्य की प्राप्ति के लिए शिक्षण का प्रारूप और सामाजिक प्रणाली को विकसित करते हैं।

नई खोज एवं नये अनुसंधानों ने शिक्षा जगत् को भी प्रभावित किया है। शिक्षा जगत् में आए दिन नूतन प्रयोगों के प्रादुर्भाव से इसका प्रभाव स्पष्ट झलकता है। शिक्षा में द्रुत गति से शुद्धता के साथ किसी समस्या का हल देना एक जरूरी तकनीक है, इस लक्ष्य को कम्प्यूटर के द्वारा प्राप्त किया जा रहा है। वैसे कम्प्यूटर का उपयोग समाज के सभी क्षेत्रों, जैसे–उद्योगों, रेलवे, यातायात के साधनों, विभिन्न प्रकार के प्रयोगशालाओं एवं अनुसंधानों में, चिकित्सा, बिजली, डाक सेवा आदि सभी क्षेत्रों में बढ़ता जा रहा है। अपनी उपयोगिता से इसने शिक्षा-जगत् को भी अपने आयाम में ले लिया है। शिक्षा जगत् में इसका प्रयोग अभी अपनी शुरुआती अवस्था में है अथवा हम यूं कहें कि शिक्षा जगत में यह अपने बाल्यकाल में है। शिक्षा के क्षेत्र में कम्प्यूटर एक नवाचार के रूप में है इससे यह आशा की जाती है कि शिक्षा जगत् में इससे क्रान्तिकारी परिवर्तन होंगे।

प्रत्येक विषय की तरह समाजशास्त्र के शिक्षण में भी मूल्यांकन का अत्यधिक महत्त्व है। मूल्यांकन के द्वारा ही शिक्षक को यह जानकारी प्राप्त होती है कि उसके द्वारा सिखाई जाने वाली क्रियाओं को छात्रों ने किस सीमा तक सीखा है। कौन-कौन से बिन्दु छात्र नहीं सीख पाए हैं। मूल्यांकन के न होने पर सभी क्रियाएँ निरर्थक हो जाती हैं, इसके जाने बिना सीखना भी निरर्थक होता है। मूल्यांकन के द्वारा ही हम भविष्य के मार्ग का निर्धारण करते हैं। मूल्यांकन के द्वारा केवल उपलब्धियों का मापन ही नहीं वरन् सम्पूर्ण शैक्षिक प्रक्रिया में सुधार भी होता है।

प्रस्तुत पुस्तक 'सामाजशास्त्र शिक्षण' में समाजशास्त्र के अध्ययन-अध्यापन का सरल एवं रोचक ढंग से वर्णन किया गया है। समाजशास्त्र शिक्षण, समाजशास्त्र का अन्य विषयों से संबंध, समाजशास्त्र शिक्षण और पाठ्यक्रम, शिक्षण सहायक दृश्य-श्रव्य उपकरण, समाजशास्त्र शिक्षण और संसाधन कक्ष, समाजशास्त्र शिक्षण में कम्प्यूटर और समाजशास्त्र शिक्षण में पाठ योजना सरीखे शीर्षकों के माध्यम से 'समाजशास्त्र शिक्षण' विषय को अत्यधिक आसान बनाने का प्रयास किया गया है।

आशा है यह पुस्तक पाठकों को पसन्द आयेगी।

—लेखक

अनुक्रम

1

समाजशास्त्र शिक्षण : आवश्यकता और महत्त्व

समाजशास्त्र शिक्षण के विषय में विवेचना करने से पूर्व यह आवश्यक हो जाता है कि पहले यह स्पष्ट किया जाय की समाजशास्त्र है क्या? इसमें किसका अध्ययन किया जाता है? समाजशास्त्र की एक समुचित परिभाषा देना सहज कार्य नहीं है। यहाँ हम विभिन्न समाजशास्त्रियों के विचारों एवं उनके द्वारा व्यक्ति विचारों को सार प्रस्तुत किया जा रहा है–

1. समाजशास्त्र मानव-समाज का वैज्ञानिक अध्ययन है–अनेक समाजशास्त्रियों ने समाजशास्त्र को मानव समाज का वैज्ञानिक अध्ययन माना है। जिनमें आगस्ट कॉम्टे, एल.एफ.वार्ड, एच.डब्ल्यू.ओडम तथा समकालीन समाजशास्त्रियों में किंग्सले डेविस तथा जी.डंकन मिचेल के नाम विशेष उल्लेखनीय हैं। ऑगस्ट कॉम्टे ने 'समाजशास्त्र' को लेटिन एवं ग्रीक शब्दों क्रमशः 'सोशियस' एवं 'लोगोस' को मिलाकर बनाया। इन शब्दों के अर्थ क्रमशः 'समाज' एवं 'विज्ञान' भी लगाए जाते हैं। इस तरह समाजशास्त्र की व्युत्पत्तीय व्याख्या समाज का वैज्ञानिक दृष्टिकोण से अध्ययन है। वैज्ञानिक अध्ययन है।

2. समाजशास्त्र सामाजिक सम्बन्धों का अध्ययन है–समाजशास्त्रियों का एक अन्य वर्ग इसे सामाजिक रिश्तों का अधययन मानता है। वस्तुतः सामाजिक सम्बन्धों के बिना समाज की कल्पना ही नहीं की जा सकती। मात्र अवधारणात्मक अन्तर के कारण कुछ विद्वानों ने इसे 'सामाजिक सम्बन्धों का विज्ञान' कहा है। इनमें मैकाइवर तथा पेज, एच.पी.फेयरचाइल्ड, जे.एफ.क्यूबर, ब्लेकमार तथा गिलिन, ए.

डब्ल्यू ग्रीन, वान वीजे तथा आरनोल्ड रोज एवं मेक्स वेबर के नाम विशेष रूप से उल्लेखनीय हैं।

3. समाजशास्त्र क्रियाओं एवं अन्तः क्रियाओं का अध्ययन है– समाज विज्ञानियों की तीसरा वर्ग समाजशास्त्र को सामाजिक क्रियाओं या समाज की अन्तःक्रियाओं के अध्ययन का शास्त्र मानती हैं। इनमें मैक्स वेबर, मोरिस गिन्सबर्ग, गिलिन तथा समकालीन समाजशास्यिों में टालकट पारसन्स का नाम आता हैं।

4. समाजशास्त्र सामाजिक समूहों का अध्ययन है–कुछ समाजशास्त्रियों ने समाज विज्ञान की व्याख्या में 'सामाजिक समूहों' को प्रमुख स्थान दिया है। इनमें हैरी एम.जॉनसन, किम्ब बाल यंग, नोब्स, हॉइन एवं फ्लेमिंग विख्यात हैं।

अतएव विवेचनाओं के आलोक में कहा जा सकता है कि "समाजशास्त्र समाज, सामाजिक सम्बंधों, क्रियाओं एवं अन्तः क्रियाओं तथा सामाजिक समूहों का अध्ययन है।"

समाजशासत्र शिक्षण की आवश्यकता

आज हमारे देश में चालीस प्रतिशत से अधिक लोग निरक्षर तथा अशिक्षित हैं। उनमें सामाजिक गुणों का अपेक्षित विकास नहीं हुआ है। वे बौद्धिक, राजनीतिक एवं सामाजिक रूप से पूर्णतः जागरूक भी नहीं हैं। फलस्वरूप, समाज में अधिकांश लोगों का आर्थिक, सामाजिक, धार्मिक, सांस्कृतिक एवं राजनीतिक शोषण हो रहा है। राष्ट्र के विकास के मार्ग में बाधा हैं, सो अलग। राजनीतिक अस्थिरता के कारण सरकारों द्वारा भी कोई ठोस तथा प्रगतिशील कदम प्रभावकारी ढंग से उठाना संभव नहीं हो रहा है। अतएव समाजशास्त्र शिक्षा की आज सबसे बड़ी आवश्यकता है।

आज समाज में व्याप्त मूढ़ता की विश्रृंखलता, वैमनस्य, शोषण, असमानता एवं यथास्थितियों की भयानक अवस्था को देखकर समाज-शिक्षा पर ही सभी विचारकों एवं समाजसेवियों का ध्यान केंद्रित हो जाता है। समाज-शिक्षा पर ही सभी सामंजस्य तथा संवेदन की आवश्यकता होगी। इस आवश्यकता की पूर्ति समाज को इकाई मानकर उसके शिक्षण की व्यवस्था द्वारा ही हो सकती है। समाज-शिक्षा के कार्यक्रम द्वारा ही हम गणतंत्र के नागरिकों को साक्षर, समझदार, जागरूक, विवेकपूर्ण, न्यायाप्रिय, सहयोगी आदि बना सकते हैं। यह शिक्षा सामाजिक प्रगति एवं संपन्नता के मार्ग को भी प्रशस्त करती है।

इस प्रकार समाज-शिक्षा की आवश्यकता भारतीय गणतंत्र के विकास एवं स्थायित्व के लिए बहुत आवश्यक है।

समाजशास्त्र शिक्षण के क्षेत्र

समाजशास्त्र शिक्षा का क्षेत्र बहुत ही व्यापक है। कोई भी कार्य या विषय जिसमें मानवकल्याण की संभावना सन्निहित है, समाजशास्त्र शिक्षण का अंग और आधार हो सकता है। कोई भी व्यक्ति, बिना किसी भेद-भाव के, समाज-शिक्षा का पात्र हो सकता है। इससे स्पष्ट होत है कि समाज-शिक्षा के क्षेत्र को दो भागों में बांटा जा सकता है–(क) विषय-संबंधी क्षेत्र। (ख) पात्र-संबंधी क्षेत्र।

(क) विषय-संबंधी–समाजशास्त्र शिक्षण का विषय-क्षेत्र बहुत व्यापक है। इसमें सामाजिक, व्यावसायिक, सांस्कृतिक, राजनीतिक तथा वैज्ञानिक सभी विषय आ जाते हैं। व्यक्ति को स्वास्थ्य तथा शरीर विज्ञान के उपयोगी ज्ञान इनके अंदर दिए जाते हैं। निरक्षरों को साक्षर बनाया जाता है। जो जिस पेशे के लोग हैं, उनको उनके पेशे में दक्षता प्रदान की जाती है। संगीत, वाद्य तथा अभिनय के द्वारा उनका सांस्कृतिक पक्ष सबल बनाया जाता है। रेडियो-गोष्ठी, पुस्तकालय, वाचनालय आदि द्वारा उनका मनोरंजन तथा सामाजिक-राजनीतिक उत्थान किया जाता है। इसका क्षेत्र बहुत व्यापक होता जा रहा है।

(ख) पात्र-संबंधी–इस क्षेत्र के अंदर व्यक्ति को प्रधानता दी जाती है। सामान्यतः वैसे किशोर, जिन्हें औपचारिक शिक्षा की सुविधा प्राप्त न हो सकी, 'इस क्षेत्र में आते हैं। समाज-शिक्षा उनके लिए भी है। इस कोटि के युवक भी इस क्षेत्र के अंदर ही आते हैं। प्रौढ़ व्यक्ति, जिन्हें औपचारिक शिक्षा न प्राप्त हो सकी, इस शिक्षा के क्षेत्र में विशेष रूप से आते हैं। इस प्रकार यह स्पष्ट हुआ कि किशोरावस्था से लेकर प्रौढ़ावस्था तक के अशिक्षित, अनपढ़ व्यक्तियों के लिए समाज-शिक्षा का विस्तृत क्षेत्र खुला हुआ है।

समाजशास्त्र शिक्षण के उद्देश्य

1. परिवेश का सम्यक् ज्ञान–देश के इतिहास, भूगोल तथा विभिन्न कालों की सामाजिक परिस्थितियों के संबंध में आवश्यक जानकारी कराना।

2. व्यवसायिक प्रवीणता का विकास–प्रौढ़ व्यक्तियों को ऐसी व्यावसायिक शिक्षा प्रदान करना कि उनका आर्थिक स्तर ऊंचा हो सके।

3. सांस्कृतिक उत्थान–साहित्य, संगीत, नृत्य, कला तथा विविध सृजनात्मक क्रियाओं के माध्यम से प्रौढ़ों की भावना एवं विचार को ऊंचा उठाना। दरअसल उसमें समाज का सांस्कृतिक उत्थान ही अभीष्ट है।

4. सहिष्णुता तथा विश्वबंधुत्व–विश्व-नौतिकता, अंतर्राष्ट्रीय सहिष्णुता तथा विश्वबंधुत्व के सिद्धांतों की जानकारी। इससे विश्वशांति का उदय होगा तथा अंतर्राष्ट्रीय शोषण का विनाश होगा, जिससे विश्व-मानवता का विकास हो सके।

5. नागरिकता का विकास—नागरिकता का अर्थ तथा गणतंत्र के सम्यक् रूप से संचालन की विधि का ज्ञान देना।

6. साक्षरता—प्रत्येक अनपढ़ एवं निरक्षर किशोर, युवक तथा प्रौढ़ को साक्षर बनाना जिससे वे अपने कार्य-संबंधी साहित्य को पढ़कर अपने में दक्षता का विकास कर सकें।

7. स्वस्थ जीवन-यापन के नियमों का ज्ञान—स्वास्थ्य एवं शरीर विज्ञान के सिद्धांतों तथा सामूहिक तथा वैयक्तिक स्वच्छता के विषय में उपयेगी ज्ञान प्रदान करना।

समाजशास्त्र शिक्षण का स्वरूप

भारत सरकार ने समाज-शिक्षा का स्वरूप निर्धारण करते हुए उसके निम्नांकित कार्यों का निर्देश किया—

(क) समाज में शिक्षित साहित्यिकारों को उत्पन्न करना जिससे साहित्यिक सांस्कृतिक शिक्षा की पूर्ति हो।

(ख) ऐसे पौढ़ व्यक्तियों को पढ़ाना जो निरक्षर हैं।

(ग) प्रौढ़ व्यक्तियों को अपने नागरिक अधिकारों तथा कर्त्तव्यों के संबंध में जानकारी कराना।

(घ) प्रौढ़ों का उनके व्यवसाय का विशेष प्रशिक्षण देकर उनमें व्यावसायिक दक्षता का विकास करना।

समाजशासत्र शिक्षण का महत्व

समाजशास्त्र शिक्षण के महत्व को हम निम्नलिखित बिन्दुओं के तहत स्पष्ट कर सकते हैं—

1. उत्तम नागरिकों का निर्माण—समाजशास्त्र शिक्षण के माध्यम से उत्तम नागरिकों का निर्माण किया जा सकता है। भारत एक धर्म निरपेक्ष जनतन्त्र है। इसको सफल बनाने के लिए प्रत्येक व्यक्ति को देश का सच्चा तथा सुयोग्य नागरिक बनाना है। सच्चा तथा सुयोग्य नागरिक बनाने के लिए शिक्षा बालकों में सच्चारित्रता, स्वतन्त्र तथा स्पष्ट चिन्तन, देश-भक्ति, सहयोग, सहानुभूति, सहनशीलता तथा अनुशासन आदि गुणों का विकास करके उन्हें कर्त्तव्यों तथा अधिकारों के प्रति जागरूक करती है। यदि शिक्षा सच्चे देश भक्त तथा सुयोग्य नागरिकों का निर्माण कर देती है, तो देश का कल्याण ही कल्याण है।

2. वातावरण का रूप परिवर्तन—समाजशास्त्र शिक्षण से मानव में अच्छी आदतों का निर्माण होता है। इन आदतों की मदद से मानव वातावरण में आवश्यकतानुसार परिवर्तन भी कर सकता है। अतएव शिक्षा का कार्य व्यक्ति को केवल वातावरण से अनुकूलन करना ही सिखाना नहीं, अपितु उसे इस योग्य भी बनाना है कि वह आवश्यकता पड़ने पर इसके रूप में भी परिवर्तन कर सके। आज के संघर्षपूर्ण संसार में शिक्षा के इस कार्य का विशेष महत्त्व है। हमारे देश में भी विभिन्न जातियों, प्रजातियों, धर्मों तथा भाषाओं ने जिस दूषित वातावरण का निर्माण कर रखा है, वह किसी से छिपा नहीं है। इस दूषित वातावरण में मात्र शिक्षा के ही द्वारा सुधार किया जा सकता है।

3. सामाजिक आवश्यकताओं की पूर्ति—प्रत्येक मानव की व्यक्तिगत, मनोवैज्ञानिक तथा अवकाश काल सम्बन्धी आवश्यकताओं के साथ साथ सामाजिक समस्याएँ भी होती हैं। समाजशास्त्र इन आवश्यकताओं की पूर्ति करता है।

4. भावात्मक एकता की स्थापना—जिस प्रकार राष्ट्रीय विकास के लिए राष्ट्रीय एकता की आवश्यकता है, उसी प्रकार राष्ट्रीयता एकता के लिए भावात्मक एकता की भी आवश्यकता है। भारत विभिन्नताओं का देश है। यहाँ पर विभिन्न भाषाएँ, परम्पराओं, धर्म तथा रहन-सहन पाए जाते हैं। हम में से प्रायः प्रत्येक व्यक्ति दूसरों की तुलना में केवल अपनी भाषा तथा रीति-रिवाज एवं धर्म को सबसे अच्छा समझता है। इस संकीर्ण दृष्टिकोण के कारण हम सब में इतना मनमुटाव हो जाता है कि कभी-कभी लड़ाई-झगड़े भी हो जाते हैं। ऐसे समय पर शिक्षा हमें उस राष्ट्रीय-सम्पत्ति (National Heritage) का ध्यान दिलाती है जिसके विषय में हम सब एक मत हैं तथा जो हम सब को एकता के सूत्र में बाँधती है। यही राष्ट्रीय सम्पत्ति का आदर्श राष्ट्र में भावात्मक एकता को विकसित करने में मदद करता है। इस भावात्मक एकता की स्थापना में समाजशास्त्र का शिक्षण बहुत ही जरूरी है।

5. राष्ट्रीय अनुशासन—किसी भी राष्ट्र को एकता के सूत्र में बाँधकर उसे पूर्णरूपेण विकसित करने के लिए राष्ट्रीय अनुशासन परम आवश्यक है। अतः शिक्षा का कार्य राष्ट्रीय अनुशासन को विकसित करना है। भारत अब स्वतन्त्र है। इस महान् राष्ट्र की स्वतन्त्रता को बनाए रखने के लिए परिश्रम तथा सतर्कता के साथ-साथ संगठन, कुशलता एवं बलिदान आदि गुणों की भी आवश्यकता है। इसका एकमात्र कारण यह है कि उक्त गुणों के विकसित होने से ही राष्ट्रीय अनुशासन का जन्म होता है। अतएव भारतीय शिक्षा को राष्ट्रीय अनुशासन के कार्य में सहयोग देना चाहिए। माध्यमिक शिक्षा आयोग ने इसी तथ्य की पुष्टि करते हुए लिखा

है–"जनतन्त्र सफलापूर्वक कार्य नहीं कर सकता जब तक सभी आदमी, केवल एक विशेष वर्ग के ही नहीं, अपने-अपने उत्तरदायित्व को निभाने के लिए प्रशिक्षित नहीं किए जाते और इसके लिए अनुशासन प्रशिक्षण की आवश्यकता है।" इस अनुशासन को स्थापित करने में समाजशास्त्र शिक्षण का महत्वपूर्ण योगदान है।

6. नागरिक तथा सामाजिक कर्त्तव्यों की भावना का समावेश—समाजशास्त्र में नागरिक तथा सामाजिक कर्त्तव्यों का अध्ययन किया जाता है। भारत एक धर्म-निरपेक्ष गणराज्य है। इसको सफल बनाने के लिए यह आवश्यक है कि प्रत्येक नागरिक के रूप में राष्ट्र के प्रति तथा व्यक्ति के रूप में समाज के प्रति अपने कर्त्तव्यों का पालन करता रहे। अतः शिक्षा का कार्य बालक में नागरिक तथा सामाजिक कर्त्तव्यों की भावनाओं को विकसित करना है जिससे आज का बालक कल के नागरिक के रूप में अपने कर्त्तव्यों का पालन करके राष्ट्रीय विकास में यथाशक्ति योगदान दे सके। इस तरह समाजशास्त्र शिक्षण का नागरिक तथा सामाजिक कर्त्तव्यों की भावना को विकसित करने में महत्त्वपूर्ण योगदान है।

7. नैतिकता का प्रशिक्षण—नैतिकता हर राष्ट्र की बहुमूल्य सम्पत्ति है। अतएव शिक्षा का कार्य बालक को नैतिकता का प्रशिक्षण देना है। प्रसन्नता की बात है कि हमारा देश नैतिकता की दौड़ में विश्व के सभी देशों से सदैव आगे ही रहा है, लेकिन खेद की बात है कि स्वतन्त्रता प्राप्ति के बाद अब राष्ट्रीय जीवन के लगभग हर क्षेत्र में अनैतिकता का साम्राज्य दिखाई पड़ रहा है। ऐसी दशा में राष्ट्र के विकास को दृष्टि में रखते हुए भारत के नागरिकों के लिए नैतिक प्रशिक्षण और भी आवश्यक हो जाता है। शिक्षा बालक के अन्दर सत्य, प्रेम एवं त्याग आदि कई वांछनीय गुणों को विकास करके नैतिक विकास करती है। अतएव भारतीय शिक्षा को चाहिए कि वह राष्ट्र को विकसित करने के लिए पहले सबका नैतिक विकास करे। यह कार्य समाजशास्त्र शिक्षण के द्वारा सहजता से किया जा सकता है।

8. राष्ट्रीय हित को प्राथमिकता—समाजशास्त्र में राष्ट्रीय हित के विषय में बताया जाता है। प्रत्येक राष्ट्र को जीवित रहने के लिए यह आवश्यक है कि वहाँ के नागरिक अपने हितों की अपेक्षा राष्ट्रहित को प्राथमिकता दें। अतः राष्ट्रीय जीवन में शिक्षा का कार्य नागरिकों को इस प्रकार से प्रशिक्षित करना है कि वे अपने निजी हितों की अपेक्षा राष्ट्रहित को प्राथमिकता देते रहें। अन्य राष्ट्रों की अपेक्षा भारत में शिक्षा को इस ओर विशेष ध्यान देना है। इसका कारण यह है कि भारतीय समाज ऐसे अनेक वर्गों तथा राजनीतिक दलों बँटा हुआ है जो राष्ट्रहित की आड़ में सदैव

अपने-अपने हितों को पूरा करने के लिए एक-दूसरे से टकराते रहते हैं। केवल शिक्षा ही एक ऐसा साधन है जिसके द्वारा इन सभी वर्गों तथा दलों को राष्ट्र कल्याण के लिए तैयार किया जा सकता है। अतः यह राष्ट्रीय हित को प्राथमिकता प्रदान करने में अपना महत्त्वपूर्ण योगदान देता है।

9. सामाजिक कुशलता की उन्नति—हर राष्ट्र का कल्याण इस बात में है कि वहाँ के नागरिक सामाजिक दृष्टि से कुशल एवं उन्नतिशील हों। अमरीका के प्रोफ़ेसर बागले (Bagley) के अनुसार सामाजिक दृष्टि से कुशल वह व्यक्ति होता है जो राष्ट्र के लिए भार न हो, दूसरों के कार्य में हस्तक्षेप न करे तथा जो समाज की उन्नति में यथाशक्ति योग देता रहे। इस दृष्टि से भारत के राष्ट्रीय जीवन में शिक्षा का कार्य बालकों में सामाजिक कुशलता की उन्नति करना है। इस महान् कार्य को शिक्षा उन व्यापारों तथा उद्योगों में बालक को प्रशिक्षित करके पूरा कर सकती है जो समाज अथवा राष्ट्र के लिए उपयोगी हों। समाजशास्त्र इस ओर ध्यान आकृष्ट करता है।

10. नेतृत्व के लिए प्रशिक्षण—समाजशास्त्र नेतृत्व के लिए प्रशिक्षण प्रदान करता है। जनतन्त्र और नेतृत्व का घनिष्ठ सम्बन्ध होता है। इस दृष्टि से जनतन्त्र में योग्य, अनुभवी तथा कुशल नेताओं का होना परम आवश्यक है। दूसरे शब्दों में, जनतन्त्र की सफलता के लिए राजनीतिक, सामाजिक, औद्योगिक तथा सांस्कृतिक आदि सभी क्षेत्रों के लिए प्राइमरी, माध्यमिक तथा उच्च तीनों स्तरों पर उत्तरदायित्वपूर्ण नेताओं की आवश्यकता होती है। प्रत्येक क्षेत्र में उच्चस्तरीय नेता नीति का निर्माण करते हैं। इस नीति को माध्यमिक तथा प्राइमरी स्तरों के नेता कार्यरूप में परिणाम करते हैं। अतः जनतन्त्रीय समाज के प्रत्येक क्षेत्र में विभिन्न स्तरों के लिए अधिक से अधिक नेतृत्व का प्रशिक्षण आवश्यक है। भारत भी एक सर्वसत्ता सम्पन्न लोकतन्त्रात्मक गणराज्य है। हमें भी राष्ट्रीय जीवन के प्रत्येक क्षेत्र में भी स्तरों के लिए योग्य, अनुभवी तथा कुशल नेताओं की आवश्यकता है।

11. राष्ट्रीय एकता—राष्ट्रीय विकास के लिए राष्ट्रीय एकता परम आवश्यक है। अतः राष्ट्रीय जीवन में शिक्षा का कार्य राष्ट्रीय एकता की स्थापना करना है। खेद का विषय है कि भारत जैसे महान् राष्ट्र में शिक्षा इस कार्य के प्रति अभी तक उदासीन है। परिणामस्वरूप हमारे अन्दर विचारों की संकीर्णता, स्वार्थता तथा कटुता आदि दोष उत्पन्न हो गए हैं। विश्वास करके कभी भाषा के प्रश्न पर लड़ पड़ते हैं तो कभी जनसंख्या के आधार पर राष्ट्र का बँटवारा करना चाहते हैं। वास्तविकता यह है कि इन दोषों ने अपनी शत्रुता को इतना बढ़ा दिया है कि राष्ट्रीय एकता खतरे में पड़ गई है। यदि राष्ट्र को खतरे से बचाना है तो व्यक्ति से इन भयंकर दोषों को दूर

हटाना होगा। समाजशास्त्र इन विषयों का विश्लेषण करता है अतः समाजशास्त्र शिक्षण उपयोगी है।

1947 के बाद भारत में समाजशास्त्र शिक्षा की प्रगति

फरवरी, सन् 1949 ई. में भारत के राज्यों के शिक्षा मंत्रियों का एक सम्मेलन केंद्रीय सरकार ने दिल्ली में बुलाया इस सम्मेंलन में समाज-शिक्षा के उक्त कार्यक्रमों को सफलतापूर्वक लागू के लिए महत्त्वपूर्ण निर्णय लिये गए। यह निश्चय हुआ कि 12 से 50 वर्ष के बीच की अवस्थावाले सभी व्यक्तियों को 50 प्रतिशत के औसत से तीन वर्षों के भीतर शिक्षित कर दिया जाए। आर्थिक संकट के कारण इस योजना को कार्यांवित नहीं किया जा सका। पर 1949-50 ई. में भारत-सरकार ने एक-एक लाख रुपए की सहायता इस योजना को कार्यांवित करने के लिए राज्यों को प्रदान की। इसलिए कुछ राज्यों में थोड़ा-बहुत कार्य हो सका।

योजना के प्रथम वर्ष 1951 में न केवल दिल्ली नगर और उसके निकटवर्ती क्षेत्रों में प्रौढ़-शिक्षा-केंद्रों की स्थापना की गई, वरन् दिल्ली राज्य के ग्रामीण-क्षेत्रों में भी 6 केंद्र खोले गए और उनके संचालनार्थ 62 शिक्षकों को प्रौढ़ा-शिक्षा-पद्धति के अनुसार प्रशिक्षण दिया गया।

बंबई प्रांत में, विशेष रूप से श्रमिक-बस्तियों में भी, सामाजिक शिक्षा के क्षेत्र में सराहनीय कार्य हुए। बंबई नगर में भी कार्य सुचारु रुप से हुआ। ग्रामीण-क्षेत्रों में भी प्रौढ़-शिक्षा की प्रयोगात्मक शिक्षा के लिए 80 अधिक आबादी वाले क्षेत्रों को चुना गया। क्षेत्रीय विस्तार के आधार पर ग्रामों और नगरों, दोनों में प्रौढ़-शिक्षा-अधिकारियों की नियुक्ति की गई। प्रत्येक अधिकारी को एक हजार प्रौढ़ों की शिक्षा के लिए उत्तरदायी बनाया गया है।

सरकार से समाज-शिक्षा को प्रोत्साहन देने के लिए तो मध्य प्रदेश में एक नया प्रयोग किया। 451 प्रौढ़-शिक्षा-शिविरों की स्थापना सन् 1948-49 में की और इनमें 20,924 महिलाओं और 41,274 पुरुषों को विभिन्न विषयों में प्रशिक्षित किया गया। प्रांतीय सरकार ने न केवल ग्रामीण अध्यापकों को 20 रुपए वेतन के अतिरिक्त 5 रुपया और भत्ता के रूप में देने की घोषणा की, वरन प्रत्येक स्त्री को 5 रुपए और प्रत्येक पुरुष को 2 रुपए पुरस्कार के रूप में भी देने की व्यवस्था की। एक हजार ग्रामीण स्कूलों के लिए सरकार ने रेडियों का भी प्रबंध किया। सामाजिक शिक्षा के प्रसार में अभिरुचि का यह एक ज्वलंत उदाहरण है।

नागरिकता-शिक्षा-योजना के अंतर्गत सन् 1949-50 में माद्रास प्रांत में सरकार ने प्रौढ़-शिक्षा-प्रसार के लिए 100 नागरिकता-स्कूल और 6 ग्रामीण कॉलेज

खोले। तमिल, तेलुगु, मलयालम और कन्नड़ भाषाओं के अध्यापकों के प्रशिक्षणार्थ प्रशिक्षिण-केंन्द्रों की व्यवस्था की गई। स्मरणीय है कि मद्रास प्रांत में लोक पद्धति का अनुसरण किया जा रहा है।

बंगाल, जम्मू तथा कश्मीर, हैदराबाद इत्यदि राज्यों में भी सन् 1940 ई. के बाद से प्रौढ़-शिक्षा का कार्य बड़ती तेजी से आगे बढ़ रहा है।

उत्तरप्रदेश भी सामाजिक शिक्षा-प्रसार के कार्य में अपनी अभिरुचि दिखला रहा है। पंचवर्षीय योजना के अंतर्गत इस कार्य की ओर विशेष ध्यान दिया गया। इस कार्य के लिए एक पृथक विभाग की स्थापना भी की गई। सन् 1948 और 1952 ई. के मध्य में साढ़े तेरह लाख प्रौढ़ों को साक्षर किया गया और प्रदेश भर में पौने दो लाख पुस्तकें बांटी गई।

बिहार में भी प्रौढ़-शिक्षा को बड़ा प्रोत्साहन मिला। इस क्षेत्र में श्री सैयद महमूद के नेतृत्व में 'अपना घर साक्षर बनाओ' जैसे प्रौढ़-शिक्षा काय्रक्रम चलाये गये। इसमें स्वयं सेवकों ने भी बढ़-चढ़ कर भाग लिया। परिणामतः सन् 1941-42 में लगभग 24,289 प्रौढ़-व्यक्ति शिक्षित किए गए। 'प्रांतीय जन-शिक्षा-समिति' की स्थापना इसी कार्य के लिए की गई। सन् 1942-43 ई. में लगभग 1 लाख 11 हजार प्रौढ़ों ने उत्तर-साक्षरता पाठ्य-विषय पास किया। इस कार्य में तब विशेष रूप से प्रगति हुई जबकि सन् 1946 ई. में कांग्रेस-मंत्रिमंडल सत्ताधारी हुआ। बिहार के प्रौढ़-शिक्षा-कार्यक्रम की विशेष रूप से ध्यान देनेवाली बात यह है कि उसने युद्धकाल में भी अपना कार्य जारी रखा। लगभग दो लाख प्रौढ़ों को प्रतिवर्ष शिक्षित किया गया।

यहाँ के जनता कॉलेज, मोदमंडली तथा समाज-शिक्षा-साहित्य- प्रशासन-विभाग काम करते रहे हैं।

देश के बहुमुखी विकास के लिए 1952 ई. में पंचवर्षीय योजना लागू की गई। इसमें सामुदायिक विकास एवं प्रसार-योजनाओं को लागू किया गया और इनमें प्रौढ़-शिक्षा को महत्त्वपूर्ण, राजनीति, स्वास्थ्य-सफाई और मनोरंजन की सुविधाए दी जा रही हैं। भावी योजनाओं में प्रयोगों के आधार पर अर्जित ज्ञान के सहारे इस कार्य संशोधन और परिवर्द्धन किया जाता है। ये योजनाएं पूर्णरूपेण सफलता प्राप्त नहीं कर रही है।

सामाजिक शिक्षा के लिए प्रथम पंचवर्षीय योजना के अंतर्गत देश में समाज-केंदों, शिक्षा-मंडलों का संगठन किया गया और सघन पुस्तकालय-सेवा का कार्य प्रारंभ हुआ। जनता कॉलेजों की स्थापना हुई और प्रौढ़ों के लिए साहित्य का सृजन एवं वितरण किया गया।

2

समाजशास्त्र शिक्षण का अन्य विषयों से सम्बन्ध

समाजशास्त्र के अंतर्गत समाज का वैज्ञानिक अध्ययन होता है। समाजशास्त्र एक ऐसा विज्ञान है जो समाज के विभिन्न पक्षों एवं आयामों का अध्ययन करता है। कहने का अर्थ है कि समाजशास्त्र समाज का विस्तृत रूप से अध्ययन करता है। लेकिन समाज का अध्ययन अन्य सामाजिक विज्ञानों में भी किया जाता है। जैसे समाज के ऐतिहासिक पक्ष का अध्ययन इतिहास में, समाज के राजनीतिक पक्ष का अध्ययन राजनीति शास्त्र में, समाज के आर्थिक पक्ष का अध्ययन अर्थशास्त्र में तथा समाज के मनोवैज्ञानिक पक्ष का अध्ययन मनोविज्ञान में किया जाता है। कहने का अर्थ यह है कि समाजशास्त्र ही एक ऐसा विज्ञान नहीं है जो समाज का अध्ययन करता है अपितु इसके अलावा दूसरे विषय भी समाज का अध्ययन करते हैं। इसलिए यह स्वाभाविक है कि इन सभी विषयों का समाजशास्त्र के साथ कुछ-न-कुछ संबंध अवश्य होगा। ये सभी विषय एक-दूसरे से अपने अध्ययन में मदद लेते हैं तथा मदद देते हैं। अर्थात् इन सामाजिक विज्ञानों का समाजशास्त्र से गहरा संबंध है। हालाँकि इन संबंधों को लेकर अनेक समाजशास्त्रियों के मध्य मतभेद भी पाया जाता है। अर्थात् कुछ लोगों का कहना है कि समाजशास्त्र का अन्य सामाजिक विज्ञानों से कोई संबंध नहीं है जबकि कुछ लोगों के मत में इसका अन्य सामाजिक विज्ञानों से गहरा संबंध है। अगस्त कॉम्टे का मानना है कि समाजशास्त्र के अतिरिक्त जितने भी

सामाजिक विज्ञान हैं वे बेकार हैं। इनके मत में समाज को टुकड़ों में बाँटकर अध्ययन नहीं किया जा सकता। इनका कहना है कि इतिहास, मनोविज्ञान, अर्थशास्त्र तथा राजनीतिशास्त्र आदि सभी सामाजिक विज्ञान समाज के अध्ययन में सहायक सिद्ध नहीं होते हैं। कॉम्टे के अनुसार समाज एक पूर्ण व्यवस्था है तथा इसका अध्ययन भी पूर्णता में ही होना चाहिए। कॉम्टे के विचार में समाजशास्त्र ही एकमात्र सामाजिक विज्ञान है।

आधुनिक समाजशास्त्री कॉम्टे के उपरोक्त विचारों से राजी नहीं हैं। उनका कहना है कि समाजशास्त्र संपूर्ण समाज का अध्ययन करता है। संपूर्ण के अध्ययन के लिए विशेष का अध्ययन होना जरूरी है। कहने का अर्थ यह है कि संपूर्ण साभाजिक व्यवस्था का अध्ययन करने के लिए उसके विशेष पक्षों एवं पहलुओं का अध्ययन करना प्रतीत होता है। अन्य सामाजिक विज्ञानों द्वारा समाज के विशेष पक्षों एवं पहलुओं का अध्ययन किया जाता है। इस अध्ययन से समाजशास्त्र को अपने अध्ययन में सहायता मिलती है। साथ ही समाजशास्त्र से भी अन्य विषय अपने अध्ययन में मदद लेते हैं।

हालाँकि समाजशास्त्र का अपना एक अलग दृष्टिकोण है। समाजशास्त्र अन्य सामाजिक विज्ञानों का समन्वय है लेकिन वह एक स्वतंत्र विज्ञान भी है। सोरोकिन द्वारा भी समाजशास्त्र को एक स्वतंत्र विज्ञान माना गया है। गिडिंग्स का इस संबंध में कहना है कि चूँकि समाजशास्त्र संपूर्ण समाज का अध्ययन करता है इसलिए यह विशेष सामाजिक विज्ञानों के क्षेत्रों का भी अध्ययन करता है। लेकिन समाजशास्त्र का अपना एक पृथक् दृष्टिकोण है और वह विशेष सामाजिक विज्ञानों के केवल मौलिक घटनाओं का ही अध्ययन करता है। इसी तरह वार्ड ने भी अपना विचार प्रकट करते हुए कहा है कि समाजशास्त्र अन्य सामाजिक विज्ञानों का समन्वय अवश्य है पर वह अन्य सामाजिक विज्ञानों का ऐसा समन्वय है जो विशिष्ट सामाजिक विज्ञानों को अपने-आपमें मिलाकर उसका स्वतंत्र अस्तित्व समाप्त कर देता है और एक नई बात सामने आ जाती है। अर्थात् वार्ड के कथनानुसार यह बात सामने आती है कि समाजशास्त्र अन्य सामाजिक विज्ञानों को अपने अंदर अंतर्निहित करके अपना एक अलग दृष्टिकोण विकसित करता है तथा अपना स्वतंत्र अस्तित्व बनाए रखता है। आज के विशिष्टीकरण के युग में अन्य सामाजिक विज्ञानों के महत्त्व को नकारा नहीं जा सकता है। साथ ही उसकी उपयोगिता को भी नकारा नहीं जा सकता है।

उपरोक्त बातों से यह पता चलता है कि समाजशास्त्र के साथ-साथ अन्य सामाजिक विज्ञान भी अपने-अपने क्षेत्रों में प्रमुख स्थान रखते हैं। साथ ही वे अपने

अध्ययन में एक-दूसरे से मदद लेते और देते हैं। अतः इनके मध्य गहरा संबंध है। समाजशास्त्र का अन्य सामाजिक विज्ञानों के साथ क्या संबंध है, इस संदर्भ में बार्न्स एवं बेकर की टिप्पणी अत्यन्त महत्त्वपूर्ण है। उनके अनुसार, ''समाजशास्त्र को न तो सामाजिक विज्ञानों की स्वामिनी माना जाता है और न उनकी दासी बल्कि उनकी बहिन माना जाता है।" बार्न्स एवं बेकर की इस टिप्पणी से स्पष्ट हो जाता है कि समाजशास्त्र का अन्य सामाजिक विज्ञानों के साथ किस प्रकार का संबंध है।

समाजशास्त्र का अन्य सामाजिक विज्ञानों से गहरा संबंध है। समाजशास्त्र का मानवशास्त्र, अर्थशास्त्र, इतिहास, राजनीतिशास्त्र, भूगोल, दर्शनशास्त्र, मनोविज्ञान, सामाजिक मनोविज्ञान, जीवशास्त्र, नीतिशास्त्र तथा जनसंख्याशास्त्र आदि से संबंध है।

इतिहास से सम्बन्ध

सामाजिक विज्ञान होने के कारण इतिहास का समाजशास्त्र से घनिष्ठ सम्बन्ध है। जी वोन बलो ने तो इन दोनों को एक ही माना है। यद्यपि यह कहना अतिशयोक्ति है। फिर भी दोनों विषयों में सम्बन्ध तो है ही।

समानताएँ—इतिहास समाज की उन भूतकालीन सामाजिक तथा आर्थिक घटनाओं की व्याख्या है जो वर्तमान समय में भी अपनी विशेषताओं के कारण प्रभाव रखती है। यह विषय समाज में भी निरंतर विद्यमान रहती है। आज इतिहास में "क्या था?" के वर्णन के साथ-साथ "कैसे हुआ?" का भी वर्णन विश्लेषण किया जाता है और यही तथ्य इन दोनों विषयों को परस्पर नजदीक लाता है। एक ओर अगर समाजशास्त्र को इतिहास की प्राचीन के अध्ययन से सहायता मिलती है तो दूसरी ओर सामाजिक परिस्थितियों का भी ऐतिहासिक स्वरूप एवं घटनाओं पर प्रभाव पड़ता है।

सामाजिक विघटन की परिस्थितियों में ही क्रान्ति, युद्ध, संघर्ष एवं आक्रमण आते हैं। इन घटनाओं के कारण अनेक देश और समाज बनते और बिखरते हैं। इतिहास इन घटनाओं का अध्ययन है। यह स्पष्ट है कि इतिहास, संस्कृति एवं सभ्यता का काल विशेष के अनुसार अध्ययन करता है और समाजशास्त्र सभ्यता एवं संस्कृति की उत्पत्ति, विकास आदि प्रक्रियाओं का अध्ययन करता हैं अगर इतिहास युद्ध का वर्णन करता है तो समाजशास्त्र युद्ध को भी सामाजिक घटना के रूप में मानकर, उसको प्रोत्साहन देने वाली प्रक्रियाओं का अध्ययन करता है।

असमानताएँ—समाजशास्त्र और इतिहास दोनों में घनिष्ठ सम्बन्ध होते हुए भी ये अंतर है—

(1) **समय का अन्तर**—दोनों विषयों में प्रथम असमानता तो यह है कि इतिहास का सम्बन्ध अतीत से है, जबकि समाजशास्त्र का सम्बन्ध मुख्य रूप से वर्तमान से है।

(2) **सामान्य और विशेष अन्तर**—समाजशास्त्र सामान्य विज्ञान है, जबकि इतिहास एक विशेष विज्ञान है जिसमें विशेष घटनाओं का अध्ययन किया जाता है।

(3) **मूर्त और अमूर्त विज्ञान का अन्तर**—'पार्क' के अनुसार "इतिहास मानव अनुभव और मानव प्रकृति का मूर्त और समाजशास्त्र अमूर्त विज्ञान है।"

(4) **परीक्षण का अन्तर**—इतिहास की घटनाओं का परीक्षण और पुनः परीक्षण करना संभव नहीं है, जबकि समाजशास्त्र के अन्तर्गत प्राप्त निष्कर्षों एवं सिद्धान्तों का परीक्षण एवं पुनःपरीक्षण करना संभव होता है।

अर्थशास्त्र से सम्बन्ध

अर्थशास्त्र जीवन की सामान्य दशाओं से सम्बन्धित उन आर्थिक क्रियाकलापों का अध्ययन है जिनका केवल उद्देश्य भौतिक सुख न होकर, आर्थिक सामाजिक कल्याण के लक्ष्य को प्राप्त करना है। आर्थिक और सामाजिक परिस्थितियाँ सदैव एक-दूसरे से जुड़ी रहती हैं। समाजशास्त्र के विकास के आरम्भिक काल से इसका अर्थशास्त्र के अन्तर्गत होता था। उपरांत में समाजशास्त्र के उत्तरोतर विकास के परिणामस्वरूप इसे एक स्वतंत्र विज्ञान के रूप में स्वीकार किया जाने लगा। इसनिए सम्भवतः कई महान् अर्थशास्त्री प्रमुख समाज़शास्त्री भी हुए है जिन्होंने मात्र आर्थिक और सामाजिक सिद्धान्तों का ही प्रतिपादन किया बल्कि यह भी प्रमाणित किया है कि इन विज्ञानों में से किसी किसी भी एक का पृथक् रूप से अध्ययन नहीं किया जा सकता। ऐसे विद्धानों में हम कॉम्टे, जे. एस. मिल. मैक्स वेबर, रॉबर्ट ओवन, महात्मा गाँधी आदि का नाम ले सकते हैं।

समानताएँ—समाजशास्त्र एवं अर्थशास्त्र का आपसी जुड़ाव इन कथ्यों से भी ज्ञात किया जा सकता है कि एक ओर समाज में सभी परम्पराएँ, रीति-रिवाज, प्रथाएँ, जनरीतियाँ, विश्वास, नैतिकताएँ, सदाचार की आदतें आदि आर्थिक सम्बन्धों की प्रकृति तथा व्यवस्था के रूप में निश्चित करते है, वही दूसरी ओर समाज की आर्थिक व्यवस्था सामाजिक संगठन, शान्ति, न्याय और सामाजिक व्यवहारों की प्रकृति को प्रभावित करती हैं। विश्व में शायद ही कोई समाज मिले जहाँ आर्थिक दशाएँ सामाजिक दशाओं को और दशाएँ आर्थिक दशाओं को प्रभावित न करती हों। कभी-कभी तो एक ही समस्या दोनों विज्ञानों की सामान्य समस्या प्रतीत होती है।

श्रम की दशाएँ, औद्योगिक उन्नति श्रम कल्याण, ग्रामीण पुर्नर्निर्माण तथा कितने ही इसी प्रकार के अन्यान्य विषय हैं जिनके विषय में यह निर्णय करना लगभग असम्भव ही रहता है कि इनका अध्ययन किस विज्ञान के अन्तर्गत किया जाना चाहिए। आज यह लगभग सुनिश्चित ही है कि बहुत से समाजशास्त्रीय अध्ययन आर्थिक समस्याओं को सुलझाने में व्यसत रहने लगे हैं।

असमानताएँ—तथापि दोनों विज्ञानों की प्रकृति को देखकर बहुधा इन्हें जैसा समझ लिया जाता है, लेकिन सभी विज्ञानों के जैसा इनके बीच भी बहुत कुछ मौलिक अन्तर विद्यमान है—

धारणा का अन्तर—व्यवहारिक रूप से अर्थशास्त्र एक आर्थिक मनुष्य की अवधारणा पर आधारित है, जबकि समाजशास्त्र में ऐसी कोई पूर्व धारणाएँ नहीं पाई जाती हैं।

2. नियमों की प्रकृति का अन्तर—समाजशास्त्र के प्रत्येक नियम सर्वव्यापी और स्वतंत्र प्रकृति के हैं। यह घटनाओं को उनके वास्तविक रूप से प्रस्तुत करते हैं, जबकि अर्थशास्त्र के नियम अन्य बातों के जैसा रहने पर भी बहुलतः वाक्याशों से बंधे रहते हैं।

3. सामान्य एवं विशेष विज्ञान का अन्तर—समाजशास्त्र सारे समाज का अध्ययन होने के कारण एक सामान्य विज्ञान है, जबकि अर्थशास्त्र मात्र आर्थिक क्रियाओं का अध्ययन करता है, इसलिए यह एक विशिष्ट विज्ञान है।

पद्धतियों के प्रयोग का अन्तर—जहाँ अर्थशास्त्र निगमन एवं आगमन पद्धति द्वारा अध्ययन कार्य करता है वहाँ समाजशास्त्र में संख्यात्मक एवं गुणात्मक पद्धतियों द्वारा अध्ययन किया जाता है।

राजनीतिविज्ञान से सम्बन्ध

राजनीतिशास्त्र सामाजिक विज्ञान की वह शाखा है जो राज्य के स्वरूप, महत्त्व, संगठन, शासन सिद्धान्तों और नीतियों की व्याख्या करता है। इस प्रकार राजनीतिविज्ञान राज्य के जीवन या सम्पूर्ण समूह के राजनीतिक भाग से सम्बनिधत है। समाजशास्त्र और राजनीतिविज्ञान को आरम्भ से ही एक-दूसरे से सम्बन्धित माना जाता रहा है क्योंकि राज्य मौलिक रूप से सामाजिक भी है और राजनीतिक भी। समाज के संगठन से राज्य के नियम इतने धुलमिल गए है कि इन दोनों तत्त्वों का अध्ययन करने वाले विज्ञानों को भी एक दूसरे से पृथक् नहीं किया जा सकता। गिडिंग्स ने राजनीतिविज्ञान और समाजशास्त्र के तुलनात्मक महत्त्व को प्रतिपादित करते हुए

कहा है कि समाजशास्त्र के प्रारम्भिक नियमों से अनभिज्ञ व्यक्ति को राज्य के सिद्धान्तों, तत्त्वों आदि की शिक्षा देना उसी प्रकार सारहीन है, जिस प्रकार न्यूटन द्वारा बताए गए गति नियमों से अनभिज्ञ व्यक्ति को ज्योतिष की शिक्षा देना।

समानताएँ—मनुष्य एक सामाजिक प्राणी है और समाजशास्त्र एक सामाजिक प्राणी के सामान्य जीवन का अध्ययन करता है। राजनीतिविज्ञान भी एक सामान्य जीवन की स्थापना में व्यक्ति को सामाजिक प्राणी बनाने में रुचि लेता है। अतः राजनीतिक प्राणी क्यों बना और समाज की विभिन्न दशाएँ इसके विकास को किस प्रकार प्रभावित कर सकती है। अतः प्रो. केटलिन के अनुसार राजनीतिविज्ञान और समाजशास्त्र सम्पूर्ण सामाजिक परिस्थितियों और सम्बन्धों का अध्ययन करता है और बताता है कि सामाजिक परिवर्तन और विकास के नियम क्या है? राजनीतिक सिद्धान्तों और संगठन का उदय सामाजिक पृष्ठभूमि के आधार पर ही हुआ है अतः राजनीति विज्ञान के समुचित अध्ययन हेतु समाजशास्त्र का ज्ञान नितान्त आवश्यक है। इसलिए समाजशास्त्र के अध्ययन ने राजनीतिक सिद्धान्तों से सम्बन्धित ज्ञान को आधुनिक युग में पर्याप्त रूप से प्रभावित किया है। सुप्रसिद्ध विद्वान गार्नर ने कहा कि राजनीति सामाजिकता मे गढ़ी हुई है और अगर राजनीति विज्ञान समाजशास्त्र से भिन्न है तो इसका कारण क्षेत्र का विस्तार है, न कि समाजशास्त्र से पृथक् करने हेतु किसी भी प्रकार की निश्चित सीमाएँ। आज राजनीति विज्ञान में समाजशास्त्रीय पद्धतियों का उपयोग होने लगा है और अधिकांश राजनीतिक व्यवहारों को सामाजिक घटनाओं के संदर्भ में देखा व समझा जाने लगा है। अतएव समाजशास्त्र के प्रभामंडल के कारण ही राजनीति शास्त्र का दृष्टिकोण दार्शनिकता से हटकर मानवपेक्षी होने लगा है।

असमानताएँ—राजनीति विज्ञान तथा समाजशास्त्र में घनिष्ठ सम्बन्ध होते हुए भी वे विविधताएं दृष्टिगोचर होती है—

1. सम्बन्धों का अन्तर—समाजशास्त्र का प्रमुख सम्बन्ध मात्र वर्तमान सामाजिक दशाओं से है, यह केवल कल्पना जगत् की बात नहीं है। राजनीति विज्ञान एक आदर्शात्मक विज्ञान है, जिसमें इस बात पर अधिक जोड़ दिया जाता है कि भविष्य में राज्य की नीतियों और व्यवस्थाएँ कैसी होनी चाहिए? अधिकारों का आधार क्या होना चाहिए? तथा सरकार का स्वरूप कौनसा उचित रहेगा? आदि।

2. प्रकृति का अन्तर—समाजशास्त्र सम्पूर्ण समाज का अध्ययन है। इस आधार पर समाजशास्त्र को एक विस्तृत और सामान्य प्रकृति का अध्ययन कहना उचित प्रतीत होता है। राजनीति विज्ञान समाज के मात्र राजनीतिक पक्ष अर्थात् राज्य

की उत्पत्ति, व्यवस्था तथा विकास से सम्बन्धित है। इस तरह यह एक सीमित और विशेष प्रकृति का ज्ञान है।

3. अध्ययन विषय का अन्तर—समाजशास्त्र सभी प्रकार के सम्बन्धों का अध्ययन है, फिर चाहे वे संगठित हो या असंगठित। राजनीति विज्ञान समाज की मात्र उन संगठित दशाओं का अध्ययन है जिन पर राजनीतिक जीवन की सुस्पष्ट छाप है।

4. उद्देश्य की दृष्टि से अन्तर—समाजशास्त्र एक वर्णनात्मक विज्ञान है, जबकि राजनीति विज्ञान एक आदर्शपरक विज्ञान है। समाजशास्त्र जहाँ एक ओर इस बात का अध्ययन करता है कि क्या हो चुका है? और क्या हो रहा है? भविष्य में क्या होना चाहिए? इस बात से उसका कोई औचित्यपूर्ण सम्बन्ध नहीं है, लेकिन राजनीतिक विज्ञान क्या होना चाहिए? से सम्बन्ध रखता है, परिणामस्वरूप इसका उद्देश्य आदर्शवादी दृष्टिकोण में समाहित है।

5. क्षेत्र का अन्तर—गार्नर ने लिखा है कि राजनीतिक विज्ञान जहाँ मनुष्य के मात्र एक संघ अर्थात् राज्य से सम्बन्धित है वहाँ समाजशास्त्र समाज के सभी प्रकार के मानवीय संघों का एक सुविस्तृत अध्ययन है।

6. प्राचीनता का अन्तर—फ्रांसीसी क्रांति के समय एक विषय के रूप में उद्‌भवित समाजशास्त्र राजनीति शास्त्र से अधिक पुराना है। इसका कारण यह है कि समाज का निर्माण और विकास राज्य से बहुत पहले हो चुका है। राज्य तो समाज-व्यवस्था करने वाला है एक घटक केवल है।

मनोविज्ञान से सम्बन्ध

मनोविज्ञान का समाजशास्त्र के साथ अन्योन्याश्रय संबंध है और इन दोनों विषयों का सम्बन्ध सामाजिक मनोविज्ञान की उत्पत्ति के उपरांत तो और भी घनिष्ठ हो गया है। आज यह मान लिया गया है कि मनुष्य सामाजिक क्रियाओं और अन्तःक्रियाओं पर पर्यावरण सम्बन्धी प्रभावों के अलावा उनका एक मनोवैज्ञानिक आधार होता है तथा इसके बिना सामाजिक व्यवहारों को ठीक प्रकार से नहीं समझा जा सकता। इसी कारण इन दोनों विषयों के बीच लगातार संबंध घनिष्ठ होती जा रही है।

समानताएं—मनोविज्ञान मनुष्य के मानसिक विचारों और अनुभवों का अध्ययन है यह मानव स्वभाव की प्रक्रियाओं का विज्ञान है। इसके अन्तर्गत व्यक्ति की बुद्धि, स्मृति ध्यान, कल्पना स्नायु प्रणाली, इसके मस्तिष्क की स्वाभाविकता और

विकृति, उसका भय, आशा निराशा आदि मानसिक तत्त्वों का अध्ययन किया जाता है। सामान्य मनोविज्ञान मनुष्य की सामाजिक अवस्था अथवा अन्तः क्रियाओं से अपने को सम्बन्धित किये बिना ही उसके मानसिक विचारों तथा अनुभवों को समझने का प्रयास करता है, परन्तु मानसिक प्रक्रिया भी इस अर्थ में सामाजिक है क्योंकि यह प्रत्येक कदम पर व्यक्तियों की अन्तःक्रियाओं और साामजिक पर्यावरण द्वारा प्रमाणित और निश्चित होती है। दूसरी ओर ये सामाजिक शक्तियाँ और अन्तःक्रियाएँ व्यक्तियों की मानसिक क्रियाओं की ही उपज है अर्थात् हम मनुष्य के जीवन और समाज के जीवन को तब तक नहीं समझ सकते जब तक कि इन दोनों अर्थात् सामाजिक प्रक्रियाओं तथा मानसिक प्रक्रियाओं का एक-दूसरे से सम्बन्ध स्थापित कर अध्ययन न कर लें। इस सत्य को जानने के फलस्वरूप सामाजिक मनोविज्ञान का जन्म हुआ, जोकि समाजशास्त्र और मनोविज्ञान दोनों शास्त्रों को आपस में काफी निकट ले आया है।

'क्लाइनबर्ग' के अनुसार, "सामाजिक मनोविज्ञान वह विज्ञान है, जो एक-दूसरे से सम्बन्धित व्यक्तियों के व्यवहार का अध्ययन करता है। इसका सम्बन्ध सामूहिक परिस्थिति में व्यक्ति से है।" अतः यह कहा जा सकता है कि सामाजिक मनोविज्ञान के 'व्यक्ति' और समाजशास्त्र के 'समाज' के सम्बन्धों की व्याख्या है। मनोविज्ञान और सामाजिक मनोविज्ञान दोनों का सम्बन्ध मनुष्य से है जो समाज के समूह का एक सदस्य है। शायद इसीलिए इनको परस्पर पृथक करना मुश्किल है।

असमानताएँ—मनोविज्ञान और समाजशास्त्र में घनिष्ठ सम्बन्ध होते हुए भी दोनों में ये अन्तर है—

(1) विषय की दृष्टि से अन्तर—दोनों विषयों में समाजशास्त्र का मौलिक सम्बन्ध समाज और सामाजिक प्रक्रियाओं से हैं, जबकि मनोविज्ञान का सम्बन्ध व्यक्ति और उसकी मानसिक प्रक्रियाओं से है। मनोवैज्ञानिक की धुरी व्यक्ति है, जबकि समाजशास्त्र का आधार तथा समूह है।

दृष्टिकोण की दृष्टि से अन्तर—मनोविज्ञान के अनुसार मनुष्य के प्रत्येक व्यवहार का आधार स्वयं की ही मानसिक विशेषताएँ हैं, जबकि समाजशास्त्र के अनुसार सामाजिक व्यवहारों का आधार सामाजिक सम्बन्ध और अन्तः क्रियाएँ हैं। इस तरह मनोविज्ञान का दृष्टिकोण निजी है जबकि समाजशास्त्र का दृष्टिकोण समाज पर आधारित है।

(3) पद्धति की दृष्टि से अन्तर—मनोविज्ञान के अध्ययन में प्रयोगत्मक तथा विकास सम्बन्धी पद्धतियों का प्रयोग होता है, जबकि समाजशास्त्र में सांख्यिकीय

पद्धति वैयक्तिक जीवन अध्ययन पद्धति, समाजमिति, प्रश्नावली तथा अनुसूची आदि प्रविधियों का प्रयोग किया जाता है।

(4) व्यक्ति और समाज की दृष्टि में अन्तर—बीरस्टीड के अनुसार "इनको अलग करना मुश्किल है और अत्यंत सहज बनाना आसान है लेकिन विद्यार्थी बहुत गलती नहीं करेगा अगर वह यह कहे कि मनोविज्ञान व्यक्ति का अध्ययन करता है, सामाजिक मनोविज्ञान सामाजिक समूहों में व्यक्ति का और समाजशास्त्र उन्हीं समूहों और उस अधिक बड़े समाज को जो हम सब को घेरे है।"

सामाजिक मानवशास्त्र से सम्बन्ध

समानताएँ—मानव विज्ञान एवं समाज विज्ञान दोनों ही विषयों में काफी आपस में घनिष्ठ जुड़ाव है। दोनों ही शास्त्र समाज का अध्ययन करते हैं और दोनों का अन्तिम लक्ष्य भी सार्वभौमिक सामाजिक नियमों का प्रतिपादन करना है। मानव व्यवहार का अध्ययन दोनों ही हेतु महत्त्वपूर्ण है। सामाजिक मानवशास्त्र परिस्थितियों में मानव-व्यवहार का अध्ययन किया जाता है वह मानवशास्त्र हेतु बड़ा महत्त्वपूर्ण है। सामाजिक समाजशास्त्रीय निष्कर्षों से समाजशास्त्रियों को वर्तमान जटिल और वृहद् समाजों को समझने में अत्यधिक मिलती है। ठीक उसी प्रकार समाजशास्त्रीय अध्ययन भी सामाजिक मानव-शक्तियों को लाभ पहुँचाता है। समाजशास्त्र के अन्तर्गत समाज की विभिन्न समस्याओं के विषय में अध्ययन को नई-नई कल्पनाएँ प्रदान करता है। 20वीं सदी के प्रारंभ तक मानव शास्त्र और समाजशास्त्र को एक दूसरे के समीप लाने में दुर्खीम का महत्त्वपूर्ण योगदान रहा है। उनकी समाजशास्त्रीय उपकल्पनाओं को सामाजिक मानवशास्त्र के कई अध्ययनों में काम में लाया गया है। इन दोनों विज्ञानों के निकट सम्बन्धों को दर्शाते हुए हॉबेल ने लिखा है कि "विस्तृत अर्थों में समाजशास्त्र और मानवशास्त्र एक जैसा है।" ईवान्स प्रिट्चार्ड के अनुसार, "सामाजिक मानवशास्त्रीय अध्ययनों की एक शाखा है जो स्वयं को मुख्यतः आदिम समाजों के अध्ययन में लगाती है।" किम्बाल यंग ने आशा प्रकट की है कि "एक समय ऐसा आएगा जब सांस्कृतिक मानवशास्त्र और समाजशास्त्र निश्चित रूप से एक सामान्य क्षेत्र में संगठित हो जाएँगे।"

असमानताएँ—इन दोनों विषयों में काफी समानताएं होते हुए भी कई अंतर मौजूद हैं—

1. अध्ययन की दृष्टि से अन्तर—सामाजिक मानवशास्त्र, सामान्यतया आदिम समाजों का अध्ययन करता है, जबकि समाजशास्त्र का अध्ययन क्षेत्र आधुनिक समाज है।

2. समस्या समाधान का अन्तर—सामाजिक मानवशास्त्र समस्याओं को सुलझाने का न तो कोई प्रयास करता है और न ही किसी प्रकार का सुझाव देता है, जबकि समाजशास्त्र सामाजिक समस्याओं का अध्ययन करता है और उनके समाधान हेतु आवश्यक सुझाव भी प्रस्तुत करता है।

3. दृष्टिकोण का अन्तर—समाजशास्त्र का दृष्टिकोण व्यावहारिक तथा वर्तमानकालिकहै। इसका झुकाव एवं व्यवहार वर्तमान की ओर जबकि सामाजिक मानवशास्त्र का ध्यान विशुद्ध जानकारी तथा बीते हुए समय की तरफ है।

4. दर्शन का अंतर—समाजशास्त्र सामाजिक दर्शन और सामाजिक नियोजन से सम्बन्धित है। संस्थाएं किस प्रकार कार्य करती हैं, इसकी खोज के साथ-साथ यह भविष्य की योजना के सम्बन्ध में भी सुझाव देता है, जबकि सामाजिक मानवविज्ञान इस तरह की कोई सलाह अथवा सुझाव नहीं देता।

5. विषय-वस्तु का अन्तर—सामाजिक मानवशास्त्र सम्पूर्ण मानव समाज की पूर्णता का अध्ययन करता है। यह सर्वांगीण चिन्तन, मनन सामाजिक मानवविज्ञान की अपनी विशिष्टता है। वह एक समाज की आर्थिक व्यवस्था, राजनीतिक एवं विधि सम्बन्धी समस्याओं, पारिवारिक संगठन, धर्म, कला, अविष्कार इत्यादि प्रत्येक पहलू का अध्ययन करता है। इसके प्रतिकूल समाजशास्त्र एक विशेष समाज की विशिष्ट समस्याओं यथा विवाह-विच्छेद, वैश्यावृत्ति, श्रमिक हड़ताल इत्यादि का अध्ययन करता है।

6. अध्ययन पद्धतियों का अन्तर—अध्ययन विधियों के आधार पर दोनों विषयों में व्यापक अंतर पाया जाता है। साामाजिक मानवशास्त्र में प्रकार्यात्मक पद्धतियों का प्रयोग किया जाता है। सामाजिक मानवशास्त्रियों की प्रमुख अध्ययन-प्रणाली 'सहभागिक-प्रणाली' सहभागिक अवलोकन पद्धति है जिसके अन्तर्गत एक सामाजिक मानवशास्त्री किसी समाज में लोगों के व्यवहार का एक सक्रिय भागीदारी होकर, निष्पक्ष रूप से उनका अवलोकन करता है, प्राप्त तथ्यों का संकलन करता है, किन्तु समाजशास्त्र की अध्ययन पद्धति भिन्न है, जो प्रायः प्रलेख साँख्यिकी और सर्वेक्षण पर आधारित है। समाजविज्ञानी अपने अध्ययन तथा चिन्तन में सांख्यिकीय विधि का उपयोग करते हैं।

3

समाजशास्त्र शिक्षण और पाठ्य-क्रम

आरंभ में शिक्षा का मुख्य उद्देश्य सूचनाएं एकत्रित करना मात्र था। इसलिए पाठ्यक्रम को निर्देशन के विषयों के पर्यायवाची के रूप में ही जाना जाता था, लेकिन सम्प्रति शिक्षा को गत्यात्मक प्रक्रिया के रूप में स्वीकार किया गया है। इसलिए लक्ष्यों एवं उद्देश्यों में भी परिवर्तन हुआ है। आज पाठ्यक्रम मात्र अध्ययन के विषयों से सम्बद्ध नहीं है, अपितु उन सभी बहुआयामों, क्रियाकलापों के अनुभवों का योग है जिन्हें बालक विद्यालय में रहते हुए कक्षा में प्रयोगशाला में, कार्यशाला में, खेल के मैदान में तथा अध्यापक के साथ बहुत से अनौपचारिक सम्पर्कों के परिणाम स्वरूप प्राप्त करते हैं। दूसरे शब्दों में विद्यालय का सम्पूर्ण जीवन पाठ्यक्रम है। विज्ञान पाठ्यक्रम सम्पूर्ण पाठ्यक्रम का एक अंश है जो बालक के व्यक्तित्व के संतुलित विकास में मूल भूमिका निभाता है। इसलिए समाजशास्त्र के पाठ्यक्रम में सूचनाओं के अधिग्रहण के अतिरिक्त विद्यार्थी के सर्वांगीण विकास के लिए वैज्ञानिक अभिवृत्तियों, रुचियों तथा कौशलों आदि को सम्मिलित किया जाना चाहिए। उक्त लक्ष्य के लिए समाजशास्त्र पाठ्यक्रम का एक तरह से पूरी तरह पुनर्रावलोकन करना जरूरी है।

आधुनिक पाठ्यक्रम की कमियाँ

समाजशास्त्र के वर्तमान पाठ्यक्रम का अगर सूक्ष्मता से विश्लेषण किया जाए तो यह कहना असत्य न होगा कि वर्तमान समाजशास्त्र पाठ्यक्रम विज्ञान की विविध

शाखाओं के कथ्यों का अमनोवैज्ञानिक तरीके से व्यवस्थाहीन संग्रह है जिसकी आलोचना भी की गई है लेकिन कुछ कारणों से इसे त्यागा नहीं जा सका, क्योंकि अनुभव-केन्द्रित पाठ्यक्रम की तुलना में विषय-केन्द्रित पाठ्यक्रम सरल होता है तथा जिसका मूल्यांकन भी सहजता से किया जा सकता है। वर्तमान पाठ्यक्रम के पुनरावलोकन से निम्न दोष स्पष्ट होते हैं–

1. समाजशास्त्र-शिक्षण के व्यापक उद्देश्यों व लक्ष्यों की प्राप्ति इस पाठ्यक्रम से नहीं हो पाती है।
2. प्रसंगों की बहुतायत से विषयवस्तु की गहनता नष्ट हो गई है और ज्ञान उथला अथवा सतही रह गया है।
3. पाठ्यक्रम परीक्षा के बोझ से दबा हुआ है जिसके फलस्वरूप शिक्षक तथा छात्र दोनों ही कुछ चुने बिन्दुओं और प्रसंगों को ही परीक्षा हेतु तैयार कर लेते हैं। परीक्षा में छात्र उस रटी हुई विषयवस्तु को कितना लिख पाता है उससे ही उसका मूल्यांकन हो जाता है। इस तरह सम्पूर्ण शिक्षा प्रक्रिया परीक्षक तथा परीक्षार्थी के बीच आँख-मिचौनी का खेल बनकर रह जाता है।
4. समाजशास्त्र में बहुत से विशिष्टता के क्षेत्र हैं जिसकी ओर ध्यान देने की आवश्यकता है।
5. वर्तमान पाठ्यक्रम में लचीलेपन का अभाव है तथा यह वास्तविक जीवन से अछूता है। समाज की तथा बालक की आवश्यकताओं को भी पूर्ण नहीं करता है।
6. इसमें समाजशास्त्र के विभिन्न क्रियाकलापों के लिए कोई स्थान नहीं है।
7. ये विषय-केन्द्रित एवं प्रसंगगत है। सैद्धान्तिक पक्ष पर ज्यादा बल देता है जिसके कारण अध्यापक किसी एक पुस्तक पर आधारित होकर व्याख्यान देकर पाठ्यक्रम को पूर्ण कर देता है जिसमें छात्र की रुचियों व क्रियाकलापों की ओर ध्यान नहीं दिया जाता। इसलिए किताबी व घिसे-पिटे तरीके से दिये गये ज्ञान की व्यावहारिक उपयोगिता खत्म हो जाती है।

उपर्युक्त पाठ्यक्रम के दोषों को अनदेखा नहीं किया जा सकता है। इस बात की खुशी है कि भारतीय शिक्षाविदों ने इस बात को समझा तथा इसके दोषों को दूर करने हेतु माध्यमिक शिक्षा आयोग एवं भारतीय शिक्षा आयोगों की स्थापना तथा उनका संगठन इस उद्देश्य हेतु किया। वर्तमान पाठ्यक्रम के दोषों को माध्यमिक शिक्षा आयोग तथा भारतीय शिक्षा आयोग के प्रतिवेदनों में भी स्वीकार किया गया है।

माध्यमिक शिक्षा आयोग के अनुसार प्रमुख दोष

वर्तमान पाठ्यक्रम में माध्यमिक शिक्षा आयोग ने अध्ययन के आधार पर निम्नांकित दोषों को पाया है। जिनसे बालकों का बहुत नुकसान हो सकता है। इसलिए इन दोषों का पूर्ण अध्ययन कर उन्हें दूर करने की भी सिफारिश माध्यमिक शिक्षा आयोग द्वारा की जाती है। इसके कतिपय दोष एवं कमियाँ निम्न हैं–

1. विषयवस्तु बोझिल अर्थात् बहुत ज्यादा है जो समृद्ध तथा सार्थक नहीं।
2. बालक के सर्वांगीण विकास में प्रभावहीन है।
3. संकुचित है।
4. किताबी व सैद्धान्तिक है।
5. परीक्षा के बोझ से दबा हुआ है।
6. जीवन से दूर है।
7. तकनीकी तथा व्यावसायिक विषयों से दूर है।

भारतीय शिक्षा आयोग के अनुसार प्रमुख दोष

माध्यमिक शिक्षा आयोग के प्रतिवेदन को आधार मानकर भारतीय शिक्षा आयोग ने भी अपने स्तर पर इसका अध्ययन किया एवं इस बात को खुले रूप में स्वीकार किया कि माध्यमिक विद्यालय के पाठ्यक्रम में मूलभूत कमियाँ एवं दोष है। भारतीय शिक्षा आयोग की रिपोर्ट के अनुरूप सम्पूर्ण विश्व में पाठ्यक्रम में बदलावों की लहर आई हुई है, क्योंकि कई कारणों से वर्तमान पाठ्यक्रम में असन्तोष व्याप्त है। वर्तमान पाठ्यक्रम के दोषों पर प्रकाश डालते हुए उन्होंने अपने प्रतिवेदन में लिखा कि–

1. विद्यालयों में दी जाने वाली सामान्य शिक्षा की प्रकृति व अवधि पर पुनः विचार हुआ है। विशेषज्ञों की राय के अनुरूप ये अवधि बढ़ा देनी चाहिए तथा किसी विषय-विशेष के विशिष्ट अध्ययन को सेकेण्डरी विद्यालय के दूसरे भाग में रखना चाहिए जिसमें प्रमुख सम्बोधों तथा कथ्यों को रखा जाना चाहिए।
2. विद्यालयी पाठ्यक्रम में जरूरत की दृष्टि से सार्थक विषय-सामग्री पहले ही बढ़ाया जा चुका है, अतएव ऐसा अनुभव किया गया कि विद्यालयी पाठ्यक्रम में से ऐसी निरर्थक सामग्री को, जिसे आसानी से निकाला जा सकता है, घटा देना चाहिए।
3. ज्ञान के प्रसार ने विद्यालय के कार्यक्रमों को अपर्याप्त बना दिया है। प्रमुख शैक्षिक विषयों की दृष्टि से विद्यालयों तथा विश्वविद्यालयों के बीच जो खाई पहले से ही थी वह और बढ़ती जा रही है।

माध्यमिक शिक्षा आयोग एवं भारतीय शिक्षा आयोग के प्रतिवेदन के आधार पर यह निर्धारित हो गया है कि भारतीय विद्यालयों में वर्तमान में चल रहे पाठ्यक्रमों में काफी दोष है जिसके कारण से बालकों का काफी नुकसान होता है। अतएव इसके लिए जरूरी है कि पाठ्यक्रम में तत्काल जरूरी सुधार किए जाए। यह वर्तमान समय की मांग एवं जरूरत है।

समय की माँग

उपरोक्त दोषों के कारण वर्तमान पाठ्यक्रम में शीघ्र ही पुनर्निर्माण की आवश्यकता है जिसके लिए निम्न सुझाव दिए गए हैं—

1. पाठ्यक्रम विविध आयु वर्ग तथा दैनिक जीवन की रुचियों से सम्बन्धित व समाज की जरूरतों से जुड़ा हुआ हो।
2. विषय-सामग्री पर अधिकतर को ही परिणति न मानकर शिक्षण में चिन्तन को बढ़ावा दिया जाए।
3. जो विषय-वस्तु छात्रों को अध्ययन के लिए दी जाए वह रुचिकर, ज्ञानवर्द्धक तथा गहन होनी चाहिए।
4. ज्ञान, कौशल तथा अभिवृत्तियों के विकास हेतु प्रत्यक्ष अनुभव प्रदान कराये जाएँ।
5. पाठ्यक्रम लचीला हो जिसको बालक तथा समाज की बदलती जरूरतों के अनुकूल बदला जा सके।
6. इसके तहत विविध प्रकार की शारीरिक तथा मानसिक क्रियाकलाप शामिल हो जो ज्ञान, कौशल, रुचियों और अभिवृत्तियों को विकसित कर बालक के भौतिक तथा सामाजिक वातावरण के साथ समायोजन में मदद प्रदान कर सके।
7. पाठ्यक्रम में ऐसी विषय-वस्तु को भी शामिल किया जाना चाहिए जो महान वैज्ञानिकों के त्याग तथा सराहनीय कार्यों के प्रति प्रशंसा भाव पैदा कर सके।
8. पाठ्यक्रम में कठिनाई स्तर, समय, उपकरण तथा शिक्षकों की उपलब्धता और विद्यार्थियों के संतोष का भी ध्यान रखा जाए।
9. पाठ्यक्रम इकाइयों में बँटा हुआ होना चाहिए एवं प्रत्येक इकाई प्रतिदिन की प्रमुख समस्या से जुड़ी होनी चाहिए।
10. वैज्ञानिक दृष्टि से उपयोगी व प्रमुख स्थानों के भ्रमण हेतु भी स्थान होना चाहिए।

पाठ्यक्रम बनाने के नियम

माध्यमिक विद्यालयों हेतु पाठ्यक्रम निर्माण के सिद्धान्त लचीले एवं सैद्धान्तिक होने चाहिए जिससे छात्रों का पूर्ण विकास हो सके। इसके निर्माण के निम्नांकित सिद्धान्त हैं जो सामान्य रूप से पाठ्यक्रम निर्माण हेतु उपयोग में लाए जाते हैं–

1. **लचीलापन तथा विविधता**–पाठ्यक्रम समाज की बदलती हुई जरूरतों तथा परिस्थितियों के अनुरूप परिवर्तनीय तथा वृहद् होना चाहिए।
2. **दूरदर्शिता**–इस सिद्धान्त के अनुरूप छात्र स्वयं के समायोजित करने तथा प्रभावशाली वयस्क जीवन की तैयारी करने में सक्षम हो सकता है।
3. **बाल-केन्द्रित**–पाठ्यक्रम बालक की जरूरतों तथा आयु-स्तर के अनुकूल होना चाहिए।
4. **क्रिया-केन्द्रित**–पाठ्यक्रम में करके सीखने के सिद्धान्त पर जोर दिया जाना चाहिए। अधिकाधिक प्रयोगशाला काम तथा बाह्य क्षेत्रीय अनुभवों को प्राप्त करने के मौके प्रदान किए जाने चाहिए।
5. **क्रियात्मकता का सिद्धान्त**–क्रियात्मकता विकसित करने के अवसर मौके कराए जाएं जिनमें बालक एक खोजकर्ता के रूप में काम कर सके।
6. **संरक्षण का सिद्धान्त**–विज्ञान पाठ्यक्रम ऐसा होना चाहिए जो संस्कृति एवं सभ्यता को सुरक्षित रखने एवं उसे अगली पीढ़ी के सौंपने में मददगार हो।
7. **सद्भावना का सिद्धान्त**–छात्रों की क्रियाओं को उसके वातावरण से सम्बन्धित करने तथा प्रजातांत्रिक मूल्यों को विकसित करने में सक्षम हो।
8. **अनुभवों की सम्पूर्णता**–अनुभवों की समग्रता विद्यालय के भीतर तथा बाहर दोनों स्थानों से ही पैदा होती है, अतएव बालकों को अधिकाधिक अनुभव प्राप्त करने के मौके मिलने चाहिए।
9. **समाज-केन्द्रित**–समाज हित तथा समाज की आवश्यकताओं का पाठ्यक्रम में ध्यान रखना जरूरी है, क्योंकि शिक्षा बालक को समाज के लिए तैयार करती है।

अतएव एक सुनियोजित, संतुलित, व्यक्ति तथा समाज की अनुरूप तथा वृहद् पाठ्यक्रम उपरोक्त नियमों के आधार पर विकसित किया जा सकता है। जो बदलते हुए समय एवं समाज के साथ ही देश के विकास में सहायक हो सकें। समाजशास्त्र के पाठ्यक्रम को तय करने में इन बातों का विशेष रूप से ध्यान दिया जाए।

4

समाजशास्त्र शिक्षण में प्रयुक्त शिक्षण कौशल

समाजशास्त्र शिक्षण में कई शिक्षण कौशलों को उपयोग किया जाता है। लेकिन उनकी संक्षिप्त जानकारी प्राप्त करने से पूर्व यह आवश्यक है कि शिक्षण कौशल है क्या इसकी जानकारी प्राप्त कर ली जाए। इसी सन्दर्भ में यहाँ कुछ प्रमुख शिक्षाविदों द्वारा दी गई परिभाषा प्रस्तुत की जा रही है।

बी. के. पासी (B.K. Passi, 1976) **के अनुसार**—"शिक्षण-कौशल सम्बन्धित शिक्षण क्रियाओं अथवा उन व्यवहारों के सम्पादन से है जो छात्रों के सीखने के लिए सुगमता प्रदान करने के इरादे से किए जाते हैं।"

मैकईनटेयर तथा व्हाइट (Mc Intyr and White) **के अनुसार**—"शिक्षण कौशल, शिक्षण व्यवहारों का सम्बन्धित वह स्वरूप होता है जो कक्षा की अन्तःप्रक्रिया उन विशेष परिस्थितियों को उत्पन्न करता है जो शैक्षिक उद्‌देश्यों को प्राप्त करने में सहायक होते हैं और छात्रों को सीखने में सुगमता प्राप्त करते हैं।"

एन. एल गेज (N.L. Gage) **के अनुसार**—'शिक्षण कौशल' वह विशिष्ट अनुदेशनात्मक क्रियाएं और प्रक्रियाएं हैं। जिन्हें शिक्षक कक्षा-कक्ष में प्रयोग करता है। ये शिक्षण की विभिन्न अवस्थाओं से सम्बन्धित होती हैं या जो शिक्षक के निरन्तर प्रयोग में आती हैं।"

उपरोक्त परिभाषाओं के आलोक में कहा जा सकता है कि शिक्षण कौशल, शिक्षण क्रियाओं अथवा व्यवहारों से सम्बन्धित होते हैं। ये कक्षा में अन्तःप्रक्रिया की परिस्थिति उत्पन्न करते हैं। इनकी सहायता से छात्र सुगमता से सीख लेते हैं।

इन कौशलों के द्वारा उद्देश्यों को प्राप्त करने में सहायता मिलती है। ये कक्षा-शिक्षण व्यवहार की एक इकाई से सम्बन्धित होते हैं।

शिक्षण कौशल के अवयव

शिक्षण कौशल के प्रमुख अवयव निम्नलिखित हैं–

1. निरन्तरता बनाने रखना—पाठ की प्रस्तावना के लिए जो प्रश्न पूछे जाते हैं उनमें निरन्तरता बनाई रखी जानी चाहिए। ये प्रश्न एक दूसरे से सम्बन्धित होने चाहिएं। उनमें तारतम्य (Coherence) बना रहना चाहिए।

2. शाब्दिक और अशाब्दिक व्यवहार की सार्थकता—शिक्षक को पाठ पढ़ाते समय या प्रस्तावना के समय अपने शाब्दिक तथा अशाब्दिक व्यवहार की सार्थकता का ज्ञान होना चाहिए।

3. पूर्व अनुभवों का उपयोग—नए अनुभव प्राप्त करने में पूर्व अनुभव बहुत सहायक होते हैं। पूर्व अनुभव और पूर्व ज्ञान की सहायता से नया पाठ पढ़ने तथा पढ़ाने में आसानी होती है। नए और पुराने ज्ञान में सम्बन्ध स्थापित करने के लिए उचित परिस्थितियां पैदा करनी पड़ती हैं ताकि बच्चे उस सम्बन्ध की सहायता से तेजी से ज्ञान प्राप्त कर सके।

4. उचित प्रविधियों का प्रयोग—अध्यापक पाठ को सफल बनाने के लिए भिन्न-भिन्न प्रविधियों का प्रयोग करता है। उदाहरणार्थ–व्याख्या करना, प्रश्न पूछना, प्रयोग और प्रदर्शन करना, भ्रमण करना, दृश्य-श्रव्य सामग्री का प्रयोग करना आदि।

विभिन्न शिक्षण कौशल

शिक्षक अपने शिक्षण में अनेक प्रकार के कौशलों का प्रयोग करता है। ये शिक्षण-कौशल भिन्न-भिन्न विषयों के अध्यापकों के अलग ही होते हैं। सारे विषयों के शिक्षण-कौशलों की पहचान सबसे पहले ऐलन तथा रायन (1969) ने की थी और उन्होंने 14 शिक्षण कौशलों को प्रस्तुत किया था जो इस प्रकार है–

1. विकेन्द्री प्रश्न।
2. छात्र व्यवहार का ज्ञान।
3. दृष्टान्त देना।
4. व्याख्यान।
5. उच्चस्तरीय प्रश्न।

6. नियोजित पुनरावृत्ति।
7. सम्प्रेषण पूर्णता।
8. उद्दीपन भिन्नता।
9. विन्यास प्रेरणा।
10. समीपता।
11. मौन एवं अशाब्दिक अन्तःप्रक्रिया।
12. पुनर्वलन।
13. प्रश्न पूछना।
14. खोजपूर्ण प्रश्न।

बी. के. पासी (1976) ने भी इन कौशलों का अध्ययन किया और 13 शिक्षण कौशलों की सूची प्रस्तुत की जो इस प्रकार है–

1. उद्दीपन भिन्नता।
2. मौन तथा अशाब्दिक अन्तःप्रक्रिया।
3. पुनर्वलन।
4. छात्रों के कार्यों को प्रोत्साहन।
5. श्यामपट्ट का प्रयोग।
6. समीपता की प्राप्ति।
7. छात्र व्यवहार की पहचान।
8. अनुदेशन उद्देश्यों को लिखना।
9. पाठ की प्रस्तावना।
10. प्रश्नों की प्रवाहशीलता।
11. खोजपूर्ण प्रश्न।
12. व्याख्या कौशल।
13. दृष्टान्त देना।

शिक्षण कौशलों के सभी विवरणों के अध्ययन और वर्गीकरण को ध्यान में रख कर एक बहुत बड़ी सूची तैयार की गई है जिस में अब तक 22 शिक्षण कौशलों को शामिल किया गया है। उन का वर्गीकरण पाठ योजना की अवस्थाओं के सन्दर्भ में किया गया है–

1. पाठ योजना—इस प्रथम अवस्था में 3 शिक्षण कौशलों की आवश्यकता होती है–

(i) अनुदेशन के उद्देश्यों को व्यावहारिक रूप से लिखना।

(ii) पाठ-गति।

(iii) दृश्य-श्रव्य सहायक सामग्री की व्यवस्था।

2. प्रस्तुतीकरण—इसमें 14 शिक्षण कौशलों की आवश्ययकता होती है।

(i) विन्यास प्रेरणा।

(ii) प्रश्नों की प्रवाहशीलता।

(iii) व्याख्या कौशल।

(iv) व्याख्यान।

(v) दृष्टान्त देना।

(vi) उद्दीपन भिन्नता।

(vii) श्यामपट्ट का प्रयोग।

(viii) मौन एवं अशाब्दिक अन्तःप्रक्रिया।

(ix) पुनर्वलन।

(x) खोजपूर्ण प्रश्न।

(xi) विकेन्द्री प्रश्न।

(xii) उच्चस्तरीय प्रश्न।

(xiii) छात्र सम्भागिता वृद्धि।

(xiv) नियोजित पुनरावृति।

3. पाठ समापन—इस में दो कौशलों की आवश्यकता होती है–

(i) पाठ समापन कौशल।

(ii) गृहकार्य देना।

4. पाठ का मूल्यांकन—इस में एक कौशल की ही आवश्यकता होती है–

(i) सम्प्रेषण की पूर्णता।

5. पाठ व्यवस्था—इस अवस्था में दो कौशलों की आवश्यकता होती है।

(i) छात्र व्यवहारों का अभिज्ञान।

(ii) कक्षा व्यवस्था।

इस प्रकार पाठ योजना की विभिन्न अवस्थाओं में विभिन्न शिक्षक कौशलों (Teaching Skills) का प्रयोग करके शिक्षण को प्रभावपूर्ण बनाया जा सकता है।

पाठ-प्रस्तावना कौशल

पाठ-प्रस्तावना कौशल का अर्थ है कि अध्यापक शब्दिक, अशाब्दिक (Verbal and Non-verbal) व्यवहारों तथा अन्य सहायक सामग्री का प्रयोग करते हुए प्रस्तुत पाठ को पढ़ने के लिए छात्रों को इसकी आवश्यकता अच्छी तरह महसूस करने का कौशल अर्जित करा दे।

कौशल घटक

1. पूर्व अनुभवों का उपयोग—पूर्व अनुभव नए अनुभवों को ग्रहण करने में सहायक होते हैं। इसलिए छात्रों द्वारा ग्रहण किए हुए पूर्व ज्ञान और अनुभवों का उचित प्रकार उपयोग करने की आवश्यकता होती है। अध्यापक को इस कार्य में दक्षता प्राप्त करनी चाहिए।

2. उचित प्रविधियों एवं तकनीकी का उपयोग—अध्यापक को अपना पाठ सफल बनाने के लिए उचित प्रविधियों तथा तकनीकों का ज्ञान होना बहुत आवश्यक है। उसको कहानी सुनाना, प्रश्न पूछना, व्याख्या करना, अभिनय करना, सहायक सामग्री का प्रयोग करना तथा प्रदर्शन करना आदि तकनीक व प्रविधियां काम में लानी चाहिएं।

3. तारतम्य बनाए रखना—तारतम्य बनाने के लिए पूछे जाने वाले प्रश्न एक-दूसरे से सम्बन्धित होने चाहिएं। अन्य सभी क्रियाओं में तालमेल होना बहुत आवश्यक है। शुरू से लेकर अन्त तक पाठ प्रस्तावना के सभी अंगों और क्रियाओं में तारतम्य होना चाहिए।

4. शाब्दिक तथा अशाब्दिक व्यवहार की सार्थकता—अध्यापक को शाब्दिक तथा अशाब्दिक व्यवहार क्रियाओं की सार्थकता पर पूरा ध्यान देना चाहिए। अध्यापक को इसके लिए, पूर्व ज्ञान की परीक्षा करना, अनुभवों का उपयोग करना, उद्देश्यों की घोषणा करना, तथा पढ़ने की आवश्यकता अनुभव कराना आदि कार्यों पर ध्यान देना चाहिए।

निरीक्षण अनुसूची एवं रेटिंग स्केल का प्रारूप

छात्र अध्यापक :–........................ दिनांक :–........................

कक्षा :–........................ उप विषय :–........................

सत्र :–शिक्षण/पुनः शिक्षण अवधि :–........................

निरीक्षक :–........................

व्यवहार घटक	रेटिंग स्केल न्यूनतम						अधिकतम
1. छात्रों के पूर्व ज्ञान से सम्बन्ध	0	1	2	3	4	5	6
2. प्रश्नों/कथनों का उद्देश्यों से सम्बन्ध	0	1	2	3	4	5	6
3. प्रश्नों/विचारों/कथनों में क्रमबद्धता	0	1	2	3	4	5	6
4. ध्यान एवं रुचि का पैदा किया जाना	0	1	2	3	4	5	6
5. पाठ प्रस्तावना सम्बन्धी समग्र प्रभाव	0	1	2	3	4	5	6
6. उपयुक्त साधनों का प्रयोग किया गया	0	1	2	3	4	5	6
7. अध्यापक में छात्रों को अभि-प्रेरित करने की क्षमता है।	0	1	2	3	4	5	6

सुझाव—

निरीक्षक के हस्ताक्षर

निर्देश—सात बिन्दु वाली मापनी (Seven Point Scale) के रूप में इस कौशल (Skill) को प्रस्तुत किया गया है। शिक्षण कौशल को सूक्ष्म पाठ जिस सीमा तक पाया गया है उस अंक पर घेरा लगाना चाहिए। किसी भी कौशल का मूल्यांकन करने के लिए इन सात बिन्दुओं को ध्यान में रखना चाहिए। इस सात बिन्दु मापनी पर अंक 0 कौशल के न्यूनतम प्रभावशाली उपयोग और अंक 6 कौशल के अधिकतम प्रभावशाली उपयोग को दर्शाता है। सभी कौशल के मूल्यांकन में इसी पद्धति को अपनाया जाता है।

खोज-पूर्ण प्रश्न कौशल

शिक्षण अधिगम प्रक्रिया में प्रश्न पूछने की कला बहुत महत्त्वपूर्ण स्थान रखती है। शिक्षक प्रश्न पूछ कर छात्रों का ध्यान आकर्षित कर सकता है, उन्हें

अभिप्रेरणा दे सकता है, उन में रुचि एवं जिज्ञासा उत्पन्न कर सकता है, तथा उनके पूर्ण ज्ञान को नवविज्ञान से जोड़ने में सफल हो सकता है। जब कोई छात्र उत्तर नहीं देता अथवा अपूर्ण और गलत उत्तर देता है तो उसे उत्तर देने के लिए प्रेरित करने में ऐसे प्रश्न सहारा देते हैं। इन्हें ही खोज-पूर्ण प्रश्न (Probing Questions) कहते हैं।

कौशल घटक

1. अनुबोधन क्रिया—जब उत्तर देने में छात्र हिचकिचाता है या आधा उत्तर देकर रुक जाता है या नकारात्मक (Negative) उत्तर देता है। जैसे–मुझे नहीं आता या उत्तर देते हुए हिचकिचाए तो अध्यापक संकेत देकर छात्र को ठीक उत्तर के लिए प्रेरित करता हैं। अध्यापक छात्र को निरुत्साहित नहीं करता और इस क्रिया का उपयोग करता है।

2. अधिक सूचना प्राप्ति—जब छात्र अधूरा उत्तर देते हैं तो अध्यापक अधिक सूचना प्राप्त करने का प्रयास करता है। जैसे–कुछ और बताओ, दूसरे शब्दों में कहो और स्पष्ट करो आदि। इस प्रक्रिया का सहारा लेकर उसका उत्तर पूर्ण कराता है।

3. पुनः केन्द्रण—जब छात्र सही उत्तर देता है तब अध्यापक पूर्व घटित या पढ़ी हुई स्थिति का उदाहरण लेकर छात्र का ध्यान उस पर पुनः केन्द्रित करता है इस प्रकार अध्यापक छात्र के इस ज्ञान को अन्य विषयों से भी जोड़ने का प्रयत्न करता है।

4. पुनः निर्देशन—अध्यापक एक ही प्रश्न को कई छात्रों से पूछता है। इसे पुनःनिर्देशन कहते हैं।

5. समीक्षात्मक अभिज्ञता वृद्धि—सही उत्तर पाने पर भी जब अध्यापक "क्यों" और "कैसे" जैसे प्रश्न पूछता है और उत्तर की सार्थकता की व्याख्या करने को कहता है, इस से छात्रों की समीक्षात्मक अभिज्ञता की वृद्धि कहलाती है।

निरीक्षण अनुसूची एपं रेटिंग स्केल का प्रारूप

छात्र अध्यापक का नाम........................ दिनांक–........................
कक्षा–........................ उप-विषय–........................
सत्र–........................ अवधि–........................
निरीक्षक–........................

व्यवहार घटक	रेटिंग स्केल अत्याधिक निराशाजनक से सर्वोत्तम की ओर						
1. अध्यापक द्वारा संकेतात्मक प्रश्न पूछे गए।	0	1	2	3	4	5	6
2. अधिक सूचना प्राप्ति के लिए प्रश्न पूछे गए।	0	1	2	3	4	5	6
3. पुनः केन्द्रीयकरण के लिए प्रश्न पूछे गए।	0	1	2	3	4	5	6
4. प्रश्नों का पुनःनिर्देशन किया गया।	0	1	2	3	4	5	6
5. समीक्षात्मक अभिज्ञता वृद्धि का प्रयास किया गया।	0	1	2	3	4	5	6

सुझाव–

निरीक्षक के हस्ताक्षर

व्याख्यान कौशल

अध्यापक अपने शिक्षण में सबसे अधिक अपने विचारों एवं प्रत्ययों (Concepts) को व्याख्यान द्वारा छात्रों तक पहुंचाता है। इस विधि में दोष भी अधिक हैं, परन्तु फिर भी इसी का प्रयोग अधिक किया जाता है। इसे व्याख्यान कहते हैं। इस का प्रयोग करने के लिए कई तत्त्वों का प्रयोग किया जाता है।

व्याख्यान कौशल के घटक

1. व्याख्यान शुरू करने का कौशल।
2. भाषा सहज एवं सुबोध होना।
3. बोलने की सहजता।
4. रुचिकर युक्तियों का प्रयोग।
5. पाठ गति का औचित्य।

6. दृश्य-श्रव्य सामग्री का प्रयोग।
7. शिक्षण बिन्दुओं को दोहराना।
8. अन्तःक्रिया में परिवर्तन।
9. व्याख्यान समापन।

व्याख्यान कौशल की निरीक्षण अनुसूची तथा रेटिंग स्केल का प्रारूप

छात्र अध्यापक :–........................ दिनांक :–........................
कक्षा :–........................ उप विषय :–........................
सत्र :–शिक्षण/पुनः शिक्षण अवधि :–........................
निरीक्षक :–........................

व्यवहार घटक	रेटिंग स्केल						
	न्यूनतम						अधिकतम
1. व्याख्या शुरू करने का कौशल।	0	1	2	3	4	5	6
2. भाषा सहज एवं सुबोध होना।	0	1	2	3	4	5	6
3. बोलने की सहजता।	0	1	2	3	4	5	6
4. रुचिकर युक्तियों का प्रयोग।	0	1	2	3	4	5	6
5. पाठ गति का औचित्य होना।	0	1	2	3	4	5	6
6. दृश्य-श्रव्य सामग्री का प्रयोग ठीक किया गया	0	1	2	3	4	5	6
7. शिक्षण बिन्दुओं को दोहराया गया।	0	1	2	3	4	5	6
8. अन्तःक्रिया में परिवर्तन किया गया।	0	1	2	3	4	5	6
9. व्याख्यान ठीक ढंग से समाप्त किया गया।	0	1	2	3	4	5	6

सुझाव–

निरीक्षक के हस्ताक्षर

वाद-विवाद कौशल

इस कौशल को वाद-विवाद कौशल अथवा छात्र क्रियाशीलता में वृद्धि (Increasing Pupil Participation) कहते हैं। अध्यापक किसी बिन्दु (point) को छात्रों के सामने प्रस्तुत करके उनके विचार प्रस्तुत करने को कहता है। छात्र एक-एक करके अपने विचार प्रस्तुत करते हैं। इसके अतिरिक्त पाठ को प्रभावशाली बनाने में छात्रों का भाग लेना अधिक आवश्यक होता है। शिक्षक छात्रों की संभागिता में वृद्धि इस कौशल के प्रयोग से करता है। इस प्रकार क्रियाओं से वाद-विवाद का वातावरण उत्पन्न होता है। इसे वाद-विवाद कौशल कहते हैं।

कौशल घटक

इस कौशल में काम आने वाले अग्रलिखित कौशल भी हैं—

1. विन्यास प्रेरणा (वातावरण निर्माण)।
2. प्रश्न पूछना।
3. उद्दीपन परिवर्तन।
4. छात्र संभागिता में वृद्धि।
5. मौन एवं अशाब्दिक संकेत।
6. दूसरों के विचारों का आदर करना।
7. पुनर्बलन।

वाद-विवाद कौशल का निरीक्षण अनुसूची तथा रेटिंग स्केल का प्रारूप

छात्र अध्यापक :—........................ दिनांक :—........................

कक्षा :—........................ उप विषय :—........................

सत्र :—शिक्षण/पुनः शिक्षण अवधि :—........................

निरीक्षक :—........................

व्यवहार घटक	रेटिंग स्केल						
	न्यूनतम						अधिकतम
1. उचित वातावरण का निर्माण किया गया।	0	1	2	3	4	5	6
2. प्रश्न पूछे गए।	0	1	2	3	4	5	6

3. शिक्षक द्वारा उद्दीपन परिवर्तन किए गए।	0	1	2	3	4	5	6
4. अध्यापक ने छात्र-संभागिता में वृद्धि उपयुक्त ढंग से की।	0	1	2	3	4	5	6
5. शिक्षक ने अशाब्दिक संकेतों का प्रयोग किया।	0	1	2	3	4	5	6
6. अध्यापक ने दूसरे के विचारों का आदर किया।	0	1	2	3	4	5	6
7. अध्यापक द्वारा पुनर्बलन का प्रयोग ठीक ढंग से किया गया।	0	1	2	3	4	5	6

सुझाव–

निरीक्षक के हस्ताक्षर

प्रदर्शन कौशल

कोई प्रणाली अथवा वस्तुएं कैसी होती हैं, कैसे बनती हैं अथवा कैसे कार्य करती हैं आदि बातों का ज्ञान कराने के लिए प्रदर्शन विधि का सहारा लेना पड़ता है। विशेष कर विज्ञान के विषयों में तो प्रदर्शन (Demonstration) शिक्षण का आवश्यक अंग है। उदाहरणार्थ, किसी गैस को प्रयोगशाला में कैसे तैयार करते हैं, दिन और रात कैसे बनते हैं, वस्तुएं क्यों डूब जाती हैं आदि का कक्षा में प्रदर्शन करके ही छात्रों को समझाया जा सकता है। यही प्रदर्शन कहलाता है।

कौशल घटक

ये घटक अग्रलिखित हैं–

1. विषय वस्तु से सम्बद्धता।
2. प्रयोग सम्बन्धी वस्तुओं और सामग्री का उपयोग।
3. प्रदर्शन की उपयुक्तता।
4. छात्र संभागिता।
5. प्रदर्शन दृष्टिगोचर।
6. निष्कर्ष क्षमता।
7. कार्य व कारण से सम्बन्ध स्थापित करना।

निरीक्षण अनुसूचीयुक्त रेटिंग स्केल का प्रारूप

छात्र अध्यापक :–........................ दिनांक :–........................

कक्षा :–........................ उप विषय :–........................

सत्र :–शिक्षण/पुनः शिक्षण अवधि :–........................

निरीक्षक :–........................

व्यवहार घटक	रेटिंग स्केल न्यूनतम						अधिकतम
1. अध्यापक ने विषय वस्तु से सम्बन्धित प्रदर्शन किया।	0	1	2	3	4	5	6
2. प्रयोग सम्बन्धी वस्तुओं और सामग्री का प्रयोग किया गया।	0	1	2	3	4	5	6
3. अध्यापक द्वारा प्रदर्शन उपयुक्त ढंग से किया गया।	0	1	2	3	4	5	6
4. अध्यापक ने छात्र-संभागिता को बढ़ाने का प्रयत्न किया।	0	1	2	3	4	5	6
5. प्रदर्शन सभी छात्रों को दिखाई दे रहा था।	0	1	2	3	4	5	6
6. अध्यापक ने प्रदर्शन के बाद परिणाम निकालने की क्षमता का भी प्रदर्शन किया।	0	1	2	3	4	5	6
7. अध्यापक कार्य और कारण से सम्बन्ध स्थापित करने में सफल रहा।	0	1	2	3	4	5	6

सुझाव–

निरीक्षक के हस्ताक्षर

दृष्टांत कौशल

अध्यापक के सामने कई बार शिक्षण के दौरान ऐसी परिस्थितियों आती हैं कि वह सिद्धान्तों, नियमों या प्रत्ययों को अपने व्याख्यान से स्पष्ट नहीं कर पाता। उस स्थिति में शिक्षक अपने शिक्षण को उदाहरण देकर शुरू कर सकता है। इसे दृष्टान्त कौशल का नाम दिया जाता है।

कौशल घटक

इसके मुख्य व्यवहार घटक अग्रलिखित हैं–

1. सार्थक उदाहरणों का निर्माण–विषय-वस्तु से सम्बन्धित ऐसे उदाहरण जो छात्रों की आयु, ज्ञान एवं अनुभव से मेल खाते हों ताकि उनको समझने में कठिनाई न हो।

2. सरल उदाहरणों का निर्माण–प्रयोग किए जाने वाले उदाहरणों का स्वरूप सरल होना चाहिए।

3. रोचक उदाहरणों का निर्माण–ऐसे उदाहरण जो छात्रों की जिज्ञासा और अभिरुचि को जाग्रत करें जिनमें मनोरंजन भी हो तो वे अधिक सफल हो सकते हैं।

4. उचित माध्यम का उपयोग–इन उदाहरणों को उचित एवं अधिक प्रभावशाली माध्यम शाब्दिक अथवा अशाब्दिक के द्वारा प्रस्तुत किया जाना चाहिए। इससे इनका प्रभाव अधिक एवं स्थाई होता है। जैसे–कहानी, चुटकले, मुहावरे और नमूने, मॉडल, मानचित्र आदि का प्रयोग।

5. आगमन-निगमन उपागम का प्रयोग–कुछ बातें आगम विधि के सहारे भली प्रकार समझाई जा सकती हैं और कुछ निगमन विधि से। अध्यापक उचित विधि का उपयोग करें। दोनों का एक साथ भी उपयोग किया जा सकता हैं निगमन उपागम का अर्थ है कि स्थापित सिद्धान्तों को प्रयोग में लाना। आगमन उपागम का अर्थ है कि किसी संप्रत्यय को समझना और सिद्धान्त आदि की स्थापना करना।

निरीक्षण अनुसूचीयुक्त रेटिंग स्केल का प्रारूप

छात्र अध्यापक :–........................ दिनांक :–........................

कक्षा :–........................ उप विषय :–........................

सत्र :–शिक्षण/पुनः शिक्षण अवधि :–........................

निरीक्षक :–........................

व्यवहार घटक	रेटिंग स्केल						
	न्यूनतम						अधिकतम
1. उदाहरणों की सार्थकता।	0	1	2	3	4	5	6
2. उदाहरणों की सरलता।	0	1	2	3	4	5	6
3. उदाहरणों की रोचकता।	0	1	2	3	4	5	6
4. आगमन उपागम का प्रयोग।	0	1	2	3	4	5	6
5. निगमन उपागम का प्रयोग।	0	1	2	3	4	5	6

सुझाव–

निरीक्षक के हस्ताक्षर

व्याख्या कौशल

शिक्षण प्रक्रिया मे बहुत से तथ्य, सम्प्रत्यय, नियम अथवा सिद्धान्त ऐसे होते हैं जिनको अच्छी प्रकार से समझने के लिए व्याख्या (Explain) करना आवश्यक हो जाता है। अतःशिक्षक को व्याख्या कौशल अर्जित करना अति आवश्यक है। व्याख्या करने से तात्पर्य विषय-वस्तु पर आधारित उन कथनों से है जो आपस में पूरी तरह सम्बन्धित, क्रमबद्ध और सार्थक होते हैं। इसको व्याख्या कौशल (Skill of Explaining) कहते हैं।

कौशल घटक

इसके मुख्य कौशल घटक अग्रलिखित हैं–

1. उपयुक्त प्रारम्भिक कथनों का प्रयोग।
2. निष्कर्षात्मक कथन स्पष्ट करना।
3. भाषा में प्रवाह होना।
4. उपयुक्त शब्दों का प्रयोग।
5. कथनों में तारतम्य होना।

6. असम्बद्ध कथनों की अनुपस्थिति।
7. कथनों को आपस में जोड़ने वाले शब्दों अथवा मुहावरों का प्रयोग।
8. छात्रों की समझ के परीक्षण के लिए बीच-बीच में प्रश्न पूछना।

निरीक्षण अनुसूचीयुक्त रेटिंग स्केल का प्रारूप

छात्र अध्यापक :–........................ दिनांक :–........................
कक्षा :–........................ उप विषय :–........................
सत्र :–शिक्षण/पुनः शिक्षण अवधि :–........................
निरीक्षक :–........................

व्यवहार घटक	रेटिंग स्केल अत्यधिक निराशाजनक						सर्वोत्तम
हां/नहीं							
1. उपयुक्त प्रारम्भिक कथनों का स्पष्टता से प्रयोग किया गया।	0	1	2	3	4	5	6
2. निष्कर्षात्मक कथन स्पष्ट किए गए।	0	1	2	3	4	5	6
3. भाषा में प्रवाह था।	0	1	2	3	4	5	6
4. कथनों में उपयुक्त शब्दों का प्रयोग किया गया।	0	1	2	3	4	5	6
5. कथनों में निरन्तरता रखी गई।	0	1	2	3	4	5	6
6. शिक्षण में असम्बद्ध कथनों की अनुपस्थिति थी।	0	1	2	3	4	5	6
7. कथनों को आपस मे जोड़ने वाले शब्दों अथवा मुहावरों का प्रयोग किया गया था।	0	1	2	3	4	5	6

8. छात्रों की समझ के परीक्षण के लिए बीच-बीच में प्रश्न पूछे गए थे।	0	1	2	3	4	5	6

सुझाव–

निरीक्षक के हस्ताक्षर

उद्दीपन विभिन्नता कौशल

शिक्षक छात्रों के ध्यान (Attention) को आकर्षित करने तथा पाठ में लगाए रखने के लिए अपने व्यवहारों में परिवर्तन लाता है। जैसे–वह कभी अपनी जगह से चलकर श्यामपट्ट के समीप आता है, कभी छात्रों से प्रश्न पूछता है, कभी छात्रों के प्रश्नों का उत्तर देता है, कभी चित्र या वस्तु दिखाता है और फिर उसका विवरण देता है। इस कौशल को उद्दीपन परिवर्तन कहा जाता है।

कौशल के तत्त्व

कौशल के प्रमुख तत्त्व अग्रलिखित हैं–

1. केन्द्रीकरण—इसका प्रयोग उस स्थिति में किया जाता है जब छात्रों के ध्यान करें पाठ के किसी विशिष्ट बिन्दु पर केन्द्रित करना हो। जैसे–अध्यापक कहता है, "इधर ध्यान दो" या "इस चित्र को देखो", चित्र पर निश्चित बिन्दु पर संकेत करके छात्रों का ध्यान केन्द्रित किया जाता है।

2. संचालन—शिक्षक को कक्षा में पढ़ाते समय एक स्थान पर बहुत देर तक खड़े न होकर शरीर संचालन करते रहना चाहिए। कक्षा में यदि अध्यापक आवश्यकतानुसार अपनी जगह बदलता है, हाथ-पैर हिलाता है तो छात्रों का ध्यान उसकी ओर लगा रहता है।

3. हाव-भाव—अध्यापक को अपने हाव-भाव तथा स्वर में उतार-चढ़ाव लाते रहना चाहिए। पाठ पढ़ाते समय पाठ्य-वस्तु के अनुसार हाव-भाव करने चाहिए।

4. वाक परिवर्तन—आवाज के उतार-चढ़ाव करने या उसमे परिवर्तन करके अनेक भावों को छात्रों को समझाया जा सकता है। अध्यापक की आवाज में परिवर्तन कई तरह के हो सकते हैं। जैसे–ऊंची आवाज, तेज तीव्र गति, किसी

शब्द पर दबाव डालकर बोलना आदि विभिन्न स्थितियों एवं भावों को स्पष्ट करते हैं।

5. अन्तःक्रिया में परिवर्तन—अध्यापक कक्षा में ऐसा वातावरण उत्पन्न करता है कि पाठ में सभी का सहयोग प्राप्त हो। छात्र संभागिता को अन्तःक्रिया परिवर्तन से प्रोत्साहन मिलता है। अध्यापक अन्तःक्रिया परिवर्तन का उपयोग करके अपने शिक्षण को प्रभावशाली बना सकता है।

6. विराम—विराम से तात्पर्य ऐसे मौन से है जो अध्यापक बोलते-बोलते रुक जाए ताकि छात्रों का ध्यान उसकी ओर आकर्षित हो। यदि छात्रों को कुछ कहने या पूछने का अवसर न दें और अध्यापक स्वयं ही बोलता रहे तो पाठ नीरस हो जाता है। अतः मौन-विराम का प्रयोग ध्यान आकर्षण हेतु किया जाता है।

7. मौखिक दृश्य बदलाव—अध्यापक पाठ पढ़ाते हुए मौखिक विवरण के साथ-साथ कभी चित्र दिखाकर या श्यामपट्ट पर रेखा चित्र बनाकर या लिखकर समझाता है, कभी बोलता-बोलता माडल दिखाता है, कभी चित्र दिखाते हुए वह विवरण देने लगता है। इन सभी क्रियाओं को मौखिक दृश्य बदलाव कहते हैं।

उद्दीपन-परिवर्तन कौशल की निरीक्षण अनुसूची का प्रारूप

छात्र अध्यापक :—........................ दिनांक :—........................
कक्षा :—........................ उप विषय :—........................
सत्र :—शिक्षण/पुनः शिक्षण अवधि :—........................
निरीक्षक :—........................

व्यवहार घटक	रेटिंग स्केल						
	न्यूनतम					अधिकतम	
1. भाव केन्द्रीकरण की प्रक्रिया की गई।	0	1	2	3	4	5	6
2. शिक्षण में अध्यापक ने शरीर संचालन किया।	0	1	2	3	4	5	6
3. अध्यापक अपने स्वर में उतार-चढ़ाव लाया।	0	1	2	3	4	5	6
4. शिक्षण में समुचित हाव-भाव प्रयोग किया गया।	0	1	2	3	4	5	6

5. छात्र-शिक्षक अन्तःक्रिया में परिवर्तन लाया गया।	0	1	2	3	4	5	6
6. अध्यापक द्वारा मौन विराम का प्रयोग किया गया।	0	1	2	3	4	5	6
7. अध्यापक ने मौखिक दृश्य में बदलाव किया।	0	1	2	3	4	5	6

सुझाव–

निरीक्षक के हस्ताक्षर

पुनर्वलन कौशल

पुनर्वलन मनोवैज्ञानिक सिद्धान्त पर आधारित है। शिक्षण-अधिगम क्रिया को प्रभावशाली तथा तीव्र करने में पुनर्वलन का विशेष महत्त्व है। शिक्षक की वह क्रियाएं जो छात्रों की अनुक्रियाओं को प्रोत्साहित करती हैं उसे पुनर्वलन कहते हैं।

पुनर्वलन के प्रकार

1. सकारात्मक पुनर्वलन—इसके द्वारा छात्रों में वांछित व्यवहार को प्रबल बनाया जाता है। जैसे–इनमें अध्यापक को 'अच्छा' 'शाबाश' 'हां-हां ठीक है' अदि कहना या उत्तर ठीक होने पर मुस्कराना, सिर हिलाना, या हाथ के संकेत आदि आते हैं। इससे छात्र उत्साहित होकर प्रश्नों का उत्तर देते हैं।

2. नकारात्मक पुनर्वलन—इससे छात्रों के गलत या अवांछित व्यवहार को दुर्बल या दूर करने की चेष्टा की जाती है। इसमें अध्यापक का वह व्यवहार आता है जिससे छात्रों को गलत व्यवहार से रोकना अभीष्ट है। जैसे–गलत उत्तर आने पर अध्यापक 'नहीं' 'ऐसा नहीं है' कहना 'उं हूं' नकारात्मक सिर हिलाना, हाथ से बैठ जाने का संकेत आदि इसी श्रेणी में आते हैं।

कौशल घटक

1. प्रशंसात्मक कथनों का प्रयोग।
2. हाव-भाव और अन्य अशाब्दिक संकेतों का प्रयोग।
3. छात्रों की भावनाओं को स्वीकार करना।
4. नकारात्मक अशाब्दिक संकेतों का प्रयोग
5. नकारात्मक शाब्दिक कथनों का प्रयोग।

6. छात्र के सही उत्तरों को श्यामपट्ट पर लिखना।
7. पुनर्बलन का अत्यधिक प्रयोग।
8. छात्र के सुझावों का समर्थन।
9. निरुत्साहित करने वाले शब्दों का प्रयोग।

निरीक्षण अनुसूचीयुक्त रेटिंग स्केल का प्रारूप

छात्र अध्यापक :–...................... दिनांक :–......................
कक्षा :–...................... उप विषय :–......................
सत्र :–शिक्षण/पुनः शिक्षण अवधि :–......................
निरीक्षक :–......................

व्यवहार घटक	रेटिंग स्केल न्यूनतम						अधिकतम
1. प्रशंसात्मक शब्दों का प्रयोग किया गया।	0	1	2	3	4	5	6
2. हाव-भाव व अन्य अशाब्दिक संकेतों का प्रयोग किया गया।	0	1	2	3	4	5	6
3. विद्यार्थियों की भावनाओं को स्वीकार किया गया।	0	1	2	3	4	5	6
4. नकारात्मक अशाब्दिक संकेतों का प्रयोग किया।	0	1	2	3	4	5	6
5. नकारात्मक शाब्दिक कथनों का प्रयोग किया।	0	1	2	3	4	5	6
6. विद्यार्थियों के सही उत्तरों को श्यामपट्ट पर लिखा गया।	0	1	2	3	4	5	6
7. पुनर्वलन का अत्यधिक प्रयोग किया गया।	0	1	2	3	4	5	6
8. विद्यार्थियों के सुझावों का समर्थन किया गया।	0	1	2	3	4	5	6

9. निरुत्साहित करने वाले शब्दों का प्रयोग किया गया।	0 1 2 3 4 5 6

सुझाव–

निरीक्षक के हस्ताक्षर

श्यामपट्ट का प्रयोग कौशल

श्यामपट्ट शिक्षक का दाहिना हाथ कहलाता है। यह अध्यापन में दृश्य साधन के रूप में सर्वाधिक प्रयोग में आता है। इसका उचित, सही एवं विधिपूर्वक उपयोग पाठ को प्रभावशाली बनाने में बहुत सहायक होता है। शिक्षक को श्यामपट्ट कार्य में निपुण होना चाहिए।

श्यामपट्ट कार्य में तीन बातों का विशेष ध्यान रखना चाहिए–

1. लेख स्पष्ट हो व पढ़ा जा सके।
2. श्यामपट्ट कार्य स्वच्छ व विधिवत हो।
3. यह कार्य उपयुक्त एवं पाठ से सम्बन्धित हो और पाठ विकास में सहायक हो।

कौशल घटक

1. लेख की स्पष्टता।
2. श्यामपट्ट कार्य में स्वच्छता।
3. श्यामपट्ट कार्य का औचित्य।
4. अक्षरों में उपयुक्त फासला।
5. अक्षरों का उचित आकार।
6. अक्षरों की मोटाई व चौड़ाई।
7. वाक्यों को लाइन में लिखना।
8. अनावश्यक बातों को मिटाना।
9. बिन्दुओं को निरन्तरता से लिखना।
10. मुख्य शब्दों या बिन्दुओं का रेखांकन।
11. रंगीन चाकों का उपयुक्त प्रयोग।

12. साफ और स्पष्ट चित्र/रेखा चित्र बनाने।
13. दो शब्दों के बीच समुचित स्थान होना।
14. श्यामपट्ट कार्य में संक्षिप्तता व स्पष्टता।

श्यामपट्ट प्रयोग कौशल का निरीक्षण
अनुसूचीयुक्त रेटिंग स्केल का प्रारूप

छात्र अध्यापक :–........................ दिनांक :–........................
कक्षा :–........................ उप विषय :–........................
सत्र :–शिक्षण/पुनः शिक्षण अवधि :–........................
निरीक्षक :–........................

व्यवहार घटक	रेटिंग स्केल न्यूनतम						अधिकतम
1. लेख स्पष्ट लिखा गया।	0	1	2	3	4	5	6
2. श्यामपट्ट कार्य में स्वच्छता थी।	0	1	2	3	4	5	6
3. श्यामपट्ट कार्य का कक्षा में औचित्य था।	0	1	2	3	4	5	6
4. दो अक्षरों में उपयुक्त अन्तराल था।	0	1	2	3	4	5	6
5. अक्षरों का आकार उचित था।	0	1	2	3	4	5	6
6. अक्षरों की मोटाई चौड़ाई उचित थी।	0	1	2	3	4	5	6
7. वाक्य सीधी लाईन में लिखे गए थे।	0	1	2	3	4	5	6
8. अनावश्यक बातों को मिटा दिया गया था।	0	1	2	3	4	5	6
9. सभी बिन्दुओं को निरन्तरता से लिखा गया।	0	1	2	3	4	5	6

10. मुख्य बिन्दुओं को रेखांकित किया गया।	0	1	2	3	4	5	6
11. रंगीन चाकों का ठीक प्रयोग किया गया।	0	1	2	3	4	5	6
12. चित्र/रेखा चित्र साफ और स्पष्ट बनाए गए।	0	1	2	3	4	5	6
13. दो शब्दों के बीच स्थान समुचित था।	0	1	2	3	4	5	6
14. श्यामपट्ट कार्य में संक्षिप्तता व स्पष्टता थी।	0	1	2	3	4	5	6

सुझाव–

निरीक्षक के हस्ताक्षर

कक्षा प्रबन्ध कौशल

ऐसी शिक्षण तकनीक जो अध्यापक को कक्षा में अपनी गतिविधियों को नियन्त्रण में रखकर प्रभावपूर्ण कक्षा प्रबन्ध में सहायता करे और शिक्षण उद्देश्यों को प्राप्त करने में अनुशासनात्मक ढंग से कार्य चलाने में सफलता प्राप्त कराए। एक अच्छे अध्यापक को कक्षा प्रबन्ध कौशल में दक्षता अर्जित करना अति आवश्यक है।

कौशल घटक

1. अधिगम रोचक बनाना।
2. अधिगम प्रयोजन पूर्ण बनाना।
3. छात्रों को उद्देश्य प्राप्ति के लिए अभिप्रेरित करना।
4. विद्यार्थी-अध्यापक अन्तःक्रिया।
5. निर्देशों की स्पष्टता।
6. अनुशासनहीनता पर नियन्त्रण करना।
7. वांछित व्यवहार का पुनर्वलन करना।

8. सौहार्दपूर्ण वातावरण निर्माण।
9. अवधान व्यवहार को प्रोत्साहित करना।

कक्षा प्रबन्ध कौशल का निरीक्षण अनुसूचीयुक्त रेटिंग स्केल का प्रारूप

छात्र अध्यापक :–.......................... दिनांक :–..........................
कक्षा :–.......................... उप विषय :–..........................
सत्र :–शिक्षण/पुनः शिक्षण अवधि :–..........................
निरीक्षक :–..........................

व्यवहार घटक	रेटिंग स्केल न्यूनतम						अधिकतम
1. अधिक रोचक बनाया गया।	0	1	2	3	4	5	6
2. अधिगम प्रयोजनपूर्ण बनाया गया।	0	1	2	3	4	5	6
3. छात्रों को उद्देश्य प्राप्ति के के लिए प्रोत्साहित किया गया।	0	1	2	3	4	5	6
4. विद्यार्थी अध्यापक अन्तः क्रिया को प्रोत्साहित किया गया।	0	1	2	3	4	5	6
5. निर्देश स्पष्ट रूप से दिए गए।	0	1	2	3	4	5	6
6. अध्यापक अनुशासनहीनता पर नियन्त्रण पाने में सफल था।	0	1	2	3	4	5	6
7. वांछित व्यवहारों को पुनर्वलन दिया गया।	0	1	2	3	4	5	6
8. सौहार्दपूर्ण वातावरण का निर्माण किया गया।	0	1	2	3	4	5	6

9. अवधान व्यवहार को प्रोत्साहन दिया गया।	0	1	2	3	4	5	6

सुझाव–

निरीक्षक के हस्ताक्षर

छात्र संभागिता कौशल

इस कौशल द्वारा छात्र अधिक-से-अधिक सीखने की क्रियाओं में भाग लेने के अवसरों का प्रयोग कर सकता है शिक्षण-अधिगम प्रक्रिया की सफलता छात्रों द्वारा इस क्रिया में उत्साहपूर्वक भाग लेने पर बहुत कुछ निर्भर करती है। जैसे–अध्यापक द्वारा पूछे गए प्रश्नों का उत्तर देना, जो विषय पढ़ाया जा रहा है उसके बारे में अपने विचार प्रस्तुत करना, दृश्य-श्रव्य सामग्री के प्रयोग में आवश्यक सहयोग देना आदि।

कौशल घटक

1. मानसिक तैयारी।
2. प्रश्न पूछना।
3. मौन विराम एवं अशाब्दिक संकेत।
4. अनुशीलन प्रश्न पूछना।
5. शाब्दिक पुनर्वलन का प्रयोग।
6. अशाब्दिक पुनर्वलन का प्रयोग।
7. छात्र संभागिता प्रोत्साहन।
8. छात्रों द्वारा क्रियात्मक सहयोग प्रदान करना।

कौशल का निरीक्षण अनुसूचीयुक्त रेटिंग स्केल का प्रारूप

छात्र अध्यापक :–........................ दिनांक :–........................

कक्षा :–........................ उप विषय :–........................

सत्र :–शिक्षण/पुनः शिक्षण अवधि :–........................

निरीक्षक :–........................

व्यवहार घटक	रेटिंग स्केल न्यूनतम					अधिकतम
1. उचित परिस्थितियों में छात्रों की मानसिक तैयारी की गई।	0	1	2	3	4	5 6
2. विद्यार्थियों से प्रश्न पूछे गए।	0	1	2	3	4	5 6
3. मौन विराम एवं अशाब्दिक संकेत किए गए।	0	1	2	3	4	5 6
4. अनुशीलन प्रश्न पूछे गए।	0	1	2	3	4	5 6
5. शाब्दिक पुनर्वलन का प्रयोग किया गया।	0	1	2	3	4	5 6
6. अशाब्दिक पुनर्वलन का प्रयोग किया गया।	0	1	2	3	4	5 6
7. छात्र संभागिता को प्रोत्साहन दिया गया।	0	1	2	3	4	5 6
8. छात्रों द्वारा क्रियात्मक सहयोग प्रदान किया गया।	0	1	2	3	4	5 6

सुझाव–

निरीक्षक के हस्ताक्षर

शिक्षण कौशलों का एकीकरण

यह आवश्यक नहीं है कि अध्यापक किसी एक शिक्षण परिस्थिति में सभी प्रकार के कौशलों को किसी न किसी रूप में अवश्य ही प्रयोग करें, परन्तु मुख्य आवश्यकता इस बात की है कि अध्यापक अपने शिक्षण काल के दौरान प्रत्येक शिक्षा परिस्थिति में यह तय कर ले कि उसे कौन-कौन से शिक्षण कौशलों का प्रयोग करना है। अध्यापक को अपनी योग्यताओं और क्षमताओं को अवश्य ही ध्यान में रखना चाहिए। इसलिए शिक्षण कौशलों के चयन, संगठन और प्रयोग सम्बन्धी प्रक्रिया को शिक्षण कौशलों का एकीकरण (Integration of Teaching Skills) कहा जाता है। इस प्रक्रिया के माध्यम से शिक्षण कला का एक समन्वित

और प्रभावशाली प्रारूप (Model) तैयार हो जाता है और उसके द्वारा निर्धारित अनुदेशनात्मक उद्‌देश्यों की प्राप्ति अच्छे ढंग से की जा सकती है।

एकीकरण की आवश्यकता

सूक्ष्म शिक्षण का सैद्धान्तिक आधार शिक्षण का विश्लेषणात्मक स्वरूप है। इस सिद्धान्त के अनुसार शिक्षण कार्य को पहले बहुत सारे छोटे-छोटे शिक्षण कौशलों में बांट दिया जाता है और फिर इन कौशलों को अति सूक्ष्म शिक्षण व्यवहारों (Teaching Behaviours) में बांट दिया जाता है। इन सूक्ष्म शिक्षण व्यवहारों को अर्जित करके इन कौशलों में प्रवीणता प्राप्त की जाती है और एक सफल अध्यापक बना जा सकता है। कक्षा में भिन्न-भिन्न स्थितियों में इन शिक्षण कौशलों का उपयोग समन्वित ढंग से किया जाता है। यह आवश्यक हो जाता है कि अलग-अलग अर्जित किए हुए शिक्षण कौशलों को एकीकृत या समन्वित करके एक पूर्ण शिक्षण कला के रूप में प्रयोग कराने का अभ्यास कराया जाता है। इन कौशलों को एकीकृत करने की प्रक्रिया द्वारा यह कार्य ठीक हो सकता है।

उद्‌देश्य

इन कौशलों को एकीकृत करने के उद्‌देश्य निम्नलिखित हैं–

1. सूक्ष्म शिक्षण परिस्थितियों में किए हुए शिक्षण कौशल अभ्यास को वास्तविक शिक्षण परिस्थितियों में स्थानान्तरण (Transfer) करने में सहायता देना।

2. किसी एक शिक्षण परिस्थिति और अनुदेशनात्मक उद्‌देश्यों के संदर्भ में विभिन्न शिक्षण कौशलों को एकीकृत करने का अभ्यास कराना।

शिक्षण कौशलों को एकीकृत करने की विधि

शिक्षण कौशलों को एकीकृत करने में अग्रलिखित दो विधियां अपनाई गई हैं–

1. समग्र एकीकरण विधि।
2. आंशिक एकीकरण विधि।

समग्र एकीकरण विधि

इस विधि में सभी शिक्षण कौशलों को समग्र रूप में एकीकृत करने का प्रशिक्षण प्रदान किया जाता है। माना कि एक छात्राध्यापक ने यदि 10 शिक्षण कौशलों का अलग-अलग अभ्यास करवाया है और अलग-अलग दक्षता प्राप्त की है तो सभी कौशलों को समग्र रूप से एकीकृत करने के प्रशिक्षण के एक ऐसी

पाठ योजना बनानी पड़ेगी जिसमें सभी 10 शिक्षण कौशलों को प्रयोग करने के लिए अवसर सम्मिलित किए गए हों। सूक्ष्म शिक्षण चक्र के सभी सोपानों (Steps) में से गुजरते हुए इस प्रकार से शिक्षण अभ्यास कराया जाएगा कि छात्राध्यापक सभी अर्जित शिक्षण कौशलों का अपने शिक्षण कार्य में प्रयोग कर सकें और इस प्रकार के अभ्यास की तब तक पुनरावृत्ति की जाती रहेगी जब तक छात्राध्यापक पूरी दक्षता अर्जित न कर लें।

दक्षता प्राप्त करने के लिए छात्राध्यापक को अग्रलिखित बातों का ध्यान रखना चाहिए।

1. उपयुक्त परिस्थितियों और साधनों के विषय में जानकारी होनी चाहिए।
2. शिक्षण कौशलों का प्रयोग करने के अवसरों का पूर्ण अनुमान होना चाहिए।
3. शिक्षण कौशलों का प्रयोग कब और कहाँ करना है, इसके लिए उचित पाठ योजना तैयार करना और अभ्यास करना।
4. इस शिक्षण अभ्यास कार्य की पुनरावृत्ति तब तक करते रहना चाहिए जब तक कि सभी पूर्व अर्जित शिक्षण कौशलों का एकीकरण करने में दक्षता प्राप्त न हो जाए।
5. जो विषय वस्तु अभ्यास में लाई जाती है उसका पूरा ज्ञान होना चाहिए।
6. अनुदेशनात्मक उद्देश्यों का ज्ञान होना चाहिए।

आंशिक एकीकरण विधि

इस विधि में सूक्ष्म शिक्षण के अभ्यास द्वारा अर्जित सभी शिक्षण कौशलों को आंशिक रूप में इकट्ठा किया जाता है। उदाहरणार्थ छात्राध्यापक ने अपने प्रशिक्षण काल में सूक्ष्म अध्ययन तकनीक द्वारा 10 शिक्षण कौशलों में अलग-अलग रूप से दक्षता अर्जित की है और इन सभी कौशलों को एकीकृत करके प्रयोग में लाने का प्रशिक्षण प्रदान करना है तो इसके लिए पहले चरण में किन्हीं तीन या चार शिक्षण कौशलों को एकीकृत करने का प्रशिक्षण दिया जा सकता है। सामान्यतया सूक्ष्म शिक्षण में जिस एक शिक्षण कौशल का अभ्यास करना होता है उसी से सम्बन्धित पाठ योजना बनाई जाती है और कौशल का अभ्यास सूक्ष्म शिक्षण के सभी सोपानों से गुजरते हुए निर्धारित 36 मिनट के समय में किया जाता है। अब अगले तीन या चार शिक्षण कौशलों को एक साथ लेना है तो इन सभी कौशलों के प्रयोग का अवसर देने वाली कुछ बड़ी पाठ योजना बनानी होगी, परन्तु निर्धारित समय की मात्रा उतनी ही गुनी अधिक हो जाएगी जितने कौशलों को एकीकृत करने का प्रयास हम

एक साथ करना चाहेंगे। सूक्ष्म शिक्षण चक्रों की पुनरावृत्ति भी उसी तरह अब तक होती रहेगी जब तक कि तीन या चार शिक्षण कौशलों को एकीकृत कर शिक्षण कार्य के प्रयोग करने की कला में दक्षता प्राप्त न हो जाए।

द्वितीय चरण में पहले चरण में लिए गए तीन या चार शिक्षण कौशलों के अलावा किन्हीं अन्य तीन या चार शिक्षण कौशलों को एकीकृत करके प्रयोग में लाने का प्रशिक्षण प्रदान किया जाता है और इस तरह आंशिक रूप में धीरे-धीरे सभी अर्जित शिक्षण कौशलों को एकीकृत करके प्रयोग में लाने का अभ्यास कराया जा सकता है।

5

समाजशास्त्र शिक्षण : शिक्षण ब्यूह एवं शिक्षण-प्रतिमान

समाजशास्त्र के शिक्षण में शिक्षण विधि, शिक्षण आव्यूह तथा शिक्षण प्रतिमानों का उपयोग किया जाता है। शिक्षण ब्यूह में व्यक्तिगत भिन्नता को प्राथमिकता दी जाती है और ये छात्र केन्द्रित प्रतिमा के तहत शिक्षण के लक्ष्य को प्रधानता दी जाती है और उसी लक्ष्य की प्राप्ति के लिए शिक्षण का प्रारूप और सामाजिक प्रणाली को विकसित करते हैं। इस प्रकार इस अध्याय में अग्रलिखित दो प्रकरणों का वर्णन किया गया है।

(1) अभिक्रमित अनुदेशन—एक अनुदेशन आव्यूह।

(2) शिक्षण के प्रतिमान—सामाजिक विज्ञान में उपयोगी।

अभिक्रमित अनुदेशन

अभिक्रमित अनुदेशन का विकास बी.एफ. स्किनर ने (1954) में हारवर्ड विश्वविद्यालय के मनोविज्ञान की प्रयोगशाला में किया था। इनका शोध पत्र **'अधिगम का विज्ञान और शिक्षण कला'** (Science of Learning and Art of Teaching, 1954) में प्रकाशित हुआ था। इसका विकास एक अधिगम की प्रविधि के रूप में हुआ है। यह सक्रिय अनुबद्ध अधिगम सिद्धान्तों पर आधारित है। यह स्किनर के शिक्षण प्रतिमान का एक व्यावहारिक रूप है। इसको कइ नामों

से सम्बोधित किया जाता है। व्यक्तिगत-अनुदेशन (Individualized Instruction) तथा अभिक्रमित अनुदेशन (Programmed Instruction) आदि। **सुसन मारकल** ने अभिक्रमित अनुदेशन की परिभाषा इस प्रकार की है।

इस सन्दर्भ में **सुसन मारकल** का विचार है–'अभिक्रमित अधिगम' व्यक्तिगत-अनुदेशन की विधि है जिसमें छात्र सक्रिय रहकर अपनी गति से सीखता है और उसे तत्काल ज्ञान मिलता है और शिक्षण की जरूरत पूरी होती है।

अभिक्रमित अनुदेशन के आधारभूत सिद्धान्त

यह प्रत्यय कुछ मूलभूत अधिनियमों पर आधारित है जिनका प्रतिपाद मनोविज्ञान के प्रयोग के आधार पर किया गया है। यह सक्रिय अनुबद्ध अनुक्रिया सिद्धान्त पर आधारित है। जिसके अधोलिखित पाँच अधिनियम हैं–

(1) छोटे पदों का अधिनियम–इसमें पाठ्य-वस्तु को छोटे-छोटे पदों में क्रमबद्ध रूप में प्रस्तुत किया जाता है। जिससे छात्र अधिक सीखते हैं।

(2) तत्परता अनुक्रिया का अधिनियम–छोटे पदों में रिक्त स्थान छोड़ दिए जाते हैं उनको पूरा करने के लिए छात्रों को तत्पर होकर अनुक्रिया करनी होती है।

(3) तत्कालीन जाँच का अधिनियम–छात्रों की अनुक्रियाओं के साथ-साथ छात्रों को पुष्टि करनी होती है जिससे पुर्नबलन मिलता है। इसमें निरन्तर पुनर्बलन दिया जाता है।

(4) स्वतः अध्ययन गति का अधिनियम– प्रत्येक छात्र अपने अध्ययन गति एवं योग्यताओं के अनुसार पदों को पढ़ता है और सीखता है।

(5) छात्र आलेख का सिद्धान्त–छात्र अध्ययन करते समय अपने सीखने का आलेख तैयार करता है। अनुक्रियाओं से छात्र के अध्ययन की परीक्षा भी होती है।

शृंखला अभिक्रमित्त अनुदेशन की अवधारणाएँ

इसकी अवधारणाएँ अधोलिखित हैं–

1. छात्र अध्ययन के समय अनुक्रिया करने से अधिक सीखता है।
2. अध्ययन की त्रुटि सीखने में बाधक होती है।
3. पाठ्य-वस्तु को छोटे पदों को क्रमबद्ध रूप में रखने से अधिगम अधिक होता है।
4. अध्ययन के समय निरन्तर पुनर्बलन देने से अधिगम प्रभावशाली होता है।

5. छात्रों को उनकी योग्यताओं के अनुसार अवसर देने पर अधिगम प्रभावशाली होता है।

अभिक्रमित अनुदेशन पृष्ठपोषण प्रविधि के रूप में

अभिक्रमित अनुदेशन का विकास मौलिक रूप में छात्रों के अधिगम में वृद्धि करने, उसे प्रभावशाली बनाने तथा व्यक्तिगत भिन्नताओं को सुविधा प्रदान करने हेतु किया गया है। लेकिन शिक्षक-व्यवहार के सुधार हेतु एक पृष्ठपोषण के रूप में इसका प्रयोग किया जा सकता है।

अनुदेशन के अभ्यास से शिक्षण की पाठ्य-वस्तु के वास्तविक रूप में बोध होता है तथा अधिगम-उद्देश्यों की प्राप्ति के लिए व्यवस्था क्रम की जानकारी होती है। यह जानकारी छात्राध्यापकों के लिए पृष्ठपोषण का कार्य करती है और पाठ्य-वस्तु के प्रस्तुतीकरण में विकास एवं सुधार करती है।

इस विवरण से यह प्रमाणित किया जा चुका है कि छात्राध्यापकों को पाठ-योजना तैयार करके जिस पाठ्य-वस्तु को पढ़ाने के बाद उनसे उसी पाठ्य-वस्तु पर अभिक्रमित अनुदेशन की रचना कराई जाए और उसके अनुसार दूसरी कक्षा में उसी पाठ्य-वस्तु को पुनः पढ़वाया जाए तो उसकी दोनों कक्षाओं के शिक्षण में महत्वपूर्ण अन्तर पाया जाता है।

अभिक्रमित अनुदेशन से छात्राध्यापकों में अधोलिखित क्षमताओं का विकास किया जाता है। इसे उपचारी शिक्षण में प्रयुक्त करते हैं—

(1) पाठ्य-वस्तु का तत्वों में विश्लेषण करना और सीखने के क्रम में व्यवस्था करने की क्षमताओं का विकास किया जा सकता है।

(2) पाठ्य-वस्तु को छोटे-छोटे क्रमबद्ध पदों के रूप में प्रस्तुत करने से क्षमताओं का विकास किया जा सकता है।

(3) प्रस्तुतीकरण से छात्रों की अनुक्रियाओं को अवसर देना तथा उनके सही उत्तर को पुनर्बलन प्रदान करने की क्षमताओं का विकास किया जा सकता है।

(4) अधिगम उद्देश्यों की प्राप्ति के लिए समुचित व्यक्तियों का चयन करके प्रयुक्त करने की योजनाओं का विकास किया जा सकता है।

(5) छात्रों को प्रस्तुतीकरण में तत्पर रखने के लिए समुचित प्रविधियों को प्रयुक्त करने का विकास किया जा सकता है।

(6) शिक्षण में व्यक्तिगत भिन्नताओं को ध्यान में रखकर छात्रों को अवसर प्रदान करने की क्षमताओं का विकास किया जा सकता है।

(7) अभिक्रमति अनुदेशन की रचना के अभ्यास से छात्राध्यापकों में उद्देश्यों को व्यापारिक रूप से लिखने तथा उनके लिए समुचित अधिगम परिस्थितियाँ उत्पन्न करने की योग्यता को विकसित किया जा सकता है।

शिक्षण प्रतिमान

शिक्षण शिक्षाशास्त्र की मुख्य क्रिया है, इसी के सम्बन्ध में सम्पूर्ण जानकारी शिक्षाशास्त्र में दी जाती है। शिक्षण की प्रकृति को समझने के लिए शिक्षण-सिद्धान्त का प्रतिपादन नहीं हो सका है क्योंकि शिक्षण की प्रकृति दार्शनिक, सामाजिक तथा मनोवैज्ञानिक है इसलिए शिक्षण-सिद्धान्त तीन प्रकार के हो सकते हैं—

1. दार्शनिक शिक्षण-सिद्धान्त
2. सामाजिक शिक्षण-सिद्धान्त
3. मनोवैज्ञानिक शिक्षण-सिद्धान्त

दार्शनिक तथा सामाजिक शिक्षण-सिद्धान्त का प्रतिपादन तार्किक ढंग से किया गया है लेकिन अन्य ढंग अर्थात् मनोवैज्ञानिक शिक्षण-सिद्धान्तों का प्रतिपादन नहीं हो सका है। इसके लिए परिकल्पनाओं का प्रतिपादन किया जाता है, प्रदत्तों के आधार पर उनकी पुष्टि की जाती है तब सिद्धान्त का प्रतिपादन होता है। परिकल्पना पूर्व सिद्धान्तों पर आधारित होती है। शिक्षण-सिद्धान्त के लिए परिकल्पना अधिगम सिद्धान्तों पर होगी। इसलिए कहा जाता है कि शिक्षण अधिगम पर आधारित होती है। शिक्षण तथा अधिगम का घनिष्ठ सम्बन्ध होता है।

शिक्षण-सिद्धान्तों के प्रतिपादन का प्रयास किया जा रहा है उसके लिए परिकल्पनाओं का प्रतिपादन किया गया है। इन परिकल्पनाओं की पुष्टि हेतु प्रयोग किए जा रहे हैं। जिस परिकल्पना की भी पुष्टि शिक्षण से की जाती है उसे 'शिक्षण प्रतिमान' की संज्ञा दी गई है। परिकल्पना में शिक्षण के लक्ष्य को महत्व दिया जाता है उसी लक्ष्य की प्राप्ति के लिए शिक्षण के जिस स्वरूप की संरचना की जाती है तो उसे शिक्षण प्रतिमान कहते हैं। यदि उस प्रतिमान के लक्ष्य की प्राप्ति हो जाती है तब वही प्रतिमान शिक्षण प्रतिमान कहलाएगा। उदाहरण के लिए बी.एफ. स्किनर ने अनुबन्ध-अधिगम सिद्धान्त का प्रतिपादन किया। स्किनर ने व्यवहार परिवर्तन के लिए अपने अधिगम सिद्धान्त पर आधारित शिक्षण-प्रतिमान का प्रतिपादन किया जिसे श्रृंखला अभिक्रमित अधिगम कहते हैं। जिस पर विभिन्न विषयों में तथा विभिन्न कक्षाओं में इसका प्रयोग किया जा रहा है। प्रयोग से यह पुष्टि हो जाती है कि इससे छात्रों में अपेक्षित परिवर्तन किया जाता है तब सक्रिय अनुबन्ध

शिक्षण-सिद्धान्त का प्रतिपादन हो जाएगा। इस अध्याय में इन्हीं शिक्षण-प्रतिमानों का वर्णन किया गया है।

शिक्षण-प्रतिमान का प्रत्यय

शिक्षण आव्यूह का प्रमुख कार्य शैक्षिक वातावरण उत्पन्न करता है जिससे शिक्षक छात्रों में अपेक्षित व्यवहार परिवर्तन लाने में समर्थ होते हैं। इस प्रकार शिक्षण आव्यूह एक शिक्षण प्रतिमान अथवा शिक्षण प्रारूप प्रदान करता है, जिस पर शिक्षक पाठ्यक्रम की क्रियाओं को सम्पादित करता है। इस प्रत्यय ने शिक्षा मनोविज्ञान का लक्ष्य बदल दिया गया है। शिक्षा मनोविज्ञान में अधिगम को केन्द्र बिन्दु माना जाता है। लेकिन अब शिक्षा मनोविज्ञान का केन्द्र बिन्दु शिक्षण माना जाने लगा है। अधिगम सिद्धान्त कक्षा शिक्षण की समस्याओं तथा शैक्षिक वातावरण की समस्याओं के समाधान में असफलत रहे हैं। अतः शिक्षण सिद्धान्तों के आधार पर अधिक बल दिया जा रहा है लेकिन अभी तक किसी भी शिक्षण-सिद्धान्त का प्रतिपादन नहीं हो सका है। इस दिशा में शिक्षा शास्त्री तथा मनोवैज्ञानिक प्रयत्नशील हैं। शिक्षण प्रतिमान तथा शिक्षण प्रारूप को शिक्षण सिद्धान्तों का आदि रूप माना जाता है।

सिद्धान्तों का प्रतिपादन, पूर्व सिद्धान्तों के आधार पर किया जाता है। शिक्षण और अधिगम का घनिष्ठ सम्बन्ध होता है। जहाँ शिक्षण होता है वहाँ अधिगम होना आवश्यक है। लेकिन सीखने के लिए शिक्षण आवश्यक नहीं है। बिना शिक्षण के भी अधिगम होता है। **क्रानबेक** का कथन है कि शिक्षण-सिद्धान्त का प्रतिपादन अधिगम सिद्धान्तों की सहायता से किया जा सकता है। इस प्रकार शिक्षण सिद्धान्तों का आधार अधिगम के सिद्धान्त शिक्षण माने जाते हैं। इसके अतिरिक्त **गेने** तथा **क्रानबेक** के विचारों से सहमत है कि शिक्षण के सिद्धान्तों को अधिगम के सिद्धान्तों को अधिगम सिद्धान्तों पर आधारित किया जा सकता है, क्योंकि अधिगम शिक्षण पर आधारित है।

क्षिक्षण-प्रारूप को शिक्षण प्रतिमान कहते हैं तथा शिक्षण-सिद्धान्त के लिए यह परिकल्पना का कार्य करते हैं। प्रतिमान शिक्षण-सिद्धान्त की पूर्व अवस्था है।

शिक्षण प्रतिमानों का विकास आदिकाल से हुआ है। शिक्षण प्रतिमानों को शिक्षा-दर्शन, शासन प्रणाली, समाजिक मूल्यों तथा शिक्षा मनोविज्ञान ने प्रभावित किया है। शिक्षा प्रणाली के उद्देश्यों तथा मूल्यों को शिक्षा दर्शन ही निर्धारित करता है। किसी भी देश के तत्कालीन राजनैतिक सिद्धान्त भी शिक्षा प्रणाली के लक्ष्यों के निर्धारण में महत्वपूर्ण कार्य करते हैं। शिक्षा दर्शन, राजनैतिक सिद्धान्त तथा सामाजिक मूल्यों का सम्बन्ध शिक्षा के उद्देश्यों से होता है। शिक्षा के उद्देश्यों की

प्राप्ति के लिए समुचित साधनों का निर्धारण शिक्षा मनोविज्ञान ही करती है। इस प्रकार शिक्षण प्रतिमानों का शिक्षा मनोविज्ञान से घनिष्ठ सम्बन्ध होता है।

शिक्षण प्रतिमानों का विकास अधिगम के सिद्धान्तों के आधार पर किया गया है। शिक्षण-सिद्धान्त के तहत चरों के कार्यों, आपसी सम्बन्धों तथा अन्तःप्रक्रिया की क्रमबद्ध रूप से व्याख्या की जाती है जबकि प्रतिमान के चरों के लिए अधिगम के सिद्धान्तों के सादृश अनुभव से उनकी उपयोगिता के सम्बन्ध में निर्णय लिया जाता है। एक उदाहरण से इसको स्पष्ट किया जा सकता है। अभिक्रमित-अनुदेशन शिक्षण के प्रतिमान के प्रयोग का रूप है जिसे स्किनर का प्रतिमान कहते हैं, यह उनके अधिगम के सिद्धान्त पर आधारित है। उसकी उपयोगिता के सम्बन्ध में प्रयोगों द्वारा निर्णय लेने का प्रयास किया जा रहा है। सम्भव है कि इन प्रयोगों के आधार पर शिक्षण के सिद्धान्त का प्रतिपादन किया जा सके।

शिक्षण प्रतिमान का अर्थ

बी.आर. जुआइस के विचार में–''शिक्षण प्रतिमान अनुदेशन की रूपरेखा (Instruction Designs) माने जाते हैं। इसके तहत विशेष उद्देश्य प्राप्ति के लिए विशिष्ट परिस्थिति का उल्लेख किया जाता है। जिसमें छात्र व शिक्षक की अन्तःप्रक्रिया इस प्रकार की हो कि उनके व्यवहार में अपेक्षित परिवर्तन लाया जा सके।''

शिक्षण प्रतिमान तथा शिक्षण आव्यूह (Teaching Strategies) दोनों एक ही कार्य करते हैं। दोनों ही शिक्षण उद्देश्यों की प्राप्ति के लिए विशिष्ट शैक्षिक वातावरण उत्पन्न करते हैं, लेकिन कोई भी शिक्षण आव्यूह मूल्यांकन प्रणाली (Support System) को विकसित नहीं करती है। शिक्षण के लिए परीक्षण आवश्यक क्रिया मानी जाती है, बिना परीक्षण के शिक्षण प्रक्रिया अधूरी रहती है। शिक्षण प्रतिमान की मूल्यांकन प्रणाली महत्वपूर्ण होती है। इस प्रकार शिक्षण प्रतिमान परीक्षण को भी समान महत्व देते हैं और सहायक प्रणाली (Support System) को विकसित भी करते हैं। शिक्षण प्रतिमान, शिक्षण आव्यूह की अपेक्षा अधिक व्यापक होते हैं।

शिक्षण प्रतिमान में शिक्षण की विशिष्ट रूपरेखा का विवरण होता है जिसके सिद्धान्तों की पुष्टि प्रयोगों के निष्कर्ष पर आधारित होती है। प्रतिमान का प्रारूप मुख्यतः छः प्रकार की क्रियाओं को सम्मिलित करता है। ये क्रियाएँ अधोलिखित हैं–

(1) सीखने की निष्पत्तियों को व्यावहारिक रूप देना।

(2) समुचित उद्दीपन की परिस्थितियों का चयन करना जिससे छात्र अपेक्षित अनुक्रिया कर सकें।

(3) उन परिस्थितियों का विशिष्टीकरण करना जिनमें छात्रों की अनुक्रियाओं को देख सकें।

(4) छात्रों की निष्पत्ति के लिए मानदंड-व्यवहारों को निर्धारित करना।

(5) छात्र तथा वातावरण के मध्य अन्तःप्रक्रिया की परिस्थितियों के लिए युक्तियों का विशिष्टकरण करना।

(6) छात्रों में अपेक्षित व्यवहार-परिवर्तन होने पर परिस्थितियों तथा युक्तियों में सुधार तथा परिवर्तन करना।

शिक्षण प्रतिमान की स्वयं सिद्ध कल्पना (Postulate) यह है कि सीखने की निष्पत्तियों को निश्चित रूप में वर्गीकृत किया जा सकता है। प्रत्येक उद्देश्य की प्राप्ति विशिष्ट परिस्थितियों के उत्पन्न करने से की जा सकती है।

इस प्रकार के शिक्षण प्रतिमान शिक्षण के लिए अधिक उपयोगी हो सकते हैं। शिक्षक इनका उपयोग पाठ्यक्रम की योजना में, छात्र व अध्यापक को अन्तःप्रक्रिया की निर्देशन की रूपरेखा बनाने में तथा विशिष्ट सहायक सामग्री की रचना करने में भली प्रकार प्रयोग कर सकता है।

शिक्षण प्रतिमान के आधारभूत तत्व

एक प्रतिमान के साधारणतः चार तत्व होते हैं। प्रतिमान की रूपरेखा में चारों तत्वों की व्याख्या एक साथ की जा सकती है। यह चारों तत्व इस प्रकार हैं–

(1) उद्देश्य–उद्देश्य से तात्पर्य उस बिन्दु से है जिसके लिए प्रतिमान विकसित किया जाता है। शिक्षण के लक्ष्य तथा उद्देश्य ही शिक्षण प्रतिमान के उद्देश्य को निर्धारित करते हैं। शिक्षण प्रतिमान का उद्देश्य ही केन्द्र बिन्दु माना जाता है।

(2) संरचना–शिक्षण प्रतिमान की संरचना में शिक्षण सोपान की व्याख्या की जाती है। इसके तहत शिक्षण क्रियाओं तथा युक्तियों की व्यवस्था का क्रम निर्धारित किया जाता है। शिक्षण की क्रियाओं की व्यवस्था इस प्रकार की जाती है जिससे सीखने की ऐसी परिस्थितयाँ उत्पन्न की जा सकें, जिनसे उद्देश्यों की प्राप्ति की जा सके। छात्रों तथा शिक्षक की अन्तःप्रक्रिया के प्रारूप को क्रमबद्ध रूप में व्यवस्थित किया जाता है।

(3) **सामाजिक प्रणाली**–शिक्षण एक सामाजिक प्रक्रिया है, इसलिए छात्र और शिक्षक की क्रियाओं और उनके आपसी सम्बन्धों का निर्धारण इस सोपान में किया जाता है। छात्रों को अभिप्रेरणा देने की प्रविधियों पर भी विचार किया जाता है। शिक्षण को प्रभावशाली बनाने में सामाजिक प्रणाली का विशेष महत्व होता है। छात्रों के व्यवहार का नियन्त्रण तथा उनमें अपेक्षित व्यवहार परिवर्तन लाना सामाजिक प्रणाली पर भी निर्धारित होता है। शिक्षण के प्रत्येक प्रतिमान की अपनी विशिष्ट सामाजिक प्रणाली होती है। सामाजिक प्रणाली का प्रारूप प्रतिमान के लक्ष्य पर निर्भर होता है।

(4) **सहायक प्रणाली**–शिक्षण के प्रतिमान का यह अन्तिम सोपान अधिक महत्वपूर्ण माना जाता है। इसमें शिक्षण की सफलता के सम्बन्ध में निर्णय लिया जाता है कि उद्देश्यों की प्राप्ति हो सकी है अथवा नहीं। इसके आधार पर प्रयुक्त की गई शिक्षण आव्यूह तथा युक्तियों की प्रभावशीलता का पता चलता है और उनमें सुधार एवं परिवर्तन लाया जा सकता है। प्रत्येक प्रतिमान का उद्देश्य भिन्न होता है। इसलिए मूल्यांकन विधि भी भिन्न होती है।

शिक्षण प्रतिमानों की अवधारणाएँ

शिक्षण प्रतिमानों की अग्रलिखित धारणाएँ हैं–

(1) शिक्षण एक वातावरण उत्पन्न करने का साधन है जो स्वतन्त्र अवयवों को सम्मिलित करता है।

(2) पाठ्य-वस्तु तथा कौशल अनुदेशन का कार्य करती है जिसके द्वारा छात्रों तथा शिक्षक के मध्य अन्तःप्रक्रिया होती है। शारीरिक तथा सामाजिक क्षमताओं के विकास का अवसर मिलता है।

(3) शिक्षण के तत्वों की व्यवस्था विभिन्न प्रकार से की जा सकती है जिससे विभिन्न उद्देश्यों की प्राप्ति की जाती है।

(4) शिक्षण प्रतिमान वास्तव में वातावरण उत्पन्न करने के प्रतिमान हैं जो सीखने के अनुभवों के लिए वास्तविक तथा व्यावहारिक रूपरेखा प्रदान करते हैं।

शिक्षण प्रतिमान के प्रकार

शिक्षण प्रतिमानों का विभाजन विभिन्न प्रकार से किया गया है। इजरायल सेफलर ने तीन दार्शनिक शिक्षण प्रतिमानों का वर्णन किया है। जॉन पी. डिकेको ने चार मनोवैज्ञानिक शिक्षण प्रतिमान का विवेचन किया है। उन्होंने ग्लेसर के

शिक्षण प्रतिमान को एक बुनियादी शिक्षण प्रतिमान (A Basic Modern Teaching) माना है। ई.ई. हेडन ने चार प्रतिमानों का उल्लेख किया है जो अध्यापक शिक्षा की समस्याओं का समाधान करने में सहायक होते हैं। जॉन पी. डिकेको ने तीन ऐतिहासिक प्रतिमानों का भी विवेचन किया है। ब्रूस आर. जुआइस ने समस्त शिक्षण प्रतिमानों को चार समूहों में विभाजित किया है जिन्हें आधुनिक शिक्षण प्रतिमान कहा जाता है। इन सभी प्रतिमानों का विभाजन चार प्रकार से किया जाता है–

(अ) सामाजिक अन्तःप्रक्रिया स्रोत

1. सामाजिक अन्वेषण प्रतिमान
2. जूरिस प्रतिभा प्रतिमान
3. सामाजिक पृच्छा प्रतिमान
4. प्रयोगशाला प्रतिमान

(ब) सूचना प्रक्रिया स्रोत

5. निष्पत्ति प्रत्यय प्रतिमान
6. आगमन प्रतिमान
7. पृच्छा प्रशिक्षण प्रतिमान
8. जैविक विज्ञान पृच्छा प्रतिमान
9. अग्रिम व्यवस्थापक प्रतिमान
10. विकासात्मक प्रतिमान

(स) व्यक्तिगत स्रोत

11. दिशाहीन शिक्षण प्रतिमान
12. कक्षा-सभा प्रतिमान
13. सर्जनात्मक शिक्षण प्रतिमान
14. अभिज्ञान प्रशिक्षण प्रतिमान

(द) व्यवहार परिवर्तन स्रोत

15. सक्रिय अनुकूलन प्रतिमान

आधुनिक शिक्षण प्रतिमान

बी.आर. जुआइस (Bruce R. Joyce) ने सभी शिक्षण प्रतिमानों की समीक्षा करके उन्हें चार परिवारों में विभाजित किया है। इन्होंने प्रतिमानों के वर्गीकरण के लक्ष्य (Goals) को आधार माना है एक वर्ग में सामाजिक अन्तःप्रक्रिया, एक-दूसरे

वर्ग में सूचना-प्रक्रिया, तीसरे वर्ग में व्यक्तिगत विकास तथा चौथे वर्ग में व्यवहार-परिवर्तन के विकास को महत्व दिया है। इन चारों वर्गों के शिक्षण प्रतिमानों का विवेचन विस्तार में यहाँ किया गया है। इन्होंने 'मॉडल ऑफ टीचिंग' पुस्तक लिखी है।

(अ) सामाजिक अन्तःप्रक्रिया प्रतिमान

इस प्रकार के शिक्षण प्रतिमानों में व्यक्ति की सामाजिक क्षमताओं के विकास पर अधिक बल दिया जाता है क्योंकि मानव स्वभाव से सामाजिक सम्बन्धों को अधिक महत्व देता है। इन प्रतिमानों का प्रयोग प्रजातन्त्र प्रणाली में प्रभावशाली ढंग से किया जाता है। इसके वर्गीकरण में चार प्रतिमानों को सम्मिलित किया गया है जिनका वर्णन यहाँ पर किया गया है।

(1) सामूहिक अन्वेषण प्रतिमान

इसकी सामाजिक रचना **जॉन डी.वी. किलपैट्रिक** ने की है और इसमें सामाजीकरण को प्रधानता दी गई है।

(1) उद्देश्य–इस प्रतिमान का प्रमुख उद्देश्य सामाजिक क्षमताओं का विकास करना है जिससे प्रजातान्त्रिक जीवन में छात्र समायोजन कर सकें।

(2) संरचना–छात्र के समक्ष समस्या प्रस्तुत की जाती है। समस्या शाब्दिक रूप में नहीं अपितु वास्तविक रूप में प्रस्तुत की जाती है जिससे छात्र को अनुभव प्रदान किए जा सकें। छात्र को शिक्षक द्वारा समस्या दी जाती है। समस्या के प्रतिपादन के बाद वे उसके समाधान के लिए प्रयास करते हैं। वे स्वयं क्रियाओं की व्यवस्था करते हैं। अन्त में, समूह समस्या के समाधान का मूल्यांकन करता है कि उद्देश्य की प्राप्ति हो सकी है अथवा नहीं इस प्रकार यह चक्र चलता रहता है।

(3) सामाजिक प्रणाली–सामाजिक व्यवस्था प्रजातान्त्रिक होती है। शिक्षक छात्र दोनों ही क्रियाशील रहते हैं। छात्र को सीखने के लिए पूर्ण स्वतन्त्रता दी जाती है। शिक्षक छात्रों को समस्या के समाधान के लिए अभिप्रेरणा देता है। शिक्षक तथा छात्र का स्तर समान होता है लेकिन उनके कार्य पृथक्-पृथक् होते हैं। शिक्षक निर्देशक तथा परामर्शदाता का कार्य करता है। शिक्षक को छात्रों की क्रियाओं के सम्बन्ध में सतर्क रहना पड़ता है।

(4) सहायक प्रणाली–मूल्यांकन में उद्देश्यों तथा छात्रों की जरूरत को ध्यान में रखा जाता है। वास्तव में छात्रों की समस्या के समाधान की सार्थकता, प्रतिमान की

सफलता का प्रमुख मापदंड होता है। छात्रों को समस्याओं के सम्बन्ध में कितनी सूचनाएँ ज्ञात हैं इसके आधार पर भी मूल्यांकन किया जाता है।

(5) उपयोग—इस प्रतिमान को सामाजिक अन्तःप्रक्रिया तथा सामाजिक सीखने की प्रक्रिया के लिए प्रयुक्त किया जाता है। विषयों के समस्या समाधान के लिए भी इसका प्रयोग किया जा सकता है।

(2) ज्यूरिस प्रोडेन्सियल प्रतिमान

इस प्रतिमान के प्रवर्तक आलीवर तथा शेवर है। इसका प्रयोग समायोजन की क्षमताओं के विकास के लिए किया जाता है।

(1) उद्देश्य—सूचनाओं एवं तथ्यों के आधार पर सामाजिक समस्या को तर्कपूर्ण ढंग से सोचने तथा समझने की क्षमताओं का विकास करना है।

(2) संरचना—इसको सीखने की परिस्थितियाँ, सामाजिक जीवन की समस्याओं को पहचानने से आरम्भ होती हैं। इन समस्याओं को शिक्षक तथा छात्रों के समक्ष प्रस्तुत किया जाता है। कक्षा तथा सामाजिक तनावों से भी समस्या उत्पन्न हो जाती है। शिक्षक को विभिन्न प्रकार की क्रियाएँ करनी होती हैं जिनकी सहायता से छात्र तथा शिक्षक के मध्य अन्तःप्रक्रिया होती है।

(3) सामाजिक प्रणाली—ज्यूरिस प्रोडेन्सियल प्रतिमान से छात्र में शिक्षकों की सुनिश्चित क्रियाओं द्वारा सामाजिक समस्या के समझने की क्षमताओं का विकास किया जाता है। छात्रों को अपने विचारों को अभिव्यक्त करने की पूर्ण स्वतन्त्रता होती है।

(4) सहायक प्रणाली—इस प्रतिमान के द्वारा ऐसी परिस्थितियाँ उत्पन्न करने का प्रयास किया जाता है जिससे बौद्धिक तथा सामाजिक विकास होता है। इस प्रतिमान के मूल्यांकन में दो बातों को ध्यान में रखा जाता है। (1) छात्र समस्या समाधान के लिए आवश्यक सूचनाएँ एकत्रित कर सकते हैं या नहीं और (2) वाद-विवाद में छात्र न्याय-संगत स्थिति का अनुसरण कर सकते हैं या नहीं। इससे यह विदित हो जाता है कि छात्र कहाँ तक जीवन की समस्याओं को सामाजिक मूल्यों से सम्बन्धित कर सकते हैं।

इस प्रतिमान का प्रयोग छात्रों की क्षमताओं के विकास के लिए किया जा सकता है। इससे वे सामाजिक समस्याओं का विश्लेषण कर सकते हैं और सामाजिक मूल्यों को महत्व दे सकते हैं। इनको सामाजिक क्षमताओं के विकास के लिए भी प्रयुक्त किया जाता है।

(3) सामाजिक पृच्छा प्रतिमान

इस शिक्षण प्रतिमान के प्रवर्तक **कोक्स** तथा **वाइरोन** माने जाते हैं। इससे सामाजिक समस्याओं के समाधान की क्षमताओं का विकास किया जाता है।

(1) उद्देश्य–इस प्रतिमान का उद्देश्य सामाजिक विषयों का बोध कराना है। इसमें ज्ञानात्मक पक्ष के उद्देश्यों की प्राप्ति को अधिक महत्व दिया जाता है।

(2) संरचना–इस प्रतिमान में छः सोपानों का अनुकरण किया जाता है–प्रथम सोपान में समस्या के कथन की व्याख्या की जाती है जिसे आरम्भिक बिन्दु मानते हैं। द्वितीय सोपान में समस्या के लिए परिकल्पनाओं का प्रतिपादन किया जाता है जो सूचनाएँ एकत्रित करने के लिए दिशा प्रदान करती है। तृतीय सोपान में परिकल्पनाओं के चरों का विश्लेषण किया जाता है जिससे समाधान का स्पष्टीकरण होता है। चतुर्थ सोपान में परिकल्पनाओं की तर्कपूर्ण ढंग से वैधता तथा विश्वसनीयता निर्धारित की जाती है। पंचम सोपान में परिकल्पनाओं की पुष्टि के लिए तथ्यों तथा प्रदत्तों को एकत्रित किया जाता है। षष्टम सोपान में समस्या के समाधान का कथन के रूप में उल्लेख किया जाता है इसे सामान्यीकरण भी कहते हैं।

(3) सामाजिक प्रणाली–शिक्षक छात्रों के लिए परामर्शदाता का कार्य करता है। छात्रों के चिन्तन (Reflective) स्तर के विकास के लिए अधिक अवसर दिया जाता है। शिक्षक यह प्रयास करता है कि छात्र स्वयं को समझ सकें तथा मार्ग को स्वयं निर्धारित कर सकें।

शिक्षक छात्रों को प्रोत्साहित करता है जिससे छात्र सोपानों का अनुसरण समुचित ढंग से करें। वाद-विवाद को स्वतन्त्र रूप में व्यस्थित किया जाता है जिससे समानता का अवसर दिया जा सके।

(4) सहायक प्रणाली–इस प्रतिमान का मूल्यांकन करना कठिन है क्योंकि इसके मूल्यांकन में छात्रों को सूचनाएँ एकत्रित करने की क्षमता, परिकल्पनाओं का परिभाषीकरण, प्रदत्तों का संकलन तथा समस्या के समाधान के कथनों को ही ध्यान में रखा जाता है। मूल्यांकन में निबन्धात्मक परीक्षाओं को भी प्रयुक्त किया जा सकता है।

(5) उपयोग–इस प्रतिमान का प्रयोग छात्रों में सामाजिक समस्याओं के चिन्तन के लिए किया जाता है। समस्या के समाधान के लिए प्रयुक्त किए जाने वाले सोपानों का भी बोध होता है। यह प्रतिमान सामाजिक सन्दर्भ में तथ्यों के बोध के लिए अधिक महत्वपूर्ण माना जाता है।

(4) प्रयोगशाला विधि प्रतिमान

इस शिक्षण प्रतिमान की रचना *बेदल* तथा *मेने* ने की है। इसमें सामूहिक कौशल का विकास किया जाता है जिससे छात्र समायोजन कर सकें।

(1) **उद्देश्य**—छात्रों के पारस्परिक सम्बन्धों के विकास के साथ ही लचीलेपन की क्षमताओं को विकसित करना तथा समायोजन की क्षमताओं को बढ़ाना है।

(2) **संरचना**—प्रशिक्षण-प्रयोग की रूपरेखा की व्याख्या सामूहिक विकास के लिए की जाती है। इसलिए इसकी सुनिश्चित संरचना निर्धारित करना कठिन है। प्रत्येक प्रशिक्षण की रूपरेखा भिन्न होती है। प्रयोगशाला-प्रशिक्षण में अभ्यासों, सिद्धान्तों तथा प्रशिक्षण समूह की प्रकृति एवं आवश्यकताओं को ध्यान में रखा जाता है। प्रत्येक समूह की प्रकृति एवं आवश्यकताओं को ध्यान में रखा जाता है। प्रत्येक समूह की अपनी विशेषताएँ होती हैं। अन्य साथियों की क्रियाओं का पर्यवेक्षण करना होता है तथा कौशल के विकास के लिए क्रियाओं का पर्यवेक्षण करना होता तथा कौशल के विकास के लिए क्रियाओं में भाग लेना पड़ता है। कौशल के विकास के लिए अभ्यासों की रूपरेखा तैयार की जाती है।

(3) **सामाजिक प्रणाली**—छात्र-अध्यापक को शिक्षण में अधिक क्रियाशील रहना पड़ता है। सामाजिक अभिप्रेरणा का विशेष महत्व है। प्रशिक्षण परिस्थितियाँ प्रजातान्त्रिक होती हैं। छात्र और अध्यापक को समान स्थान दिया जाता है। इसमें व्यक्तिगत विकास एवं सम्प्रेषण को अधिक प्रधानता देते हैं।

(4) **सहायक प्रणाली**—इस प्रतिमान का मूल्यांकन करना कठिन है क्योंकि इसके मूल्यांकन में छात्रों को सूचनाएँ एकत्रित करने की क्षमता, परिकल्पनाओं का परिभाषीकरण, प्रदत्तों का संकलन तथा समस्या के समाधान के कथनों को ही ध्यान में रखा जाता है। मूल्यांकन में निबन्धात्मक परीक्षाओं को भी प्रयुक्त किया जा सकता है।

(5) **उपयोग**—इस प्रतिमान का प्रयोग आपसी सम्बन्धों के विकास के लिए किया जाता है जिससे छात्रों में समायोजना तथा लचीलेपन की क्षमताओं का विकास होता है।

(ब) सूचना प्रक्रिया प्रतिमान

इस प्रकार के प्रतिमानों द्वारा छात्रों को सूचना तथा तथ्यों का बोध कराया जाता है। इनमें समस्या के समाधान तथा तथ्यों, प्रत्ययों के बोध के लिए उद्दीपन तथा समुचित वातावरण को उत्पन्न किया जाता है। इनके प्रयोग से छात्रों की

सामान्य बौद्धिक क्षमताओं का विकास किया जाता है। इस वर्ग में छः प्रतिमान सम्मिलित किए जाते हैं। इनका संक्षिप्त विवरण अग्रलिखित है–

(1) प्रत्यय निष्पत्ति प्रतिमान

इसका विकास *जे. ब्रूनर* ने किया है। यह प्राथमिक रूप से आगमन तर्क के विकास के लिए उपयोगी है।

(1) उद्देश्य–इस प्रतिमान द्वारा भाषा का बोध तथा कौशल का विकास करना है। प्रमुख रूप से आगमन तर्क (Inductive Reasoning) का विकास करना है।

(2) संरचना–इस प्रतिमान में चार सोपानों का अनुसरण किया जाता है। प्रथम सोपान के आरम्भ में 'प्रदत्तों' को प्रस्तुत किया जाता है। द्वितीय सोपान में छात्र प्रत्यय की आव्यूह का विश्लेषण करता है। इसमें छात्र अपने सीखने की गति का अनुसरण करता है। तृतीय सोपान में वह प्रत्ययों के विश्लेषण का आलेख लिखित रूप में प्रस्तुत करता है। इस सोपान का लक्ष्य ज्ञान वृद्धि करना है। चतुर्थ सोपान में छात्र प्रत्ययों के लिए अभ्यास करते हैं। इस सोपान में छात्रों को प्रत्यय-विकास में सहायता दी जाती हैं।

(3) सामाजिक प्रणाली–इस प्रतिमान के आरम्भ में शिक्षक छात्रों की अधिक सहायता करता है, उन्हें प्रोत्साहित करता है। अन्त में, शिक्षक छात्रों को ऐसी दशा प्रदान करता है कि छात्र अपने प्रत्ययों तथा आव्यूह का विश्लेषण करने के लिए अभिप्रेरणा भी देता है। छात्र सबसे सरल एवं प्रभावशाली आव्यूह का चयन करता है।

(4) सहायक प्रणाली–इस प्रतिमान में पाठ्यवस्तु की व्यवस्था इस प्रकार की जाती है जिससे प्रत्ययों का बोध हो सके। अतः इसमें इस प्रकार की आव्यूह (Strategy) प्रयुक्त की जाती है जिससे नवीन प्रत्ययों का बोध कराया जा सके। मूल्यांकन में वस्तुनिष्ठ तथा निबन्धात्मक परीक्षाओं को प्रयुक्त किया जा सकता है। लिखित परीक्षाएँ ही अधिक उपयोग मानी जाती हैं।

(5) उपयोग–प्रत्यय-निष्पत्ति-प्रतिमान का प्रयोग व्यापक रूप में किया जाता है। भाषा के सीखने तथा प्रत्यय-निष्पत्ति के लिए अधिक उपयोगी है। विशेष रूप से भाषा विज्ञान तथा व्याकरण के लिए अधिक महत्वपूर्ण प्रतिमान माना जाता है। जब कभी शिक्षक अपने शिक्षण से छात्रों को किसी तथ्य का सही बोध नहीं करा

पाते हैं तब इसी प्रतिमान को प्रयुक्त किया जाता है। इसका प्रयोग दूरदर्शन (Television) पर भी किया जा सकता है।

(2) आगमन प्रतिमान

इस शिक्षण प्रतिमान के प्रवर्तक **हिल्दा तबा** हैं। इसका विकास अध्यापक-शिक्षा के लिए किया जाता है जिससे छात्र-अध्यापक अधिगम की समस्या का विश्लेषण कर सकें और निदान के आधार पर उपचार कर सकें।

(1) उद्देश्य—इसका मुख्य उद्देश्य मानसिक प्रक्रियाओं का विकास करना तथा सिद्धान्तों का बोध कराना है।

(2) संरचना—इस प्रतिमान में मानसिक प्रक्रियाओं के विकास के लिए परिस्थितियाँ उत्पन्न की जाती हैं जिससे प्रत्ययों का विकास तथा बोध होता है। नियमों, प्रत्ययों तथा विचारों के प्रयोग को भी ध्यान में रखा जाता है। शिक्षण आव्यूह में क्रियाओं को ऐसे क्रम में प्रस्तुत किया जाता है जिससे प्रत्ययों का बोध हो सके। शिक्षण की क्रियाओं का क्रम ही उसकी संरचन प्रस्तुत करता है। इसमें सामूहिक वाद-विवाद को कोई स्थान नहीं दिया जाता है। सूचनाओं और तथ्यों को जटिल रूप में प्रस्तुत किया जाता है। इसकी आव्यूह में सुनिश्चित सोपानों का अनुसरण किया जाता है। इन सोपानों का क्रम इस प्रकार है—

प्रथम सोपान में शिक्षण क्रियाओं की सूची तैयार की जाती है।

द्वितीय सोपान में शिक्षण क्रियाओं को वर्गों में विभाजित किया जाता है।

तृतीय सोपान में शिक्षण क्रियाओं का स्पष्टीकरण किया जाता है।

चतुर्थ सोपान में शिक्षण क्रियाओं की दिशा तथा सम्बन्धों का निर्धारण किया जाता है।

पंचम सोपान में शिक्षण क्रियाओं की दिशा तथा सम्बन्धों की व्याख्या की जाती है।

षष्टम सोपान में व्याख्या के आधार पर निष्कर्ष निकाले जाते हैं।

सप्तम सोपान में परिणामों के आधार पर निष्कर्ष निकाले जाते हैं।

अष्टम सोपान में परिकल्पनाओं की व्याख्या की जाती है तथा उनके लिए तथ्यों एवं प्रदत्तों को प्रस्तुत किया जाता है।

अन्तिम सोपान में परिकल्पनाओं की पुष्टि की जाती है और सामान्यीकरण किया जाता है।

(3) **सामाजिक प्रणाली**—इस प्रतिमान में कक्षा का वातावरण छात्रों की क्रियाओं के लिए अधिक अवसर प्रदान करता है। शिक्षक अपनी क्रियाएँ छात्रों की क्रियाओं से आरम्भ करता है। शिक्षण की क्रियाओं के क्रम को पहले ही निर्धारित कर लिया जाता है। शिक्षक छात्रों के व्यवहार तथा क्रियाओं को नियन्त्रित करता है। कक्षा में सहयोग की भावना रहती है। प्रत्येक सोपान में शिक्षक निर्देशक का कार्य करता है। शिक्षक ज्ञानात्मक पक्ष के विकास के लिए प्रश्नों का अधिक प्रयोग करता है। शिक्षक छात्रों को नवीन अनुभवों के लिए तैयार करता है। इसमें इस प्रकार के अनुभव प्रदान किए जाते हैं जिससे ज्ञानात्मक पक्ष का विकास किया जा सके।

(4) **सहायक प्रणाली**—इस प्रतिमान के लिए *'तबा'* (Taba) ऐसी शिक्षा आव्यूह को महत्व देता है जिसका प्रयोग सामाजिक विषयों के ज्ञान के लिए किया जा सकता है। इसमें तथ्यों, प्रदत्तों तथा सूचनाओं के बोध पर विशेष बल दिया जाता है। अतः मूल्यांकन में वस्तुनिष्ठ परीक्षाओं को प्रयुक्त किया जाता है। निबन्धात्मक परीक्षाएँ इसमें अधिक उपयोगी नहीं होती हैं।

(5) **उपयोग**—इसको *'तबा'* (Taba) ने चिन्तन की क्षमताओं को विकास के लिए अधिक उपयोगी माना है। इसको मानसिक क्रियाओं के विकास के लिए प्रयुक्त किया जाता है। इसकी प्राथमिक उपयोगिता चिन्तन-क्षमताओं का विकास करना है। छात्रों को सूचनाओं, तथ्यों तथा प्रदत्तों का बोध कराने के लिए यह प्रतिमान अधिक प्रयुक्त होता है। सामाजिक विषयों के शिक्षण के लिए यह अधिक उपयोगी प्रतिमान माना जाता है। विज्ञान की पाठ्यवस्तु के शिक्षण में भी इसे प्रयुक्त करते हैं।

(3) पृच्छा-प्रशिक्षण प्रतिमान

रिचार्ड सममन ने शिक्षण प्रतिमान का विकास किया है। इसमें व्यक्तिगत क्षमताओं का विकास किया जाता है जिससे वह सामाजिक क्षमताओं का विकास और समायोजन कर सके।

(1) **उद्देश्य**—व्यक्तिगत क्षमताओं का विकास करना तथा सिद्धान्तों का बोध कराना इस प्रतिमान के प्रमुख उद्देश्य हैं।

(2) **संरचना**—इस प्रतिमान में तीन सोपानों का अनुसरण किया जाता है। प्रथम सोपान में समस्या को पहचानना जिसमें छात्र तनाव का अनुभव करें। द्वितीय सोपान में समस्या के सम्बन्ध में सूचनाओं को एकत्रित करते हैं। इसके अतिरिक्त छात्र स्वयं वातावरण की अन्तःप्रक्रिया से प्रदत्तों को एकत्रित कर लेते हैं। तनाव की

परिस्थिति के समाधान के लिए परिकल्पनाएँ प्रस्तुत करने के लिए दिशा प्रदान कराता है। तृतीय सोपान में छात्र तथा शिक्षक दोनों ही मिलकर समस्या के लिए समुचित आव्यूह के सम्बन्ध में निर्णय लेते हैं। इसके द्वारा छात्रों में कारण-प्रभाव और उनमें सम्बन्ध स्थापित करने की क्षमताओं का विकास होता है।

(3) सामाजिक प्रणाली–कक्षा का वातावरण ऐसा होता है कि शिक्षक और छात्र एक-दूसरे को सहयोग देते हैं। शिक्षक का दृष्टिकोण आलोचनात्मक होता है। शिक्षक समस्त क्रियाओं को नियन्त्रित करता है। शिक्षक बौद्धिक वातावरण उत्पन्न करने का प्रयास करता है। शिक्षक छात्रों को सूचनाएँ एकत्रित करने के लिए प्रोत्साहित करता है। शिक्षक द्वितीय तथा तृतीय सोपान में अधिक क्रियाशील रहता है और सूचनाओं के एकत्रीकरण में छात्रों की सहायता भी करता है।

(4) सहायक प्रणाली–यह प्रतिमान पाठ्य-वस्तु से सम्बन्धित विशिष्ट प्रकार की समस्याओं के शिक्षण के लिए प्रयुक्त किया जाता है। छात्रों को समस्याओं की अनुभूति कराने के लिए शिक्षक अनेक उदाहरण प्रस्तुत करता है। प्रशिक्षण में उनकी जरूरत का उल्लेख करता है। इसके मूल्यांकन के लिए प्रयोगात्मक परीक्षाएँ प्रयुक्त की जाती हैं और यह मालूम किया जाता है कि छात्र अपनी समस्याओं का समाधन करके अपने कार्य को कितने प्रभावशाली ढंग से कर सकते हैं।

(5) उपयोग–इस प्रतिमान का उपयोग वैज्ञानिक विषयों के बाँध के लिए किया जाता है, जिससे छात्र अपनी सूचनाओं का विश्लेषण करें तथा अन्य आव्यूहों से तुलना करें। इससे पारस्परिक सम्बन्धों का विकास होता है.

(4) जैविक विज्ञान–पृच्छा प्रतिमान

जोसेफ जे. सकवाब ने इस प्रतिमान का विकास किया है। इसमें सामाजिक तथ्यों के अन्वेषण (Discovery) का अनुसरण किया जाता है। छात्र अपने लिए सामाजिक परिस्थितियों में तथ्यों का अन्वेषण करता है।

(1) उद्देश्य–इस प्रतिमान का उद्देश्य, अन्वेषण कराना, सामाजिक तथ्यों का बोध कराना तथा सामाजिक समस्याओं का समाधान करने की क्षमताओं का विकास करना है।

(2) संरचना–साधारणतः इसकी संरचना में चार सोपानों का अनुसरण किया जाता है–प्रथम सोपान में छात्रों के अन्वेषण का क्षेत्र निर्धारित किया जाता है और अन्वेषण की विधियों को भी निश्चित किया जाता है। द्वितीय सोपान में समस्या का स्वरूप प्रस्तुत किया जाता है जिससे छात्र अन्वेषण की कठिनाइयों, प्रदत्तों के संकलन

तथा विश्लेषण की कठिनाइयों को समझ सकें। तृतीय सोपान में समस्या का चयन किया जाता है तथा उसकी कठिनाइयों को पहचाना जाता है। चतुर्थ सोपान में कठिनाइयों के समाधान को ढूँढ़ना होता है। प्रदत्तों को एकत्रित करने के लिए प्रयोग भी करना है।

शिक्षण ऐसी परिस्थिति उत्पन्न करता है जिससे छात्रों में चिन्तन शक्ति का विकास हो सके। वह छात्रों को अभिप्रेरण भी देता है, जिससे वे समस्या के लिए परिकल्पनाओं का प्रतिपादन कर सकें, प्रदत्तों का संकलन कर सकें तथा उनकी व्याख्या भी कर सकें।

(3) सामाजिक प्रणाली—कक्षा में सहयोग तथा सद्भावपूर्ण वातावरण होता है। छात्रों को सम्मान दिया जाता है। छात्रों को चुनौतियों की परिस्थितियों में रखा जाता है जिससे यह परिकल्पनाओं का प्रतिपादन करके उनकी पुष्टि के लिए प्रदत्तों का संकलन भी कर सकें। छात्रों को भी नवीन ज्ञान का स्रोत माना जाता है। छात्रों के आयामों को महत्व दिया जाता है।

(4) सहायक प्रणाली—इसके मूल्यांकन के लिए शिक्षκ छात्रों के समक्ष समस्याएँ प्रस्तुत करता है। छात्रों के परिकल्पनाओं, प्रतिपादन प्रदत्तों के संकलन, अर्थापन करने की क्षमताओं के आधार पर प्रभावशीलता के सम्बन्ध में निर्णय लिया जाता है कि छात्रों की परिकल्पनाएँ प्रदत्त व्याख्या कितनी सार्थक तथा आवश्यक है।

(5) उपयोग—इस प्रतिमान का प्रयोग जीव-विज्ञान के विषयों के लिए किया जाता है। इसके द्वारा व्यापक प्रत्ययों तथा उनकी प्रकृति का बोध कराया जाता है। छात्रों को जीव-विज्ञान की पाठ्य-वस्तु, सूचनाओं, प्रत्यय तथा तथ्यों का बोध कराया जाता है। छात्रों के आत्म-बोध का विकास इस प्रतिमान के द्वारा नहीं किया जा सकता है।

(5) अग्रिम-व्यवस्थापक प्रतिमान या प्रतिपादित शिक्षण प्रतिमान

डेविड आसुबेल ने इस प्रतिमान का विकास किया। इसमें प्रत्ययों एवं तथ्यों के बोध से ज्ञान पुंज का विकास किया जाता है।

(1) उद्देश्य—प्रत्यय तथा तथ्यों को बोध कराना तथा ज्ञानात्मक-पक्ष का विकास करना।

(2) संरचना—इसकी संरचना में यह ध्यान रखा जाता है कि पाठ्य-वस्तु का बोध सार्थक रूप में कराया जा सके। प्रथम सोपान के क्रियाओं को सामान्य रूप से प्रस्तुत किया जाता है। द्वितीय सोपान में पाठ्य-वस्तु को सीखने के क्रम में विशिष्ट रूप से प्रस्तुत किया जाता है। अमूर्त पाठ्-वस्तु के प्रत्ययों को एक क्रमबद्ध रूप में

प्रस्तुत करने का प्रयास किया जाता है। उदाहरण के लिए यदि शिक्षक शैक्षिक तकनीकी के 'अर्थ एवं परिभाषा' का शिक्षण करना चाहता है तो उसे प्रथम सोपान में सामान्य बातें, शिक्षा तथा उसके क्षेत्रों के सम्बन्ध में बताना चाहिए। द्वितीय सोपान में शैक्षिक तकनीकी के अर्थ एवं परिभाषा का उल्लेख करना चाहिए जिससे छात्र नवीन ज्ञान को सुगमता से सीख सकें।

(3) सामाजिक प्रणाली—'आसुबेल' (Ausubel) की यह धारणा है कि अमूर्त विचारों को प्रभावशाली ढंग से प्रस्तुत किया जा सकता है। जिस पाठ्य-वस्तु का छात्र विश्लेषण कर लेता है उससे सम्बन्ध स्थापित करते हुए नवीन ज्ञान का बोध कराया जा सकता है। इसमें शिक्षक का स्थान प्रधान होता है और शिक्षक को अधिक क्रियाशील रहना होता है। प्रभुत्ववादी सामाजिक वातावरण उत्पन्न किया जाता है। सीखने की परिस्थितियों के अनुसार शिक्षक क्रियाएँ बदल लेता है। छात्रों और शिक्षक के मध्य अन्तःप्रक्रिया होतीं है। छात्रों को अवसर दिया जाता है कि वे पाठ्य-वस्तु से सम्बन्ध स्थापित कर सकें। शिक्षक छात्रों को अभिप्रेरणा भी देता है।

(4) सहायक प्रणाली—इसमें मूल्यांकन अनुदेशन के आधार पर किया जाता है।

(5) उपयोग—इस प्रतिमान का प्रयोग अमूर्त पाठ्य-वस्तु के शिक्षण में किया जाता है। पाठ्य-वस्तु के क्रमबद्ध ज्ञान के लिए यह अधिक उपयोगी प्रतिमान है। प्रत्ययों में सम्बन्ध स्थापित करने के लिए आसुबेल का प्रतिमान अधिक प्रयुक्त होता है। ज्ञानात्मक पक्ष के उच्च स्तर के उद्देश्यों की प्राप्ति के लिए इसका प्रयोग किया जाता है।

(6) विकासात्मक प्रतिमान

जीन प्याजे ने इस प्रतिमान का विकास किया है। इसमें बौद्धिक क्षमताओं का विकास करना है तथा तार्किक क्षमताओं के विकास को विशेष महत्व दिया जाता है।

(1) उद्देश्य—इसका मुख्य उद्देश्य सामान्य बौद्धिक क्षमताओं का विकास करना है तथा तार्किक क्षमताओं (Logical Reasoning) का विकास करना है।

(2) संरचना—इसके तहत दो सोपानों का अनुसरण किया जाता है। प्रथम सोपान में छात्रों को ऐसी परिस्थिति में रखा जाता है जिसमें तर्कपूर्ण चिन्तन की जरूरत है। परिस्थिति का स्वरूप ऐसा होना चाहिए जो छात्रों के विकासात्मक स्तर के समान हो। छात्रों की परिस्थिति का पूर्व बोध होना चाहिए

जिससे छात्र परिपाक (Assimilation) की ओर बढ़ सकें। द्वितीय सोपान में छात्रों को निर्देशन दिया जाता है जिससे छात्र परिस्थिति की समस्या तथा कमजोरियों को दूर कर सकें।

(3) सामाजिक प्रणाली–शिक्षक छात्रों के लिए भौतिक तथा सामाजिक वातावरण उत्पन्न करता है जिससे छात्रों को उद्देश्य की प्राप्ति की क्रियाओं के लिए अवसर मिलता है। शिक्षक तथा छात्रों के मध्य अन्तःप्रक्रिया होती है। छात्र के विचारों के आदान-प्रदान के लिए पूरी स्वतन्त्रता दी जाती है। शिक्षक का कार्य छात्रों को निर्देशन देना है। शिक्षक छात्र को अधिक क्रियाशील रखता है। शिक्षक ही क्रियाओं को आरम्भ करता है। छात्रों को भौतिक तथा सांसारिक वस्तुओं से अवगत कराया जाता है।

(4) सहायक प्रणाली–इसका मूल्यांकन वातावरण के स्रोत तथा शिक्षक के विकासात्मक सिद्धान्त की सार्थकता से किया जाता रहा है। छात्रों की ज्ञानात्मक समस्या के समाधान की क्षमताओं को विशेष महत्व दिया जाता है। मूल्यांकन के लिए निबन्धात्मक परीक्षाएँ प्रयुक्त की जाती हैं।

(5) उपयोग–'प्याजे' के प्रतिमान का प्रयोग ज्ञानात्मक तथा सामाजिक क्षमताओं के विकास के लिए किया जाता है। अनुदेशन प्रणाली के निदान में भी प्रयुक्त किया है। तर्कपूर्ण चिन्तन के विकास के लिए अधिक उपयोगी माना जाता है। बालक के ज्ञानात्मक विकास के लिए समुचित वातवरण उत्पन्न हुआ अथवा नहीं, इसके सम्बन्ध में निर्णय लिया जाता है।

(स) व्यक्तिगत स्रोत प्रतिमान

इन प्रतिमानों द्वारा व्यक्तिगत विकास को अधिक महत्व दिया जाता है। इसमें व्यक्ति के भावात्मक पक्ष के विकास पर अधिक बल दिया जाता है। ये प्रतिमान बालक की आन्तरिक व्यवस्था के विकास को प्रधानता देते हैं जिससे छात्रों में आत्मबोध तथा आत्मचिन्तन का विकास होता है।

इस वर्ग के शिक्षण में चार प्रतिमानों को सम्मिलित किया गया है। इनका संक्षिप्त विवरण यहाँ किया गया है।

(1) दिशाहीन शिक्षण प्रतिमान

इस शिक्षण प्रतिमान के प्रवर्तक **कार्ल-रोजर्स** हैं। इसमें स्वतः अनुदेशन की क्षमता से व्यक्तिगत क्षमताओं का विकास किया जाता है।

(1) उद्देश्य—इस प्रतिमान को 'कार्ल रोजर' ने व्यक्तिगत विकास के लिए प्रयुक्त किया है। इसके द्वारा स्वाध्याय, आत्मबोध तथा स्वयं अन्वेषण की क्षमताओं का विकास किया जाता है।

(2) संरचना—इस प्रतिमान में छात्र-केन्द्रित अनुदेशन को प्रयुक्त किया जाता है इसमें प्रमुख दो सोपानों का अनुसरण किया जाता है। प्रथम सोपान में शिक्षक अथवा अनुदेशक अपेक्षित वातावरण उत्पन्न करता है। द्वितीय सोपान में छात्र व्यक्तिगत अथवा सामूहिक रूप में अन्तःप्रक्रिया करके अपना विकास करते हैं। वातावरण में पुनर्बलन की परिस्थितियाँ भी निहित होती हैं। आरम्भ में प्रजातान्त्रिक वातावरण उत्पन्न किया जाता है। शिक्षक ज्ञानात्मक तथा भावनात्मक पक्षों के विकास की परिस्थितियाँ उत्पन्न करने का प्रयास करता है तथा सीखने के लिए अनुभवों को उद्देश्यों की दिशा में नियोजित करता है।

इस प्रतिमान की संरचना दो सिद्धान्तों पर आधारित होती है—

1. शिक्षक छात्रों के साथ सक्रिय होकर कार्य करते हैं लेकिन छात्र अधिक तत्पर होते हैं।

2. शिक्षण का छात्रों की अभिवृत्तियों के लिए निर्देशन अधिक प्रभावशाली होता है।

(3) सामाजिक प्रणाली—शिक्षक छात्रों को दिशा प्रदान नहीं करता अपितु छात्र अपना उत्तरदायित्व स्वयं समझते हैं और सीखने के अनुभवों की क्रियाएँ आरम्भ करते हैं। छात्र शिक्षक द्वारा उत्पन्न वातावरण से अन्तःप्रक्रिया करते हैं। वातावरण के तत्व छात्रों को पुनर्बलन भी देते हैं। इस प्रकार छात्र अपने अनुभवों के द्वारा सीखता है और यह ज्ञान उनके लिए अधिक सार्थक होता है।

(4) सहायक प्रणाली—इस प्रतिमान की विशेषता यह है कि इसमें शिक्षक ऐसा वातावरण उत्पन्न करते हैं जिसमें छात्र स्वयं अधिक-से-अधिक मानसिक स्रोतों को प्रयोग करते हैं। छात्रों को अपने सीखने का उद्देश्य भी स्पष्ट होता है। इसका मूल्यांकन निबन्धात्मक परीक्षा तथा जीवन की समस्याओं के समाधन की क्षमता से किया जा सकता है।

(5) उपयोग—इस प्रतिमान के प्रयोग द्वारा छात्रों की सामान्य योग्यता का विकास किया जाता है जो जीवन के लिए अधिक आवश्यक है। छात्र अपने मानसिक तथा सामाजिक, मौलिक क्षमताओं के विकास का एकीकरण कर सकता है। इसका प्रयोग शिक्षा के व्यापक उद्देश्यों की प्राप्ति के लिए किया जा सकता है।

(2) कक्षा-सभा प्रतिमान

विलियम ग्लेसर ने इस शिक्षण प्रतिमान को विकसित किया है। इसमें व्यक्तिगत गुणों के विकास की विशेष प्रधानता दी जाती है। इसके प्रमुख तत्व इस प्रकार हैं।

(1) उद्देश्य–राबर्ट ग्लेसर ने इस प्रतिमान को व्यक्तिगत क्षमताओं के विकास के लिए प्रस्तुत किया है। इसका मुख्य उद्देश्य कर्त्तव्य-परायणता, आत्मबोध तथा कौशल का विकास करना है।

(2) संरचना–इस प्रतिमान की संरचना में छः सोपानों का अनुसरण किया जाता है। (1) प्रथम सोपान में तल्लीनता का वातावरण उत्पन्न कराना, (2) वाद-विवाद में समस्या का उल्लेख करना, (3) तृतीय सोपान में व्यक्तिगत रूप में समस्या के लिए निर्णय लेना, (4) समस्या के समाधान के लिए विकल्पों को पहचाना, (5) समस्या के कुछ समाधानों के लिए वचनबद्ध होना तथा (6) अन्तिम सोपान में व्यावहारिक रूप में समाधानों का अनुसरण करना। प्रथम सोपान के लिए शिक्षण आव्यूह अधिक महत्वपूर्ण समझी जाती है। कक्षा-सभा प्रतिमान की सफलता इन सोपानों के अनुसरण पर निर्भर होती है।

(3) सामाजिक प्रणाली–शिक्षण तथा छात्रों का घनिष्ठ सम्बन्ध होता है। समस्या का चयन छात्र तथा शिक्षक दोनों ही करते हैं। शिक्षक छात्रों को अपने निर्णय लेने की क्षमताओं के विकास को अधिक महत्व देता है। समस्या के लिए विकल्पों के सम्बन्ध में दोनों ही समान रूप में निर्णय लेते हैं। अन्तिम सोपानों में छात्र अधिक क्रियाशील तथा तत्पर रहता है, लेकिन नियन्त्रण का उत्तरदायित्व शिक्षक का होता है।

शिक्षण व्यवहार तीन सिद्धान्तों पर आधारित होता है–(1) छात्रों को शिक्षण में तल्लीन रखा जाता है। (2) शिक्षक स्वयं निर्णय नहीं लेता तथा छात्रों को ही उत्तरदायित्व सौंपता है। (3) शिक्षक तथा छात्र दोनों ही मिलकर समस्या का चयन करते हैं तथा विकल्पों के सम्बन्ध में निर्णय लेते हैं। वातावरण सहयोगपूर्ण होता है। छात्र अपने अनुभव से ही व्यवहारिक परिवर्तन लाते हैं।

(4) सहायक प्रणाली–इसका मूल्यांकन शिक्षक द्वारा प्रयोग की गई आव्यूह पर निर्भर होता है। मूल्यांकन में व्यावहारिक पक्षों को अधिक महत्व दिया जाता है। इसलिए मानदण्ड परीक्षा प्रयुक्त की जाती है।

(5) उपयोग–इस प्रतिमान का प्रयोग छात्रों की आत्मबोध तथा कर्त्तव्य-परायणता की क्षमताओं के विकास के लिए किया जाता है। निर्णय लेने की क्षमताओं के

विकास के लिए भी इसका प्रयोग किया जाता है। इसके द्वारा छात्रों की व्यावहारिक क्षमताओं का विकास भी किया जाता है।

(3) सर्जनात्मक-शिक्षण प्रतिमान

डब्ल्यू-गोर्डन ने सर्जनात्मक शिक्षण प्रतिमान का विकास किया है। इसमें मौलिक तथा सर्जनात्मक क्षमताओं का विकास किया जाता है। इसका स्वरूप इस प्रकार है–

(1) उद्देश्य–इस प्रतिमान की रचना **विलियम गार्डन** ने सर्जनात्मक क्षमताओं (Creativity) के विकास के लिए की है। इसका उद्देश्य समस्याओं के समाधान के लिए सर्जनात्मक-क्षमताओं का विकास करना है।

(2) संरचना–इस प्रतिमान को कई रूपों में प्रयुक्त किया जाता है। इस प्रतिमान की व्यूह-रचना में पाँच सोपानों को अपनाया जाता है। प्रथम सोपान में अधिकांश प्रत्ययों तथा तथ्यों का बोध कराया जाता है। द्वितीय सोपान में शिक्षक या छात्र सादृश्य-अनुभव (Analogy) प्रस्तुत करते हैं। तृतीय सोपान में वे अपने व्यक्तिगत सादृश्य-अनुभव को प्रयुक्त करने का प्रयास करते हैं। चतुर्थ सोपान में छात्र पाठ्य-वस्तु तथा सादृश्य-अनुभव में सम्बन्ध स्थापित करने का प्रयास करते हैं। अन्तिम सोपान में विभिन्न सादृश्य-अनुभवों (Analogies) के अन्तर की परीक्षा करते हैं। शिक्षक स्वयं को इस प्रकार निर्देशन देता है जिससे वह स्वयं ऐसा वातावरण उत्पन्न कर सके जो छात्रों को सर्जनात्मक अनुक्रियाओं को प्रेरित कर सके। छात्रों को शिक्षक अभिप्रेरणा भी देता है जिससे वे तत्पर और क्रियाशील रह सकें।

(3) सामाजिक प्रणाली–इस प्रतिमान का प्रमाण सुनिश्चित होता है। शिक्षक अपनी क्रियाएँ क्रमबद्ध रूप में आरम्भ करता है। व्यावहारिक युक्तियों के प्रयोग के लिए निर्देशन देता है। यह छात्रों की मानसिक क्रियाओं के विकास में भी सहायक होता है। छात्रों को अधिक स्वतन्त्रता दी जाती है। सर्जनात्मक समस्याओं के समाधान के लिए समानता का वातावरण आवश्यक होता है। छात्रों की आन्तरिक प्रेरण का विशेष महत्व होता है। सीखने की क्रियाओं से छात्रों को प्रसन्नता होती है तथा सन्तोष मिलता है।

(4) सहायक प्रणाली–शिक्षक छात्रों को सभी प्रकार की सुविधाएँ प्रदान करता है। यह सुविधाएँ वैज्ञानिक प्रयोगशालाओं में आवश्यक होती हैं। शिक्षक तथा छात्रों का समान स्थान होता है। दोनों को तत्पर तथा क्रियाशील रहना पड़ता है। इसके लिए छोटा समूह अधिक अच्छा माना जाता है।

(5) उपयोग—यह प्रतिमान व्यक्तिगत तथा सामूहिक सर्जनात्मक क्षमताओं के विकास के लिए प्रयुक्त किया जाता है। इसमें सीखने की क्रियाएँ आन्तरिक होती हैं। एक समूह के छात्रों को पृथक्-पृथक् अनुभव होते हैं। इसका प्रयोग अन्तःप्रक्रिया शिक्षण में सफलतापूर्वक किया जाता है। छात्र अध्यापक भी इस प्रतिमान का सफलतापूर्वक प्रयोग कर सकते हैं। इसका प्रयोग छोटे बालकों के लिए नहीं किया जा सकता है। इसमें विश्लेषण तथा संश्लेषण की प्रक्रिया प्रमुख होती है।

(4) जानकारी प्रशिक्षण प्रतिमान

इस प्रतिमान का विकास डब्लयू.एस. **फ्रिटिज** ने किया है। इसमें स्वयं जानकारी तथा अभिज्ञान की सहायता से व्यक्तिगत क्षमताओं का विकास किया जाता है। इसके प्रमुख तत्व इस प्रकार हैं—

(1) उद्देश्य—इसका उद्देश्य व्यक्तिगत क्षमताओं एवं कौशल का विकास करना तथा पारम्परिक सम्बन्धों की क्षमताओं का विकास करना है। इसके अतिरिक्त यह मानवीय सम्बन्धों की जानकारी में वृद्धि करता है।

(2) संरचना—साधारणतः इस प्रतिमान की संरचना में दो सोपानों का अनुसरण किया जाता है। प्रथम सोपान में छात्रों को कार्य दिया जाता है जिसे छात्र पूरा करते हैं। द्वितीय सोपान में वाद-विवाद तथा विश्लेषण किया जाता है कि क्या हो चुका है? समूह के सभी सदस्य एक साथ बैठकर कार्य कठिनाइयों के सम्बन्ध में वाद-विवाद करते हैं। कुछ छात्र दूसरों के विचारों को अधिक पसन्द करते हैं और उन्हें कार्य को पूरा करने में अपनाते हैं। अन्य अपने तक ही सीमित रखते हैं। वाद-विवाद की स्वतन्त्र रूप में व्यवस्था की जाती है जिससे अकेलेपन की भावना कम होती है और सामूहिक भावना का विकास होता है। शिक्षक कार्य प्रस्तुत अवश्य करता है लेकिन समूह की क्रियाओं को प्रभावित नहीं करता है। इस प्रकार वाद-विवाद के समय भी शिक्षक दिशा प्रदान नहीं करता है। शिक्षक छात्रों की सहायता इस प्रकार करता है जिससे उनमें सूझ-बूझ का विकास हो सके और वे अपनी क्रियाओं तथा व्यवहार के सम्बन्ध में प्रत्ययों का भी विकास कर सके।

(3) सामाजिक प्रणाली—छात्रों का समूह एक सामाजिक सन्दर्भ में मिलता है और सामाजिक वातावरण उत्पन्न किया जाता है जिससे छात्रों में कर्त्तव्य-परायणता की भावना, दूसरों की सहायता करने की प्रवृत्ति तथा खुलकर वाद-विवाद करने की क्षमताओं का विकास किया जाता है। छात्र तथा शिक्षक दोनों ही तत्पर तथा

क्रियाशील रहते हैं। शिक्षक सामाजिक वातावरण उत्पन्न करता है लेकिन छात्रों को दिशा प्रदान नहीं करता है।

(4) सहायक प्रणाली—सामाजिक वातावरण से छात्रों में सामाजिक क्षमताओं का विकास किया जाता है। इसके लिए निरीक्षण विधि प्रयुक्त की जाती है। निबन्धात्मक परीक्षाओं की भी सहायता ली जा सकती है।

(5) उपयोग—इसे छात्रों के आत्मबोध के विकास के लिए प्रयुक्त किया जाता है। सामाजिक क्षमताओं, कर्त्तव्य-परायणता, दूसरों की सहायता करने की प्रवृत्ति तथा मुखर होकर वाद-विवाद की क्षमताओं के विकास के लिए इसका प्रयोग किया जाता है।

(द) व्यवहार-परिवर्तन प्रतिमान

इस प्रतिमान में छात्रों के व्यवहार-परिवर्तन को अधिक महत्व दिया जाता है। सीखने की क्रियाओं और समुचित पुर्नबलन की सहायता से छात्रों में अपेक्षित व्यवहार-परिवर्तन लाया जाता है। प्रतिमान को **बी.एफ. स्किनर** ने प्रस्तुत किया है। यह स्किनर के अधिगम के सिद्धान्त पर आधारित है। इसका प्रयोग शिक्षा के विभिन्न प्रकार के उद्देश्यों की प्राप्ति के लिए किया जा सकता है।

इस वर्ग में केवल एक प्रतिमान 'स्किनर' का सम्मिलित किया जाता है, जिसे सक्रिय अनुबद्ध-अनुक्रिया शिक्षण प्रतिमान अथवा स्किनर शिक्षण प्रतिमान कहते हैं।

सक्रिय अनुबद्ध-अनुक्रिया

बी.एफ. स्किनर ने इस शिक्षण प्रतिमान का विकास किया है। वे व्यवहारवादी मनोवैज्ञानिक हैं। इन्होंने सक्रिय अनुबद्ध-अनुक्रिया (Operant Conditioning) सिद्धान्त का प्रतिपादन किया है। जिसे अपेक्षित व्यवहार परिवर्तन के लिए प्रयुक्त किया जाता है। इसके प्रमुख तत्वों का विवेचन यहाँ किया गया है।

(1) उद्देश्य—इस प्रतिमान का उद्देश्य व्यवहार-परिवर्तन करना है।

(2) संरचना—इस प्रतिमान में तीन सोपानों का अनुसरण किया जाता है। प्रथम सोपान में पाठ्य-वस्तु को शाब्दिक तथा अशाब्दिक रूप में उद्दीपन के रूप में छात्र के समक्ष प्रस्तुत किया जाता है। इस सोपान में पाठ्य-वस्तु तथा अनुदेशन को प्रयुक्त किया जाता है। इसमें पाठ्य-वस्तु को इस प्रकार प्रस्तुत किया जाता है जिससे छात्र अनुक्रिया भी करें। द्वितीय सोपान में छात्रों को अनुक्रिया (Response) के लिए अवसर दिया जाता है। उद्दीपन में अतिरिक्त उद्दीपन भी सम्मिलित किया जाता

है जो छात्र की सही अनुक्रिया करने में सहायता करता है। तृतीय सोपान में छात्रों को पुनर्बलन दिया जाता है। छात्र अपनी अनुक्रिया की जाँच भी साथ-साथ करता है। यही अनुक्रिया होने पर उन्हें प्रसन्नता होती है और आगे के व्यवहार तथा अनुक्रिया के लिए पुनर्बलन मिलता है। सही अनुक्रिया से वे नवीन ज्ञान भी सीखते हैं। छात्रों को अनुक्रिया करने की स्वतन्त्रता नहीं होती, उन्हें अपेक्षित अनुक्रिया ही करनी पड़ती है। अधिकांश पुनर्बलन छात्रों की अनुक्रिया की पुष्टि के रूप में ही मिलता है।

(3) सामाजिक प्रणाली–शिक्षण का स्वरूप सुनिश्चित होता है। छात्रों की अनुक्रिया और व्यवहार का नियन्त्रण अभिक्रमक अथवा शिक्षक करता है। छात्र को उसकी क्षमताओं तथा आवश्यकताओं के अनुसार सीखने का समान अवसर प्रदान किया जाता है। सभी क्रियाओं पर शिक्षक का नियन्त्रण रहता है।

(4) सहायक प्रणाली–छात्रों को अनुक्रिया करने में कम त्रुटि करनी चाहिए। छात्रों की त्रुटियाँ दस प्रतिशत से अधिक नहीं होनी चाहिए। मूल्यांकन में आन्तरिक तथा बाह्य मापदण्डों को प्रयुक्त किया जाता है। मापदण्ड परीक्षा की रचना की जाती है। मूल्यांकन में उद्देश्यों के व्यावहारिक रूप को ध्यान में रखा जाता है छात्रों को अनुदेशन के प्रति अभिवृत्तियों को भी मूल्यांकन के लिए प्रयुक्त किया जाता है।

(5) उपयोग–अभिक्रमित अनुदेशन (Programmed Instruction) इसी प्रतिमान पर आधारित होता है। रेखीय अभिक्रमित-अनुदेशन में इसका प्रयोग किया जाता है। छात्रों के ज्ञानात्मक पक्ष के निम्न स्तर (ज्ञान, बोध तथा प्रयोग) उद्देश्यों की प्राप्ति के लिए किया जाता है। इसका प्रयोग भावात्मक पक्ष के विकास के लिए नहीं किया जा सकता है। तथ्यों की अपेक्षा प्रत्ययों के शिक्षण के लिए यह प्रतिमान अधिक प्रभावशाली होता है।

ग्लेजर का बुनियादी शिक्षण प्रतिमान

राबर्ट ग्लेजर (1962) ने इस शिक्षण प्रतिमान को विकसित किया है। मनोवैज्ञानिक अधिनियमों तथा सिद्धान्तों का शिक्षण में प्रयोग किया जाता है। मनोवैज्ञानिक शक्तियों की सहायता से शिक्षण उद्देश्यों की प्राप्ति का प्रयास किया जाता है। इसे कक्षा-सभा प्रतिमान के नाम से **ब्रूस जे. जुआइस** ने व्यक्तिगत स्रोत में सम्मिलित किया है।

स्वरूप–इस प्रतिमान में शिक्षण प्रक्रिया को चार पक्षों में विभाजित किया जाता है–

(1) अनुदेशन उद्देश्य
(2) पूर्व-व्यवहार
(3) अनुदेशनात्मक प्रक्रिया
(4) निष्पत्ति का मूल्यांकन

पृष्ठ-पोषण—इस प्रतिमान में निष्पत्ति का मूल्यांकन, उद्देश्य तथा छात्रों के व्यवहार शिक्षण को पुर्नबलन प्रदान करते हैं—

(1) अनुदेशनात्मक उद्देश्यों से तात्पर्य उन क्रियाओं से है जो छात्रों को शिक्षण के पूर्व करनी चाहिए। इसे ज्ञानार्जन भी कहा जाता है।

(2) पूर्व व्यवहार से तात्पर्य छात्रों की उन योग्यताओं अथवा व्यवहारों से है जो पाठ्य-वस्तु की बोधगम्यता के लिए आवश्यक है।

(3) अनुदेशनात्मक प्रक्रिया से तात्पर्य शिक्षण की उन क्रियाओं से है जो पाठ्य-वस्तु के प्रस्तुतीकरण के लिए प्रयुक्त की जाती हैं।

(4) निष्पादन आकलन से तात्पर्य परीक्षा तथा निरीक्षण विधियों से है जिनके आधार पर शिक्षक निर्णय लेता है कि कहाँ तक छात्रों को विषय-वस्तु का स्वामित्व प्राप्त हो सका है। यदि अपेक्षित स्वामित्व स्तर प्राप्त नहीं हुआ है जो यह पूर्व तीनों अथवा किसी एक के अभाव के कारण हुआ है, उसमें सुधार लाना चाहिए।

(5) यह पृष्ठ-पोषण भी देती है। शिक्षण के इन पक्षों में घनिष्ठ सम्बन्ध होता है। शिक्षण के उद्देश्यों के अनुसार इनका सम्बन्ध बदलता रहता है। शिक्षण का व्यापक प्रतिमान है।

शिक्षण के प्रतिमान का महत्व

शिक्षण प्रतिमानों की अग्रलिखित विशेषताएँ मानी जाती हैं—

(1) विद्यालयों की शिक्षण व्यवस्था में विशिष्ट उद्देश्यों की प्राप्ति के लिए इनको प्रयुक्त किया जा सकता है। इनके द्वारा शिक्षण को अधिक सार्थक तथा प्रभावशाली बनाया जा सकता है।

(2) विद्यालयों में विभिन्न विषयों के शिक्षण में विशिष्ट प्रतिमानों को ही प्रयुक्त किया जा सकता है।

(3) शिक्षण प्रतिमानों को सामाजिक, व्यक्तिगत, ज्ञानात्मक तथा व्यावहारिक पक्षों के विकास के लिए विकसित किया जाता है। अतः शिक्षण के सभी उद्देश्यों की प्राप्ति के लिए इनको प्रयुक्त किया जा सकता है।

(4) शिक्षण प्रतिमान अभी जाँच (Trial) स्तर पर ही है। इनके आधार पर शिक्षण-सिद्धान्तों का प्रतिपादन किया जा सकता है।

(5) इन प्रतिमानों से सादृश्य अनुभव ग्रहण कर भारतीय परिस्थिति के लिए अधिक प्रभावशाली प्रतिमानों की रचना की जा सकती है।

(6) शिक्षण-प्रतिमान शिक्षण प्रक्रिया में शोध कार्य के लिए विशाल क्षेत्र प्रस्तुत करते हैं, जिससे शिक्षण को समझा जा सकता है और उनके चरों (Variables) का उल्लेख किया जा सकता है।

(7) शिक्षण विधियों में पाठ्य-वस्तु को प्रधानता दी जाती है जबकि शिक्षण प्रतिमानों में उद्देश्यों को प्रधानता दी जाती है जिससे शिक्षण को अधिक सार्थक तथा उपयोगी बनाया जा सकता है।

(8) शिक्षण तथा अधिगम क्रियाओं के सम्बन्ध में विभिन्न परिस्थितियों का भली प्रकार अध्ययन किया जा सकता है।

(9) भारतीय परिस्थिति में कक्षा शिक्षण की समस्याओं के समाधान के लिए शिक्षण प्रतिमानों को विकसित किया जा सकता है।

विदेशों में कक्षा शिक्षण में शिक्षण विधि, शिक्षण आव्यूह तथा शिक्षण प्रतिमानों का उपयोग किया जाता है। किन्तु भारत के विद्यालयों में कक्षा के तहत शिक्षण विधियों का प्रयोग लगभग 36 प्रतिशत विद्यालयों में किया जाता है। ये विद्यालय भी शहरी क्षेत्रों में स्थित हैं। ग्रामीण विद्यालयों में आधुनिक विधियों का उपयोग शिक्षक द्वारा नहीं किया जाता है। इसे भारतीय विद्यालयों के विकास के लिए कक्षा शिक्षण आव्यूह और शिक्षण प्रतिमानों को सरल एवं लोकप्रिय बनाना होगा तभी इसको ग्रामीण विद्यालयों में लोकप्रिय एवं जनहित में जारी किया जा सकेगा। इसका उपयोग समाजशास्त्र के शिक्षण में किया जाता है। शिक्षण आव्यूह में व्यक्तिगत भिन्नता को प्राथमिकता दी जाती है और ये छात्र केन्द्रित प्रतिमा के तहत शिक्षण के लक्ष्य को प्रधानता दी जाती है। उसी लक्ष्य की प्राप्ति के लिए शिक्षण का प्रारूप और सामाजिक प्रणाली को विकसित किया जाता है।

6

शिक्षण सहायक दृश्य-श्रव्य उपकरण

शिक्षण कार्य को सरल व सुबोध बनाने के लिए कुछ शिक्षण सहायक उपकरण की भी मदद लेनी होती है। ये ऐसे साधन हैं जिनके प्रयोग से छात्रों की ज्ञानेन्द्रियाँ सक्रिय हो जाती हैं और वे पाठ के सूक्ष्म से सूक्ष्म भावों को समझ जाते हैं। शिक्षण प्रक्रिया में जब शिक्षण विधियाँ और प्रविधियाँ प्रभावशाली दिखाई नहीं देतीं तो इस तरह की सामग्री का प्रयोग किया जाता है। इसके समर्थन में ई. सी. डेन्ट के विचार में—"श्रव्य दृश्य सामग्री का अर्थ उस समस्त सामग्री से है जो कक्षा में अथवा अन्य शिक्षण परिस्थितियों में लिखित अथवा बोली हुई पाठ्य-सामग्री को समझाने में मदद देती है।" ये सामग्री समाजशास्त्र शिक्षण में भी बहुत ही आवश्यक हैं। ये साधन शिक्षण अधिगम प्रक्रिया में अपनी प्रभोवोत्पादक भूमिका निभाते हैं।

दृश्य श्रव्य सामग्री की आवश्यकता

इनकी आवश्यकता को निम्न बिन्दुओं के तहत स्पष्ट किया जा सकता है—

1. स्वस्थ कक्षीय अन्तर्सम्बन्ध को बढ़ावा देना—शिक्षण-अधिगम कार्य की सफलता उपयुक्त कक्षा भवन अन्तर्क्रिया पर आधारित है। विभिन्न प्रकार के उद्दीपन, सक्रिय भाग लेने के अवसर तथा विस्तृत अनुभव प्रदान करने के कारण दृश्य-श्रव्य साधन शिक्षण अधिगम उद्देश्यों की सफल प्राप्ति के लिए स्वस्थ कक्षीय अन्तक्रिया को बढ़ावा देने में सहायक होते हैं।

2. अनुशासनहीनता की समस्या का समाधान—"खाली मस्तिष्क शैतान का घर होता है।" ऐसी स्थिति में बहुत से छात्र कक्षा में अनुशासन की समस्या पैदा करेंगे। इन साधनों के आविर्भाव से कक्षा में निष्क्रिय, सुस्त और अरुचिकर वातावरण के पैदा होने की सम्भावना कम हो जाती है। इसके अतिरिक्त विद्यार्थियों को अपनी असीम शक्ति के प्रयोग के लिए विभिन्न रचनात्मक माध्यम प्राप्त होते हैं।

3. समय व शक्ति की बचत—इन साधनों के प्रयोग से समय तथा शक्ति की बचत हो सकती है क्योंकि बहुत सी सूक्ष्म तथा कठिन धारणाएँ आसानी से समझ में आ जाती हैं।

4. नए अधिगम को पक्का करने में सहायक—इन दृश्य श्रव्य साधनों के प्रयोग से अधिगम के रूप में जो कुछ सीखा जाता है वह छात्रों के मस्तिष्क में पक्का हो जाता है और लम्बे समय तक याद रहता है।

5. व्यक्तिगत भिन्नताओं की आवश्यकताओं की पूर्ति—विद्यार्थियों में बड़े स्तर पर भिन्नताएँ पाई जाती हैं। इन साधनों का प्रयोग भिन्न-भिन्न प्रकार के छात्रों की आवश्यकताओं को पूरा करने में सहायक होती है।

6. शिक्षण सूत्रों पर आधरित—इन दृश्य श्रव्य साधनों के प्रयोग से अध्यापक को शिक्षण सूत्रों के प्रयोग में मदद मिलती है, जैसे—ज्ञात से अज्ञात की ओर, सरल से कठिन की ओर आदि सूत्र हैं।

7. पर्याप्त प्रभाव प्रदान करना—प्रभावशाली रूप में सीखना अनुभवों द्वारा बनाए गए प्रभावों पर निर्भर करता है। ये साधन प्रभाव के रूप में अपना चिह्न छोड़ देते हैं और स्थाई रूप से सीखने में सहायक होते हैं।

8. विषय वस्तु की स्पष्टता—ये साधन पृथक्-पृथक् विषयों से सम्बन्धित कठिन धारणाओं तथा क्रियाओं को स्पष्ट करने में मदद करते हैं। अतः मौखिक अनुभवों की अधिक आवश्यकता नहीं पड़ती।

9. प्रत्यक्ष अनुभव के लिए एक उत्तम स्थानापन्न—जहाँ ऐसा अध्यापन सम्भव नहीं होता कि छात्रों को प्रत्यक्ष अनुभव प्रदान किया जा सके वहाँ दृश्य साधन वास्तविक वस्तुओं के लिए बहुमूल्य स्थानापन्न (Substitute) सिद्ध होते हैं जिनसे अधिगम अधिक सार्थक बन सकती हैं।

10. ज्ञनेन्द्रियों का अधिक प्रयोग—ज्ञानेन्द्रियों को ज्ञान का द्वार (Gateway of Knowledge) माना जाता है। इन साधनों द्वारा इन इन्द्रियों का प्रयोग सही रूप में किया जा सकता है और छात्रों को सीखने में आसानी हो जाती है।

11. ध्यान प्रक्रिया में मदद—शिक्षण-अधिगम प्रक्रिया में ध्यान केन्द्रीय बिन्दु है। दृश्य-श्रव्य साधन अध्यापक को कक्षा-क्रियाओं में छात्रों की रुचि तथा ध्यान को बनाए रखने की उचित व्यवस्था तथा वातावरण उत्पन्न करने में मदद करते हैं।

12. एक उत्तम प्रेरणा स्रोत शक्ति—दृश्य-श्रव्य साधन छात्रों की आन्तरिक प्रेरणाओं (आवेश शक्तियों), मूल प्रवृत्तियों, बुनियादी उत्साह तथा प्रयोजनों से मेल खाते हैं और इस प्रकार विद्यार्थियों को प्रभावशाली ढंग से सीखने के लिए सशक्त प्रेरणास्रोत शक्ति सिद्ध होते हैं।

13. मौखिकता कम करना—मौखिकता शिक्षण-अधिगम प्रक्रिया में अधिक प्रभावशाली सिद्ध नहीं होती। इस पक्ष पर टिप्पणी करते हुए रेमांड व्यायमन लिखता है–"हम छात्रों को बताते हैं और अधिकतर उन्हें लिखित सामग्री प्रदान करते हैं। शब्द आश्चर्यजनक होते हैं। उन्हें आसानी से एक बार अथवा पुनः प्रस्तुत किया जा सकता है, सुरक्षित रखा जा सकता है तथा अन्य स्थान पर भेजा जा सकता है, परन्तु उनका ज्यादा प्रयोग गहरी समस्या बन सकती है–मुख्यतः मौखिक प्रयोग (बिना अर्थ जाने शब्द अथवा शब्दावली का प्रयोग) करना अथवा अपनाना तथा भूलने की समस्या।"

ये साधन प्रभावाशाली संचार प्रक्रिया साधन बनकर मौखिकता की समस्याओं के समाधान में सहायक हो सकते हैं।

14. स्रोतों अथवा साधनों की कमी अथवा अपर्याप्तियों (न्यूनताओं) को पूरा करने में मदद—दृश्य-श्रव्य साधनों का प्रयोग निम्नलिखित समस्याओं को सुलझाने में मदद करता है–

(i) स्कूल जाने वाली जनसंख्या में वृद्धि।

(ii) कक्षा-कक्ष और स्थान की कमी।

(iii) अध्यापक और अधिगम के लिए प्राप्त सुविधाओं की अपर्याप्तता।

(iv) समय की प्रगति के साथ-साथ अत्यधिक ज्ञान प्राप्ति की बढ़ती हुई माँग।

15. वैज्ञानिक मनोवृत्ति के विकास में मदद—इन साधनों को प्रयोग छात्रों में वैज्ञानिक मनोवृत्ति विकसित करने में सहायक होता है। सुने हुए तथ्यों के साथ सहमत होने की अपेक्षा वे दृश्य-श्रव्य साधनों की मदद से उनका निरीक्षण कर सकते हैं।

16. सीखने वालों को पुनर्बलन देना—इन साधनों के प्रयोग से छात्रों को पुनर्बलन मिलता है और सीखना आसान हो जाता है।

इस तरह हम देखते हैं कि यदि दृश्य श्रव्य साधनों का ठीक प्रकार प्रयोग किया जाए तो वे अच्छे सेवक सिद्ध हो सकते हैं और अगर शिक्षण की प्रक्रिया में हर समय मशीनों का ही प्रयोग करते रहें और उनके अधीन हो जाएँ तो वे बुरे स्वामी भी सिद्ध हो सकते हैं।

चयन के सिद्धान्त

दृश्य-श्रव्य सामग्री के चयन के लिए अध्यापक को कुछ मार्गदर्शक सिद्धान्तों का अनुकरण करना चाहिए। ये सिद्धान्त निम्नलिखित हैं–

1. उपयुक्त प्रस्तुतीकरण का सिद्धान्त—इस सिद्धान्त के अनुरूप अध्यापक द्वारा सहायक सामग्री के उपयुक्त प्रस्तुतीकरण की अपेक्षा की जाती है। इसके लिए निम्नलिखित बातों पर ध्यान देना चाहिए–

(i) वास्तविक प्रस्तुतीकरण से पहले अध्यापकों की सहायक सामग्री के प्रयोग की सावधानी से योजना बना लेनी चाहिए और उसके प्रयोग को पहले से समझ लेना चाहिए।

(ii) प्रस्तुतीकरण की सफलता के लिए उन्हें प्रदर्शन करने वाले की सहायक विधियाँ सीख लेनी चाहिए।

(iii) उपयुक्त सामग्री का प्रयोग इस प्रकार किया जाना चाहिए ताकि उसके द्वारा विशेष शैक्षिक उद्देश्य की प्राप्ति हो सके।

(iv) दृश्य-श्रव्य साधनों का प्रभावकारी प्रस्तुतीकरण विफल हो सकता है अगर सामग्री को ठीक ढंग से न रखा जाए अथवा उसे ठीक ढंग से न सम्भाला जाए। इसलिए ऐसी स्थिति के घटने की सम्भावना को कम करने के लिए उचित ध्यान रखना चाहिए।

(v) ये साधन इस प्रकार प्रयुक्त किए जाएँ अथवा उनका प्रदर्शन किया जाए कि छात्रों को उनसे अधिक-से-अधिक लाभ मिल सके।

2. उपयोगिता का सिद्धान्त—चुनी हुई दृश्य श्रव्य सामग्री शैक्षिक तथा विषय के उद्देश्यों के अनुसार होनी चाहिए। ये छात्रों की योग्यताओं के अनुसार होनी चाहिए। इनके लिए निम्न बातों का ध्यान रखना चाहिए–

(i) ये अधिगम उद्देश्यों की प्राप्ति में सहायक होनी चाहिए।

(ii) ये रुचिकर तथा प्रेरणादायक होनी चाहिए।

(iii) ये साामग्री छात्रों की योग्यताओं, आयु-स्तर तथा दर्जे के अनुकूल होनी चाहिए।

(iv) ये सामग्री अनुभव प्रदान करने के लिए सही तथा यथार्थ होनी चाहिए।

3. तैयारी का सिद्धान्त—चुनी हुई सामग्री के प्रयोग के लिए अध्यापक तथा छात्र दोनों ही पहले से ही तैयार रहने चाहिए। इसके लिए निम्न बातों को ध्यान में रखें–

(i) चुनी हुई सामग्री की प्राकृति तथा इसे किस तरह प्रयोग में लाया जाए, यह जानकारी अध्यापक को होनी चाहिए।

(ii) जिस साधन का प्रयोग अध्यापक को करना है उसके प्रयोग के लिए निर्देश-पुस्तिका अध्यापक पथप्रदर्शिका का पहले ही अध्ययन कर लेना चाहिए।

(iii) जो सामग्री प्रयोग की जाती है उसके प्रयोग के लिए विद्यार्थियों को मानसिक रूप से तैयार कर लेना चाहिए।

(iv) छात्रों का उचित मार्ग-दर्शन करना अध्यापक का मुख्य कार्य होता है ताकि वे सहायक साधनों का पूर्ण लाभ उठा सकें।

(v) विद्यार्थियों को इन साधनों से सम्बन्धित शिक्षण अधिगम (Teaching Learning) क्रियाओं में उनके शामिल होने के उद्देश्यों का पूर्ण ज्ञान होना चाहिए।

4. क्रिया का सिद्धान्त—यह सिद्धान्त अध्यापकों से इस बात की अपेक्षा करता है कि वे छात्रों को उपयुक्त ढंग से दृश्य-श्रव्य अनुभव स्थितियों के प्रति अपनी प्रतिक्रिया व्यक्त करने में मदद करें।

अध्यापक अधिगम के दौरान प्रयुक्त दृश्य-श्रव्य उद्दीपनों के प्रति सक्रिय अनुक्रिया करने और इन अनुभवों के द्वारा ज्ञान प्राप्त करने में विद्यार्थियों की मदद की जानी चाहिए।

5. मूल्याँकन का सिद्धान्त—इस सिद्धान्त के अनुसार पूर्व निश्चित उद्देश्यों की प्राप्ति में दृश्य-श्रव्य सामग्री एवं उसकी सहायक विधियों का निरन्तर मूल्याँकन होना चाहिए। ऐसा मूल्याँकन पाठ आरंभ करने से पहले लिखे गए प्रश्नों पर विचार करने से हो सकता है। यह मूल्याँकन लिखित अथवा मौखिक प्रश्नों द्वारा भी हो सकता है।

6. भौतिक नियन्त्रण का सिद्धान्त—इस सिद्धान्त के तहत अध्यापक द्वारा दृश्य-श्रव्य सहायक सामग्री के प्रयोग से सम्बन्धित भौतिक सुविधाओं का प्रबन्ध करना अथवा जरूरी ब्योरा प्राप्त करना आदि आ जाते हैं ताकि उस सामग्री तथा जरूरी वस्तुओं को सुरक्षित करने में मदद मिल सके तथा समय की बचत हो।

दृश्य-श्रव्य सामग्री के प्रभावोत्पादक उपयोग

1. प्रदर्शित सहायक सामग्री पर कुछ प्रश्न अवश्य पूछने चाहिए ताकि पाठ के भाव सरल तथा स्पष्ट हो जाएँ।

2. ये सामग्री विविध प्रकार की होनी चाहिए ताकि छात्र एक ही प्रकार के इन साधनों को देखकर ऊब न जाएँ।

3. इस सामग्री को दीवार पर टाँग कर प्रदर्शित करना चाहिए ताकि छात्र पूरी तरह लाभान्वित हो जाएँ।

4. सहायक सामग्री का प्रयोग करने के तुरन्त बाद अध्यापक को अपने पाठ पर आ जाना चाहिए। इससे यह पाठ को समुचित रूप से विकसित कर सकेगा।

5. सहायक सामग्री को प्रदर्शित करने के तुरन्त बाद हटा देना चाहिए ताकि छात्रों का ध्यान पाठ से दूर न हट सके।

6. इनको पाठ की तीन अवस्थाओं में प्रयोग किया जा सकता है–

(i) प्रस्तावना में ये सामग्री छात्रों में पाठ के लिए रुचि उत्पन्न करने के लिए प्रयोग की जाती है।

(ii) प्रस्तुतीकरण में पाठ के सूक्ष्म तथ्यों तथा कठिन बातों एवं भावों को स्पष्ट करने के लिए प्रयोग में लाते हैं।

(iii) पुनरावृत्ति में पाठ का मूल्याँकन करने के लिए इसका प्रयोग किया जाता है।

7. इस सामग्री का प्रयोग पाठ के भावों को सरल, रोचक तथा मनोरंजक ढंग से स्पष्ट करने के लिए किया जाता है।

8. इससे समय की बचत होती है और छात्र जरूरी बातों को तुरन्त समझ जाते हैं।

9. इसका छात्रों के मार्ग-दर्शन के लिए प्रयोग किया जाना चाहिए।

10. इसको इतनी देर अवश्य प्रदर्शित करना चाहिए कि छात्रों को इसके विषय में अवलोकन और चिन्तन करने का पर्याप्त समय मिल जाए।

दृश्य-श्रव्य सहायक सामग्री

श्रव्य सामग्री

ये वे साधन हैं जिनमें श्रवण इन्द्रिय का प्रयोग होता है यानि जिनसे ज्ञान कान द्वारा प्राप्त होता है–

1. टेप रिकार्डर—यह एक नया उपकरण है। इसमें व्यक्ति अपनी ध्वनि को भरकर किसी भी समय उसे पुनः सुन सकता है। इसका प्रयोग महापुरुषों के प्रवचन, नेताओं के भाषण तथा प्रसिद्ध कलाकारों की कविताएँ एवं संगीत आदि सुनवाने में किया जाता है। अध्यापक तथा छात्र भी इसमें अपनी ध्वनि भरकर पुनः सुन सकते हैं। इसकी मदद से उनके उच्चारणों को सुधारने में, बोलने की गति तथा स्वर प्रभाव सम्बन्धी त्रुटियों को दूर करने में मदद मिलती है। यह महँगा है इसलिए इसका प्रयोग स्कूलों में बहुत कम होता है।

2. रेडियो—आधुनिक जीवन में रेडियो का विकास इतना अधिक हो गया है कि अब यह हर आदमी के लिए आवश्यकता की वस्तु बन गया है। रेडियो द्वारा छात्रों को आधुनिक घटनाओं तथा नई-नई सूचनाओं का ज्ञान दिया जाता है। उच्चकोटि के शिक्षा शास्त्रियों से राष्ट्रीय तथा अन्तर्राष्ट्रीय समस्याओं के बारे में भाषण रेडियो द्वारा सुनने को मिलते हैं। उनमें राष्ट्रीयता की भावना पैदा की जाती है। रेडियो पर प्रसिद्ध कलाकारों और संगीतज्ञों के प्रोग्रामों से छात्रों को गाने-बजाने की शिक्षा दी जाती है। अतः आधुनिक शिक्षा के क्षेत्र में रेडियो का विशेष महत्त्व है। हर स्कूल रेडियो सेट रखे हुए हैं।

रेडियो पर प्रसारित होने वाले पाठों की सूचना प्रकाशनों द्वारा पहले ही दे दी जानी चाहिए। इन प्रकाशनों में कक्षा, प्रकरण, दिनांक और समय आदि दिए जाने चाहिए। रेडियो पाठ प्रसारित होने से पहले विद्यार्थियों को तैयार कर लेना चाहिए। पाठ के साथ अगर मानचित्र, ग्लोब आदि उपकरणों का उपयोग करने के निर्देशन हों तो उनका भी इन्तजाम कर लेना चाहिए।

छात्रों को शान्तिपूर्वक सुनने के लिए कहा जाना चाहिए। बीच में प्रश्न नहीं पूछे जाने चाहिए। प्रश्नों को अपनी-अपनी कापी में लिख लेना चाहिए। रेडियो पाठ पूरा होने के पश्चात् छात्रों को प्रश्न पूछने का अवसर दिया जाना चाहिए।

रेडियो पाठ के पश्चात् यह देखना जरूरी है कि पाठ के उद्देश्यों की प्राप्ति किस सीमा तक हो पाई है। अगर कोई कभी पाई जाए तो भविष्य में इसका सुधार किया जाना चाहिए।

3. ग्रामोफोन तथा लिंग्वाफोन—ये भी शिक्षण के महत्त्वपूर्ण उपकरण हैं। ग्रामोफोन द्वारा छात्रों को गाने तथा भाषण की शिक्षा दी जाती है। लिंग्वाफोन द्वारा छात्रों के उच्चारण को शुद्ध कराया जाता है। इन दोनों उपकरणों का प्रयोग करने के पश्चात् अध्यापक को छात्रों के सामने विषय का स्पष्टीकरण अवश्य देना चाहिए। इससे छात्र ज्ञान को सरलतापूर्वक सीख सकते हैं।

दृश्य सामग्री

ये वे साधन हैं जिनमें केवल दृश्य इन्द्रि का प्रयोग होता है। दृश्य साधन निम्न दिए गए हैं–

1. चित्र—इन चित्रों का प्रयोग उस समय करते हैं जबकि न तो नमूने और न ही वास्तविक पदार्थ मिल सकें। ये चित्र पदार्थों तथा नमूनों से सस्ते मिल जाते हैं। चित्रों की मदद से जो ज्ञान दिया जाता है उसे छात्र जल्दी ग्रहण करते हैं। चीन की एक कहावत है कि "एक चित्र दस हजार शब्दों के बराबर होता है" A Chinese saying is that "A picture is worth ten thousand words" छोटी कक्षाओं में चित्रों का प्रयोग बहुत लाभदायक होता है। चित्र विशेषरूप से भूगोल, इतिहास, विज्ञान, भाषा बागवानी व प्रकृति निरीक्षण आदि विषयों के पढ़ाने में अवश्य प्रयोग किए जाने चाहिए। चित्रों का आकार बड़ा होना चाहिए तथा उनमें पाठ से सम्बन्धित मुख्य-मुख्य बातें ही दिखनी चाहिए।

2. मानचित्र—मानचित्रों का प्रयोग अधिकतर भूगोल तथा इतिहास विषयों को पढ़ाने में किया जाता है। अध्यापक को मानचित्र स्वयं बनाने चाहिए और उनमें केवल उहीं बातों को सुन्दर ढंग से अंकित करें जिनकी नितान्त आवश्यकता होती है। अध्यापकों को मानचित्रों पर नाम, शीर्षक, दिशा तथा संकेत आदि लिख लेने चाहिए तथा उनमें रंगों का प्रयोग कल्पना, अनुभव तथा कलात्मक भाव से करना चाहिए।

3. रेखा-चित्र तथा खाके—कई बार अध्यापक वास्तविक पदार्थ, उनके चित्र तथा माडल प्राप्त करने में असमर्थ रहता है। ऐसी स्थिति में अध्यापक को भाव प्रकाशन के लिए श्यामपट्ट पर रंगीन चाक से रेखा-चित्र तथा खाके खींच लेने चाहिए। इनका प्रयोग भूगोल, भाषा, इतिहास, गणित एवं विज्ञान आदि विषयों को पढ़ाने के लिए किया जाता है। अध्यापक को भी रेखाचित्र तथा खाके बनाने का अभ्यास कर लेना चाहिए।

4. वास्तविक पदार्थ—इनका अर्थ मूल वस्तुओं से है। ये पदार्थ छात्रों को निरीक्षण और परीक्षण के अवसर प्रदान करके उनकी अवलोकन (Observation) शक्ति का विकास करते हैं। इन पदार्थों के उपयोग से नाना प्रकार के अनुभव प्राप्त होते हैं। छात्रों को मेज, कुर्सी, रोटी, कपड़ा, फल, फूल और थर्मामीटर तथा भौतिक तुला आदि का ज्ञान देने के लिए वास्तविक पदार्थ काम में लिए जाते हैं। अतः अध्यापक को अधिक-से-अधिक वास्तविक पदार्थों को स्कूल के संग्रहालय (Museum) में रखना चाहिए।

5. नमूने—ये वास्तविक पदार्थों अथवा मूल वस्तुओं के छोटे रूप होते हैं। बड़े वास्तविक पदार्थों के छोटे नमूने दिखाए जा सकते हैं जैसे–हाथी, घोड़े, रेल का इंजन तथा जहाज आदि इतने बड़े होते हैं कि उन्हें कक्षा में नहीं लाया जा सकता है। इसलिए इन सबका ज्ञान देने के लिए उनके नमूने दिखाए जाते हैं। ये नमूने चाहे बड़े हों अथवा छोटे, वास्तविक पदार्थों से मिलते-जुलते होने चाहिए। ये नमूने आकर्षक होने चाहिए। नमूनों की लम्बाई, चौड़ाई तथा मोटाई तीनों स्पष्ट रूप से दिखाई पड़ती हैं, इसलिए ये चित्रों की अपेक्षा अधिक लाभदायक होते हैं।

6. बुलैटिन बोर्ड—इस बोर्ड पर देशा की राजनैतिक, सामाजिक तथा आर्थिक समस्याओं से सम्बन्धित चित्र, ग्राफ, आकृति, लेख एवं जरूरी सूचनाओं को प्रदर्शित किया जा सकता है और इसके प्रयोग से छात्रों की जिज्ञासा ज्ञान अर्जित करने के लिए उत्पन्न की जा सकती है। इस बुलैटिन बोर्ड पर प्रदर्शित की जाने वाली सामग्री छात्रों की आयु, मानसिक स्तर, रुचि तथा योग्यता के अनुसार होनी चाहिए। इस बोर्ड पर प्रदर्शित की जाने वाली सामग्री एक क्रम में व्यवस्थित की हुई होनी चाहिए। यह बोर्ड इतनी ऊँचाई पर लगाया जाना चाहिए कि छात्रों को ठीक प्रकार दिखाई दे जाए। ये बोर्ड सुन्दर होना चाहिए और छात्रों को अपनी इकट्ठी की हुई सामग्री को प्रदर्शित करने का मौका दिया जाना चाहिए।

7. चार्ट—ये भी शिक्षण के उद्देश्य प्राप्त करने में बहुत सहायक होते हैं। इनका प्रयोग भूगोल, इतिहास, नागरिक शास्त्र, अर्थशास्त्र तथा विज्ञान आदि विषयों में सफलतापूर्वक किया जा सकता है। पाठ की आवश्यकताओं को ध्यान में रखते हुए अध्यापक को चार्ट स्वयं तैयार करने चाहिए। चार्ट सुन्दर तथा आकर्षक होने चाहिए ताकि छात्र उनकी ओर आकर्षित हो जाए और प्रयोजन को आसानी से स्पष्ट किया जा सके।

8. फ्लेनल बोर्ड—शिक्षण में इसका भी बहुत महत्त्व है। हार्ड बोर्ड अथवा प्लाईवुड के बोर्ड पर फ्लेनल के कपड़े को खींचकर बाँध दिया जाता है और यह बोर्ड तैयार हो जाता है। इस पर प्रदर्शित किए जाने वाले चित्रों तथा मानंचित्रों आदि को खुरदरे कागज (Sand Paper) पर गोंद से चिपकाया जाता है। इससे ये टुकड़े फ्लेनल बोर्ड पर चिपके रहते हैं और प्रयोग के पश्चात् आसानी से हटाए जा सकते हैं। इस पर विभिन्न विषयों से सम्बन्धित चित्र, मानचित्र, रेखाचित्र तथा ग्राफ आदि प्रदर्शित किए जाते हैं। इसका प्रयोग छोटी कक्षाओं में भाषा तथा अंकगणित और बड़ी कक्षाओं में इतिहास, भूगोल, अर्थशास्त्र, नागरिक शास्त्र तथा गणित एवं विज्ञान आदि विषयों के शिक्षण के लिए किया जाता है।

9. ग्राफ—इसके प्रयोग से विद्यार्थियों को भूगोल, इतिहास, गणित तथा विज्ञान आदि अनेक विषयों का ज्ञान देने में मदद मिल सकती है। जैसे—भूगोल के पाठ में जलवायु, उपज तथा जनसंख्या आदि का ज्ञान दिया जा सकता है। विज्ञान का पाठ पढ़ाते समय भी ग्राफ की मदद ली जा सकती है। अध्यापक को विभिन्न विषयों का शिक्षण करते समय आवश्यकतानुसार ग्राफ स्वयं भी बनाने चाहिए तथा छात्रों से भी बनवाने चाहिए।

10. चित्र विस्तारक यन्त्र—यह यन्त्र पाठ को अधिक स्पष्ट ओर रोचक बना देता है। इस यन्त्र से छोटे-छोटे चित्रों, पोस्टरों, मानचित्रों और पुस्तक के पृष्ठों को कमरे में अन्धेरा करके पर्दे पर बड़ा करके दिखाया जाता है। यह यन्त्र आधुनिक शिक्षा के क्षेत्र में नागरिक शास्त्र, अर्थ-शास्त्र, इतिहास तथा भूगोल आदि विषयों को पढ़ाने के लिए काम में लिया जाता है। दूसरे देशों में इसका प्रयोग बहुत किया जाता है। इसमें दिखाए जाने वाले चित्रों का आकार इसके अनुसार ही होना चाहिए। इसका प्रयोग करते समय टिप्पणियाँ देते रहना चाहिए ताकि विषय का ज्ञान स्पष्ट हो जाए।

11. स्लाइडें, फिल्म पट्टियां तथा चित्र-दर्शक—भिन्न-भिन्न विषयों की सूक्ष्म-से-सूक्ष्म बातों को पर्दे पर बड़ा करके दिखाने के लिए स्लाइडों का प्रयोग किया जाता है। साथ-साथ अध्यापक पाठ की कठिन तथा बारीक बातों को स्पष्ट करता जाता है और पाठ रोचक व सरल बन जाता है। ये स्लाइडें शीशे की बनाई जाती हैं।

अब स्लाइडें फिल्म के ऊपर भी बनाई जाने लगी हैं। इन्हीं को फिल्म पट्टी (Film Strips) कहा जाता है। इस पट्टी को बनाने के लिए पाठ से सम्बन्धित 15 अथवा 20 स्लाइडों को 35 मिलीमीटर की फोटोग्राफी की फिल्म पर उतार लिया जाता है। इस फिल्म पट्टी को चित्र-दर्शक (Projector) द्वारा पर्दे पर बड़ा करके कक्षा के सामने दिखाया जाता है।

आधुनिक समय में चित्र-दर्शक का महत्त्व अधिक बढ़ गया है। इस पर स्लाइडों तथा फिल्म-पट्टियों को एक क्रम से दिखाया जाता है। कहने का अभिप्राय यह है कि जिस प्रकार सिनेमा में विज्ञापन दिखाए जाते हैं उसी तरह से चित्र-दर्शक से फिल्म पट्टियों द्वारा विभिन्न विषयों से सम्बन्ध रखने वाले चित्रों की आवश्यकतानुसार लगातार व रुक-रुक कर हर तरह से दिखाया जा सकता है।

12. मूक चित्र—यह चलचित्र का पहला रूप है। इसमें ध्वनि नहीं होती और क्रियाएँ पूरी दिखाई जाती हैं। इसके द्वारा विभिन्न विषयों तथा क्रियाओं

जैसे—सफाई के साधन, विभिन्न रोगों से बचने के उपाए तथा प्राकृतिक दृश्यों एवं वर्णनों को क्रियारूप में आसानी से पढ़ाया जा सकता है। अतः मूक चित्रों का शिक्षण में बहुत महत्त्व माना गया है।

13. संग्रहालय—ये भी एक महत्त्वपूर्ण उपकरण है। इसमें सभी वस्तुओं को इकट्ठा करके रखा जाता है जिनकी मदद से पाठ रोचक बनाया जा सकता है। इन एकत्रित की हुई वस्तुओं का प्रयोग भूगोल, इतिहास, गणित तथा विज्ञान आदि विषयों के शिक्षण के लिए किया जाता है। स्कूल के संग्रहालय में अलग-अगल तरह के डाक-टिकट, सिक्के, पुरातन अर्थशास्त्र, यन्त्र और कीड़े-मकोड़े इक्ट्ठे किए जाते हैं। अतः स्कूल के संग्रहालय में नाना प्रकार की वस्तुएँ इक्ट्ठी करने के लिए छात्रों को उत्साहित किया जाना चाहिए।

14. जादू की लालटेन—यह एक चित्र प्रदर्शक यन्त्र है। इस लालटेन के प्रयोग के लिए स्लाइडों की आवश्यकता होती है। विभिन्न विषयों की शिक्षा देने के पश्चात् अगर उह्नीं से सम्बन्धित स्लाइडें दिखा दी जाएँ तो उनका ज्ञान लेने में आसानी हो जाती है और छात्र उसे कभी नहीं भूलेंगे। यह लालटेन अमूर्त तथ्यों तथा गूढ़ विचारों को सीखने के लिए एक महत्त्वपूर्ण साधन है। इसके प्रयोग के लिए निम्न सावधानियाँ रखनी चाहिए।

(क) स्लाइडें दिखाने से पहले अध्यापक को प्रस्तावना के रूप मे विषय के सम्बन्ध में टिप्पणी देनी चाहिए।

(ख) स्लाइडों को स्पष्ट करने के लिए कुछ व्याख्याएँ भी दी जानी चाहिए।

15. श्यामपट्ट—यह एक बहुत ही सस्ता और अच्छा सहायक साधन माना जाता है। इसका प्रयोग शिक्षण में सबसे अधिक किया जाता है। इसके बिना कक्षा में शिक्षण असम्भव सा लगता है। श्यामपट्ट का प्रयोग निम्न तथ्यों के शिक्षण में करना चाहिए—

(क) लिखित कार्य, गृह-कार्य तथा जाँच कार्य से सम्बन्धित प्रश्न लिखने के लिए।

(ख) दो विचारों और सिद्धान्तों में तुलना करने के लिए।

(ग) पदों, नियमों, कठिन शब्दों तथा सिद्धान्तों को स्पष्ट करने के लिए।

(घ) शिक्षार्थियों को अभ्यास करने के लिए।

श्याम पट के उपयोग की सावधानियाँ—

(क) श्यामपट्ट का प्रयोग करने के लिए उसे साफ कर लेना चाहिए।

(ख) इसका प्रयोग करने के पश्चात् इसे साफ कर देना चाहिए।

(ग) एक ही समय में एक अथवा दो रेखाचित्रों से अधिक इस पर खींचना ठीक नहीं होता।

(घ) श्यामपट्ट ऐसे स्थान पर रखना चाहिए जहाँ सब छात्र इसे अच्छी तरह देख सकें।

(ङ) श्यामपट्ट पर चित्र बनाने के लिए अध्यापक रंगदार चाकों का प्रयोग करें ताकि चित्रों के सभी भागों को अलग-अलग रंगों से स्पष्ट रूप से दिखाया जा सके।

(च) इस पर रंग रोगन व पालिश करनी चाहिए।

(छ) इस पर लिखते समय अध्यापक को इस प्रकार खड़ा होना चाहिए कि अधिकाँश छात्र सुविधापूर्वक इसे देख सकें।

श्यामपट्ट के सम्बन्ध विस्तृत जानकारी आगे दी गई है।

श्रव्य-दृश्य सामग्री

ये वे साधन हैं जिनमें श्रव्य तथा दृश्य दोनों इन्द्रियों का प्रयोग होता है। ये भी कह सकते हैं कि जिनमें ज्ञान को श्रव्य तथा दृश्य दोनों इन्द्रियों के द्वारा प्राप्त किया जा सके। अतएव श्रव्य तथा दृश्य दोनों ही इन्द्रियों के साथ-साथ प्रयोग करने से ज्ञान प्राप्त होता है।

1. टेलीविजन—ये भी रेडियो की तरह शिक्षा का एक महत्त्वपूर्ण उपकरण है। टेलीविजन पर छात्रों को उच्च कोटि के शिक्षा शास्त्री तथा कलाकारों की वाणी के साथ-साथ उनकी शक्लों तथा कार्यक्रमों में भाग लेते हुए भी दिखा सकते हैं। इसकी मदद से छात्रों के कान व आँख दोनों ही इन्द्रियों का विकास किया जा सकता है। टेलिविजन पर शिक्षा शास्त्रियों द्वारा बातचीत, भाषण देना तथा शैक्षिक अभिनय आदि अनेक बातों को छात्र सरलतापूर्वक सीख सकते हैं।

2. नाटक—यह दृश्य-श्रव्य साधन प्राचीन काल से ही शिक्षा जगत में एक महत्त्वपूर्ण स्थान रखता है। नाटक देखने अथवा उसमें भाग लेने से ही छात्र शिक्षण की क्रिया में भाग ले रहे होते हैं और वे स्वाभाविक रूप से ही सामाजिक, आर्थिक, धार्मिक व व्यावहारिक अनुभवों तथा नैतिक आदर्शों एवं गुणों को ग्रहण कर लेते हैं। नाटक के द्वारा छात्रों में राष्ट्रीय तथा अन्तर्राष्ट्रीय भावनाएँ भरी जा सकती हैं। इसका इतिहास के शिक्षण में विशेष महत्त्व है क्योंकि नाटक में भाग लेने से छात्रों को ऐतिहासिक घटनाओं, महापुरुषों के कार्य-कलापों तथा विभिन्न वेश भाषाओं का ज्ञान हो जाता है। नाटक द्वारा छात्रों के मनोरंजन के साथ-साथ विभिन्न विषयों की शिक्षा भी स्वाभाविक रूप से दी जाती है।

3. चलचित्र अथवा सिनेमा—यह मूक चित्र का दूसरा रूप कहा जाता है। इसमें क्रियाओं के साथ-साथ ध्वनि की भी व्यवस्था होती है। यह शिक्षा का सस्ता, सुलभ तथा यंत्रीकृत साधन है। इसके द्वारा प्राप्त किया हुआ ज्ञान अधिक स्थायी होता है क्योंकि इसमें देखने तथा सुनने की दोनों ही इन्द्रियाँ काम करती हैं। यह ऐतिहासिक घटनाओं और वैज्ञानिक अनुसन्धानों का ज्ञान देने में सहायक होता है। इसके द्वारा विभिन्न देशों की स्थितियों, परिस्थितियों तथा मानव और उसके कार्यकलापों का ज्ञान दिया जाता है। इसके द्वारा छात्रों को सामाजिक, आर्थिक, धार्मिक व नैतिक रूप से विकसित किया जाता है। शैक्षिक चित्र जिनमें भूगोल, इतिहास, अर्थशास्त्र, समाज-शास्त्र तथा विज्ञान आदि विषयों की सामग्री का समावेश हो, दिखाए जाने चाहिए। स्कूलों में 16 मिलीमीटर वाले प्रोजेक्टर द्वारा छात्रों को फिल्में दिखाई जा सकती हैं और भारत सरकार के दूतावासों से शैक्षिक फिल्में निःशुल्क मिलती हैं जिनमें लाभ उठाया जा सकता है।

4. समाचार सम्बन्धी फिल्म—इन फिल्मों से अभिप्राय है कि जिनके द्वारा छात्रों को सामाजिक विषयों की शिक्षा दी जाए। इस प्रकार की फिल्मों द्वारा जनता को देश के राजनैतिक आर्थिक व सामाजिक जीवन से सम्बन्धित परिस्थितियों, घटनाओं तथ योजनाओं के सम्बन्ध में ज्ञान दिया जाए। इसके द्वारा देश के प्रत्येक नागरिक को अपने देश के सम्बन्ध में महत्त्वपूर्ण समाचार प्राप्त हो सकते हैं। इसकी मदद से छात्रों को सामाजिक, नैतिक तथा धार्मिक शिक्षा बड़े सरल व रोचक ढंग से दी जा सकती है। अतएव इस प्रकार की फिल्मों द्वारा छात्रों को जहाँ मनोरंजन होता है वहाँ शैक्षिक लाभ भी होते हैं।

श्यामपट्ट

अन्य विषयों के शिक्षण की तरह ही समाजशास्त्र शिक्षण में भी श्यामपट्ट का बहुत अधिक महत्व है। यहाँ इसके विभिन्न पहुलओं पर प्रकाश डाला जा रहा है। श्यामपट्ट शिक्षण के दृश्य उपकरणों में सबसे ज्यादा महत्त्वपूर्ण है। यह ऐसा उपकरण है, जो अध्यापक को कक्षा-अध्यापन के समय प्रति क्षण सरलता से प्राप्त रहता है। इसे चॉक से लिखे जाने के लिए लकड़ी का काला तख्ता नहीं समझा जाना चाहिए, वरन् पाठ को—रोचक, आकर्षक और सरल बनाकर सफल शिक्षण का यह एक महत्त्वपूर्ण साधन है। इस सन्दर्भ में **कैनेडी** ने उचित ही लिखा है—"श्यामपट्ट चॉक का प्रयोग किये जाने के लिए केवल काली सतह नहीं है, वरन् पाठ का विकास करने के लिए सक्रिय साधन है।"

समाजशास्त्र शिक्षण में श्यामपट्ट की उपयोगिता

शिक्षण में श्यामपट्ट इतना अधिक उपयोगी सिद्ध हो चुका है कि विद्यालय के प्रत्येक कक्ष की बुनियादी आवश्यकता श्यामपट्ट है। समाजशास्त्र शिक्षण में इसकी उपयोगिता निम्नलिखित हैं–

(1) यह छात्रों को सुनने के साथ-साथ देखने का भी मौका देता है। फलतः वे पाठ्य-विषय को सरलता से ग्रहण कर लेते हैं।

(2) यह कठिन परिस्थिति में अध्यापक का सच्चा सहायक है, क्योंकि वह प्रसंग की आवश्यकता के अनुसार इसका उपयुक्त प्रयोग करके अपने विचारों को सरलता के साथ छात्रों के समक्ष प्रस्तुत कर सकता है।

(3) इस पर सम्पूर्ण कक्षा के लिए एक ही समय में सारांश, प्रश्न और गृहकार्य लिखा जा सकता है।

(4) श्यामपट्ट सस्ता उपकरण है।

(5) यह अध्यापक और छात्रों को अपना ध्यान केन्द्रित करने का एक साधन है।

(6) इस पर लिखी जाने वाली बातें मौखिक बातों की तुलना में छात्रों के लिए अधिक प्रभावोत्पादक होती हैं।

(7) इसको सामूहिक कार्य के लिए सरलतापूर्वक प्रयोग किया जा सकता है।

(8) इस पर छात्र लिखने का अभ्यास कर सकते हैं।

(9) इससे अध्यापक सफलतापूर्वक अपने छात्रों को समझा सकता है तथा छात्र भी सुगमतापूर्वक सीख सकते हैं।

(10) यह छात्रों में गति को देखने की व उन्हें ग्रहण करने की आदत डालता है।

(11) इसका प्रयोग पाठ से सम्बन्धित प्रायः प्रत्येक कार्य के लिए किया जा सकता है; जैसे—चित्र, खाके, नक्शे आदि बनाने में पाठ की रूपरेखा और मुख्य बातें लिखने में आदि।

(12) इसका प्रयोग सभी विषयों के शिक्षण के लिए किया जा सकता है। जैसे—इसका प्रयोग गणित के प्रश्नों को हल करने के लिए, भाषा में नये शब्द और उनके अर्थ को लिखने के लिए, भूगोल और इतिहास के मुख्य तथ्य और सारांश अंकित करने के लिए तथा विज्ञान और ज्यामिति के चित्र को प्रस्तुत करने के लिए किया जा सकता है।

श्यामपट्ट के गुण

श्यामपट्ट में निम्नलिखित गुण होने चाहिए–

1. श्यामपट्ट कक्षा के कोने में न होकर ऐसे स्थान पर होना चाहिए, जहाँ सब छात्र उसको सुगमता से देख सकें।
2. श्यामपट्ट काले रंग का नहीं होना चाहिए, क्योंकि काला रंग आकर्षणहीन होने के साथ-साथ छात्रों के नेत्रों पर अधिक जोर डालता है।
3. श्यामपट्ट काफी बड़ा होना चाहिए, जिससे कि अध्यापक पाठ के लिए जरूरी सभी बातों को उस पर एक साथ लिख सके।
4. श्यामपट्ट की सतह पर किसी प्रकार की चमक नहीं होनी चाहिए, अन्यथा छात्रों को उस पर लिखी हुई बातों को पढ़ने में बहुत कठिनाई होगी।
5. श्यामपट्ट चिकना नहीं होना चाहिए। ऐसे श्यामपट्ट पर लिखना और उस पर लिखी हुई बातों को पढ़ना दोनों कठिन होता है।

श्यामपट्ट प्रयोग की विधि

श्यामपट्ट प्रयोग की विधि निम्नलिखित है–

1. श्यामपट्ट पर लिखने के लिए चॉक का बड़ा टुकड़ा प्रयोग में लाना चाहिए।
2. श्यामपट्ट पर लिखने के लिए केवल सफेद चॉक का ही प्रयोग करना चाहिए। रंगीन चॉक का प्रयोग केवल खाके, चित्र आदि बनाने के लिए करना चाहिए।
3. श्यामपट्ट पर लिखने की गति धीमी नहीं होनी चाहिए। ऐसा होने से छात्रों का ध्यान केन्द्रित नहीं रह पाता है।
4. श्यामपट्ट पर बहुत अधिक नहीं लिखना चाहिए, क्योंकि इससे पाठ की प्रगति मन्थर हो जाती है।
5. श्यामपट्ट पर व्यर्थ की बातें न लिखकर केवल मूल बातों को लिखना चाहिए।
6. श्यामपट्ट पर लिखी हुई जिन बातों की ओर छात्रों का ध्यान आकर्षित किया जाना है, उनके नीचे रेखा खींच देनी चाहिए।
7. श्यामपट्ट के बिल्कुल नीचे के भाग में कुछ नहीं लिखना चाहिए, क्योंकि दूर बैठे हुए छात्रों को वह भाग स्पष्ट दिखाई नहीं देता है।
8. श्यामपट्ट पर जो कुछ भी लिखा जाय, उसे पहले मौखिक रूप से बता देना चाहिए, जिससे छात्र समझ जायँ कि क्या लिखा जाने वाला है।
9. श्यामपट्ट पर जो कुछ लिखा जा रहा हो, उसे बोलते रहना चाहिए, इससे छात्र देखने और सुनने–दोनों इन्द्रियों का प्रयोग करके ज्ञान को सुगमता से आत्मसात् कर सकें।
10. हमेशा शुद्ध व स्पष्ट लिखा जाना चाहिए।

11. श्यामपट्ट पर जिस बात की जितनी देर तक आवश्यकता हो, उतनी ही देर तक लिखी रहने देनी चाहिए। उसके पश्चात् ही उसे मिटा देना चाहिए।
12. अगर कोई अशुद्ध शब्द श्यामपट्ट पर लिखा जाय तो उसे उँगली से नहीं मिटाकर कपड़े से मिटाना चाहिए।
13. श्यामपट्ट पर लिखते समय उससे चिपट कर नहीं खड़ा होना चाहिए, क्योंकि चिपट कर खड़ा होने पर लिखने में असुविधा होती है।
14. श्यामपट्ट पर लिखते समय कभी-कभी मुड़कर कक्षा के छात्रों को देख लेना चाहिए जिससे कक्षा में अनुशासन बना रहे।
15. श्यामपट्ट पर लिखते समय चॉक में से किसी प्रकार की आवाज नहीं निकलनी चाहिए, क्योंकि इससे छात्रों का ध्यान बँट जाता है। इसके लिए चॉक को सीधा न पकड़ कर कुछ तिरछा पकड़ना चाहिए।
16. श्यामपट्ट पर लिखते समय चॉक को न तो अधिक दबाना चाहिए और कम, क्योंकि अधिक दबाने से चॉक टूट सकता है और कम दबाने से अक्षर स्पष्ट नहीं होते हैं।
17. श्यामपट्ट पर विषय वस्तु को क्रमबद्ध लिखना चाहिए, अन्यथा छात्र लिखी हुई बात को पढ़ने और लिखने में गलती कर जाते हैं।
18. श्यामपट्ट पर लिखे जाने वाले शब्दों और पंक्तियों में काफी दूरी होनी चाहिए। उनको एक-दूसरे के बहुत समीप लिखने से छात्रों को पढ़ने में कठिनाई होती है एवं लेख का आकर्षण भी समाप्त हो जाता है।
19. श्यामपट्ट पर लिखे जाने वाले सभी अक्षर एक ही आकार के होने चाहिए, छोटे-बड़े नहीं।
20. श्यामपट्ट पर लिखते समय अध्यापक को कुछ तिरछा होकर खड़ा होना चाहिए। इससे उसकी पीठ किसी भी दशा में छात्रों की ओर नहीं होगी और छात्रों को श्यामपट्ट स्पष्ट दिखाई देना चाहिए।
21. श्यामपट्ट पर लिखते समय अध्यापक को उसके बीच में खड़ा न होकर उसके दाहिनी ओर खड़ा होना चाहिए, जिससे कि छात्र उस पर लिखी हुई सूचना को पढ़ सके।
22. श्यामपट्ट पर लिखे जाने वाले शब्द और पंक्तियाँ सीधी होनी चाहिए।
23. श्यामपट्ट की ओर मुँह करके नहीं बोलना चाहिए, क्योंकि इस प्रकार बोली जाने वाली बात केवल पास बैठे हुए छात्रों को ही सुनाई दे पाती है।
24. श्यामपट्ट को कक्षा समाप्त होने के साथ ही पूर्ण रूप से साफ कर देना चाहिए।

25. शिक्षण आरंभ करने से पहले यह देख लेना चाहिए कि श्यामपट्ट पर कुछ लिखा तो नहीं है। अगर लिखा है, तो उसे मिटा देना चाहिए।

श्यामपट्ट पर चित्रांकन की विधि

श्यामपट्ट पर चित्रांकन करते समय उसका प्रयोग उसी प्रकार करना चाहिए, जैसा कि उस पर लिखते समय किया जाता है। चित्रांकन सम्बन्धी अन्य बातें निम्नलिखित हैं–

(1) चित्र बनाने का उद्देश्य–कला का प्रदर्शन न होकर, उसमें निहित किसी विचार अथवा तथ्य को स्पष्ट करके पाठ का विकास करना होना चाहिए।

(2) चित्र सुन्दर, व्यवस्थित और आकर्षक होना चाहिए, जिससे कि वह छात्रों के ध्यान को आकर्षित कर सके।

(3) चित्र बिल्कुल ठीक और स्पष्ट होना चाहिए, क्योंकि गलत चित्र छात्रों के मानसपटल पर गलत प्रभाव डालता है।

(4) चित्र को शीघ्रता से बनाना चाहिए, जिससे कि पाठ की गति मन्थर न हो एवं छात्रों की उसमें रुचि बनी रहे।

(5) चित्र सरल और संक्षिप्त होना चाहिए। उसमें अनावश्यक बातें अंकित करने में समय अधिक नष्ट होता है और छात्रों को उसे समझने में कठिनाई होती है।

(6) चित्र को सजीव और भावपूर्ण बनाने के लिए उसमें रंगीन चॉक का प्रयोग किया जाना चाहिए।

(7) गणित से सम्बन्धित चित्र अथवा खाके को बनाने के लिए जरूरी उपकरणों का प्रयोग करना चाहिए, जिससे कि उसमें गलती न होने पाये।

(7) जो भी चित्र, मानचित्र, खाका, चार्ट आदि बनाया जाय, उसका पाठ्य-विषय से प्रत्यक्ष सम्बन्ध होना चाहिए।

पाठ्य-पुस्तक

पाठ्य-पुस्तक का शिक्षण में बहुत ही महत्व होता है। इस सन्दर्भ में रेमॉन्ट का विचार है–"पिछले समय में छात्र अपने पाठ को याद करते थे और अध्यापक को सुनाते थे। आज अध्यापक पाठ को याद करता है और छात्रों को बुलाता है।" इसका मुख्य कारण यह है कि पाठ्य-पुस्तकों का स्थान मौखिक पाठों ने ले लिया है। अतः कुछ व्यक्तियों की यह धारणा बन गई है कि आज के शिक्षण में पाठ्य-पुस्तकों को कोई स्थान नहीं है। यह धारणा निराधार है, क्योंकि पाठ्य-पुस्तकों

का प्रयोग दिन-प्रतिदिन बढ़ता चला जा रहा है। इसका कारण बताते हुए **रिस्क** ने लिखा है–''आधुनिक पाठ्य-पुस्तक शैक्षिक सम्पत्ति है, जिसका आज के कक्षा-कक्ष में महत्त्वपूर्ण स्थान है। पाठ्य-पुस्तक का विभिन्न प्रकार से प्रभावशाली प्रयोग किया जा सकता है।''

पाठ्य-पुस्तकें के सन्दर्भ में **रिस्क** का विचार है–''आधुनिक पाठ्य-पुस्तक शैक्षिक सम्पत्ति है, जिसका आज के कक्षा-पक्ष में महत्त्वपूर्ण स्थान है। पाठ्य-पुस्तक का विभिन्न तरह से प्रभावोत्पादक प्रयोग किया जा सकता है।'' अतः शिक्षण में पाठ्य-पुस्तकों का बहुत अधिक महत्त्व है। ऐसे कुछ लोगों के मन में यह गलत धारणा आ गई है कि शिक्षण में पाठ्य-पुस्तकों का अब ज्यादा महत्त्व नहीं रह गया है। वे अपने इस धारणा के पक्ष में तर्क देते हैं कि आज पाठ्य-पुस्तकों का स्थान मौखिक पाठों ने ले लिया है।

पाठ्य-पुस्तकों की आवश्यकता

पाठ्य-पुस्तकों की आवश्यकता को अग्रलिखित बिन्दुओं द्वारा स्पष्ट किया जा सकता है–

(1) शिक्षण के वर्ष-भर के कार्य और विषय-सामग्री को निर्धारित करती हैं।

(2) अध्यापक को अध्ययन से पूर्व पाठ-योजना बनाने में मदद करती हैं।

(3) पाठ्य-वस्तु निश्चित करके छात्रों की परीक्षा लेने का कार्य सरल बनाती हैं।

(4) उनकी विषय-सामग्री इतनी तर्कपूर्ण, क्रमबद्ध और व्यवस्थित होती है कि अध्यापक को उससे सम्बन्धित बातों को अलग खोजने में समय और शक्ति नष्ट करने की आवश्यकता नहीं होती।

(5) पाठ्य-पुस्तक में विभिन्न लेखकों के विचारों को आद्योपान्त पढ़कर छात्र अपने विचारों को निश्चित दिशा प्रदान करते हैं।

(6) छात्रों को विभिन्न लेखको के दृष्टिकोणों की तुलना करने का मौका देकर अपना निष्कर्ष निकालने में सहायता देती हैं।

(7) मौन अध्ययन और स्वाध्याय को प्रोत्साहित करके छात्रों में बड़े होकर पढ़ने की आदत डालती हैं।

(8) देश एवं समाज की आवश्यकताओं को ध्यान में रखकर लिखी जाने के कारण छात्रों को नवीनतम ज्ञान प्रदान करती हैं।

(9) पाठ्यक्रम के अनुसार लिखी जाने के कारण अध्यापक को अपनी शिक्षण-योजना तैयार करने में सुगमता प्रदान करती है।

(10) पाठ्य-पुस्तकें छात्रों को पाठ दोहराने एवं गृह-कार्य करने में मदद देती हैं।
(11) वे छात्रों को अनेक नई एवं महत्त्वपूर्ण सूचनाएँ संग्रह करके एक ही स्थान में देती हैं।
(12) छात्रों को थोड़े समय में अधिक बातों की जानकारी देती हैं।
(13) छात्रों को लिखे हुए तथ्यों और विचारों को समझने तथा व्याख्या करने की शक्ति प्रदान करती हैं।
(14) उनमें पाठ से सम्बन्धित इतने विभिन्न प्रकार के प्रश्न होते हैं कि छात्र उनके उत्तर लिखकर अपने ज्ञान की वृद्धि कर सकते हैं।
(15) अध्यापक चाहे कितना ही योग्य और कुशल प्रशिक्षण प्राप्त किए हुए क्यों न हो, पर उसके शिक्षण से छात्र को वह प्रेरणा नहीं मिलती है, जो पाठ्य-पुस्तकों से; क्योंकि अध्यापक छात्र के समक्ष थोड़ी देर बोलकर चला जाता है, जबकि पुस्तक छात्र के साथ स्थायी रूप से रहती है।

पाठ्य-पुस्तकों के दोष

पाठ्य-पुस्तकों में अग्रलिखित दोष होते हैं—

(1) कुछ अध्यापक पाठ्य-पुस्तक पठन की विधि को अपनाकर शिक्षण के सभी आधुनिक सिद्धान्तों और सूत्रों की तिलांजलि दे देते हैं। इससे छात्रों का मानसिक विकास अवरुद्ध हो जाता है।
(2) कुछ छात्र और अध्यापक पुरानी पाठ्य-पुस्तकों की सूचना का प्रमुख और विश्वसनीय स्रोत मानकर नवीन पाठ्य-पुस्तकों का प्रयोग नहीं करते हैं। परिणामस्वरूप विभिन्न विषयों से सम्बन्धित उनका ज्ञान अधूरा एवं दोषपूर्ण रह जाता है।
(3) शिक्षा के लचीलेपन और व्यापकता का अन्त करके उसको कठोर और संकीर्ण बनाती हैं।
(4) व्यावहारिक ज्ञान की अपेक्षा सैद्धान्तिक ज्ञान पर अधिक जोर देती है।
(5) कुछ छात्रों और कुछ अध्यापकों को पूर्णतया निष्क्रिय बना देती है।
(6) उनका अनिवार्य रूप से अनुकरण करने के कारण शिक्षण की पहलकदमी और स्वतन्त्र रूप से कार्य करने के गुणों का नाश हो जाता है।
(7) छात्रों के द्वारा केवल परीक्षा में उत्तीर्ण होने के लिए ही पाठ्य-पुस्तकों का अध्ययन किया जाता है। इससे उन छात्रों के मस्तिष्क का पर्याप्त और उचित दिशा में विकास नहीं होता है।

(8) उनका चुनाव छात्रों के हित को ध्यान में रखकर लेखकों, प्रकाशकों और विद्यालयों के लाभ के लिए किया जाता है। अतः छात्रों को पढ़ने के लिए प्रायः ऐसी पाठ्य-पुस्तकें निर्धारित की जाती हैं, जो गलत और जरूरी तथ्यों तथा निरर्थक और महत्त्वहीन विवरणों से भरी रहती है।

(9) उनका निर्माण एवं चयन पाठ्यक्रम विशेषज्ञ कहलाने वाले व्यक्तियों के द्वारा किया जाता है। इन व्यक्तियों को शिक्षण की वास्तविक आवश्यकताओं, अभिवृत्तियों और मानसिकता का कोई ज्ञान नहीं होता है। अतः पाठ्य-पुस्तकें छात्रों की माँगों को पूर्ण नहीं करती हैं।

(10) इनकी विषय-सामग्री समरूप होने के कारण छात्रों की वैयक्तिक रुचियों, विभिन्नताओं और आवश्यकताओं की पूर्ति नहीं हो पाती।

(11) इसके अधिक प्रयोग से छात्रों में रटने की आदत पड़ जाती है, जिससे उनकी विचार और तर्क-शक्तियों का विकास रुक जाता है।

(12) एक विषय में केवल एक अथवा दो पाठ्य-पुस्तकों का अध्ययन करने के कारण छात्र अन्य लेखकों के विचारों को नहीं जान पाते। परिणामस्वरूप उनका दृष्टिकोण संकीर्ण रह जाता है।

(13) देश के विभिन्न धार्मिक, राजनैतिक और सामाजिक दल अपने विचारों तथा आदर्शों का प्रचार करने के लिए पाठ्य-पुस्तकों का दुरुपयोग करते हैं। फलतः छात्रों में अच्छे गुणों का विकास न होकर—संकुचित जातीय, वर्गीय, राष्ट्रीय और प्रजातीय द्वेषों की वृद्धि होती है।

पाठ्य-पुस्तकों का प्रयोग

पाठ्य-पुस्तकों के प्रयोग के सन्दर्भ में रेमाण्ट का विचार है—"शिक्षण की कला में पाठ्य-पुस्तकों का उचित प्रयोग श्रेष्ठ व्यावहारिक महत्त्व की बात है।" पाठ्य-पुस्तकों का उचित प्रयोग क्या है, शिक्षण में उनका क्या स्थान है—इन बातों को हम अग्रलिखित बिन्दुओं द्वारा स्पष्ट कर सकते हैं—

(1) **निम्नतर प्राथमिक कक्षायें**—निम्नतर प्राथमिक कक्षाओं में पाठ्य-पुस्तकों का प्रयोग तब तक नहीं करना चाहिए जब तक छात्रों को उन्हें ठीक प्रकार से पढ़ने का अभ्यास न हो जाय।

(2) **उच्चतर प्राथमिक और मिडिल कक्षायें**—उच्चतर, प्राथमिक एवं मिडिल कक्षाओं में छात्रों को पाठ्य-पुस्तकों का उपयोग करना चाहिए, लेकिन इनको अध्यापक के पाठों से कम महत्त्वपूर्ण मानना चाहिए।

(3) **उच्च कक्षायें**–उच्च कक्षाओं में मौखिक पाठों की अपेक्षा पाठ्य-पुस्तकों पर ज्यादा जोर दिया जाना चाहिए।

(4) **विभिन्न विषयों की पाठ्य-पुस्तकों**–पाठ्य-पुस्तकों का प्रयोग विभिन्न विषयों की प्रकृति के अनुसार किया जाना चाहिए। जैसे--भाषा-शिक्षण में उनका प्रमख स्थान होना चाहिए, क्योंकि गद्य अथवा पद्य का शिक्षण पाठ्य-पुस्तकों के अभाव में नहीं किया जा सकता। भूगोल, इतिहा, अर्थशास्त्र, विज्ञान आदि के शिक्षण में भी यह उपयोगी है। इन विषयों की पाठ्य-पुस्तकों का प्रयोग छात्रों ज्यादातर पाठ को दोहराने और गृह-कार्य करने में करते हैं।

(5) **शिक्षण का उपकरण**–पाठ्य-पुस्तकों का प्रयोग केवल शिक्षण के उपकरण के रूप में किया जाना चाहिए।

(6) **शिक्षा के उद्देश्यों में योग**–पाठ्य-पुस्तकों को साध्य न मानकर केवल शिक्षा के उद्देश्यों को प्राप्त करने का साधन मात्र मानना चाहिए। इस सन्दर्भ में **मेकॉम्बर** (Macomber) का विचार है–"आधुनिक पाठ्यक्रम में पाठ्य-पुस्तकें स्वयं साध्य बनने के बजाय शिक्षा के उद्देश्यों को प्राप्त करने में योग देती हैं।"

(7) **पाठ्य-पुस्तकों का स्थान**–प्राचीन शिक्षा में अध्यापक का सबसे अधिक महत्त्व था। वर्तमान शिक्षा में पाठ्य-पुस्तक का स्थान सबसे ज्यादा महत्त्वपूर्ण हो गया है। लेकिन यह सर्वथा अनुचित है, क्योंकि अध्यापक के पथ-प्रदर्शन के अभाव में सबसे उत्तम पाठ्य-पुस्तकें भी छात्रों के लिए शिक्षा की अधूरी और अपूर्ण सामग्री मात्र है। छात्रों को उचित शिक्षा देने के लिए अध्यापक और पाठ्य-पुस्तक दोनों की आवश्यकता है।

भारत में समाजशास्त्र पाठ्य-पुस्तकों की गुणवता

भारत में दुर्भाग्यवश पाठ्य-पुस्तक के अनुरूप उनके लेखन व उत्पादन पर उचित ध्यान नहीं दिया जाता है। अधिकांश विद्यालय विषयों में ऐसी पुस्तकों की प्रचुरता है जिनका स्वरूप एवं स्तर निम्न दर्जे का है। विशेषतः भाषा में ऐसी पुस्तकों की प्रचुरता है। इस स्थिति के कई कारण हैं, जिनमें से कुछ का उल्लेख आगे किया जा रहा है–

1. प्रकाशकों की अनैतिक कार्यरीति।
2. पाठ्य-पुस्तकों की तैयारी एवं व्यवस्था के सन्दर्भ में अनुसन्धान का अभाव।
3. गैर-सरकारी प्रकाशकों द्वारा पाठ्य-पुस्तकों के लिए अध्यापक मार्ग-निर्देशिका की उपेक्षा।

4. पाठ्य-पुस्तक लेखन के प्रति प्रथम श्रेणी के लेखकों की अरुचि।
5. पाठ्य-पुस्तकों के चयन एवं निर्धारण में व्याप्त भ्रष्टाचार।

पाठ्य पुस्तक के सम्बन्ध में शिक्षा-आयोग के विचार

शिक्षा के प्रसार, साथ ही पाठ्य-पुस्तक व्यवसाय एक बहुत अधिक लाभदायक क्षेत्र बन गया और उपर्युक्त प्रकार की कुरीतियाँ प्रकाश में आने लगीं। अतः राज्य सरकार का ध्यान शीघ्र ही उनकी ओर आकर्षित किया गया और यह निश्चय किया गया कि इन कुरीतियों को दूर करने के लिए पाठ्य-पुस्तकों के उत्पादन का कार्य राज्य-सरकार को स्वयं करना चाहिए।

यहाँ ध्यानत्व यह है कि पाठ्य-पुस्तकों की गुणवत्ता के सुधार की दिशा में पाठ्य-पुस्तकों का राजकीय उत्पादन मात्र एक कदम है। लेकिन इससे कुछ लाभ नहीं होगा। अगर शीघ्र ही इस कार्य की उपयुक्त व्यवस्था करने के लिए वास्तव में प्रयास नहीं किया गया तो इससे इसकी प्रगति के अवरुद्ध होने का भी डर है। अतः हम सिफारिश करते हैं कि पाठ्य-पुस्तक उत्पादन कार्यक्रम के उचित विकास पर जोर दिया जाय। इस सन्दर्भ में अग्रलिखित सुझावों पर ध्यान दिया जा सकता है–

1. सरकार को पाठ्य-पुस्तकों के लेखन-सम्बन्धी पारिश्रमिक देने में प्रकाशकों से अधिक उदारता की नीति अपनानी चाहिए। इससे प्रथम श्रेणी के लेखक पाठ्य-पुस्तकों के लेखन में रुचि लेंगे।
2. पाठ्य-पुस्तकों का राजकीय उत्पादन न लाभ-न हानि (No Profit no loss) के आधार पर होना चाहिए।
3. अध्यापकों को पाठ्य-पुस्तकें लिखने के लिए विशेष रूप से प्रोत्साहित करना चाहिए।
4. अध्यापक निर्देशिकाओं तथा अन्य अनुदेशीय सामग्री द्वारा पाठ्य-पुस्तकों की सम्पूर्ति भी होनी चाहिए।
5. पाठ्य-पुस्तकों और शिक्षण-सामग्री के उत्पादन के लिए राज्य-शिक्षा-विभाग के निकट सम्पर्क में काम करने वाली एक पृथक् अभिकरण की स्थापना की जानी चाहिए।
6. प्रत्येक पाठ्य-पुस्तक में लगातार संशोधन करना, उनका आधुनिकतम स्वरूप बनाये रखना तथा अगर अधिक नहीं, तो कम से कम पाँच वर्षों में उसका पूर्णतया संशोधन करना कार्यनीति का एक निश्चित उद्देश्य होना चाहिए।

7. कार्यनीति का यह भी एक महत्त्वपूर्ण उद्देश्य होना चाहिए कि प्रत्येक विषय में प्रत्येक कक्षा के लिए कम-से-कम 3-4 पुस्तकें हों और उनमें से सबसे अधिक उपयुक्त पुस्तक के चयन का कार्य अध्यापक पर छोड़ देना चाहिए।

पाठ्य-पुस्तकों की विशेषताएँ

पाठ्य-पुस्तकों की विशेषता के सन्दर्भ में **लेंडन** का मत है–"अच्छी पाठ्य-पुस्तक जरूरी है, लेकिन उसका चयन बुद्धिमानी से किया जाना चाहिए।" पाठ्य-पुस्तकों का बुद्धिमानी से चयन तभी किया जा सकता है, जब उनके निम्नलिखित गुणों के प्रति ध्यान दिया जाय–

(1) उपयुक्त विषय-सामग्री–पाठ्य-पुस्तक की विषय-सामग्री छात्रों की मानसिक उम्र के अनुकूल होनी चाहिए। अतः पाठ्य-पुस्तक में छात्रों के वातावरण से सम्बन्धित विषय-सामग्री होनी चाहिए। विषय-सामग्री का सम्बन्ध भारतीय जीवन, संस्कृति और सभ्यता से होना चाहिए। इस लिए विदेशियों द्वारा लिखित पुस्तकों का चयन बड़ी सतर्कता से करना चाहिए। विषय-सामग्री सूचना प्रदान करने वाली और छात्रों के व्यावहारिक प्रयोग के लिए उपयुक्त होनी चाहिए। कहने का तात्पर्य यह है कि विषय-सामग्री का सम्बन्ध छात्रों के वास्तविक जीवन से होना चाहिए। पाठ्य-सामग्री में वे सब तथ्य होने चाहिए, जिनका ज्ञान प्राप्त करना एक वय-वर्ग के बालकों के लिए जरूरी हो। ये तथ्य प्रत्येक दृष्टि से पूर्ण और जरूरी होने चाहिए। पाठ्य-सामग्री किसी भी दशा में आवश्यकता से अधिक नहीं होनी चाहिए, क्योंकि अधिक तथ्यों को छात्र हृदयंगम नहीं कर सकते हैं। आवश्यकता से अधिक सामग्री वाली पाठ्य-पुस्तकें ज्ञान-प्राप्ति के कार्य को मन्थर, रुचि को शिथिल एवं छात्रों को निरुत्साहित करती है। पाठ्य-सामग्री में विभिन्नता के साथ-साथ क्रमबद्धता भी निश्चित होनी चाहिए। पाठ्य-सामग्री में नैतिक शिक्षा की बातें भी अवश्य होनी चाहिए।

(2) भाषा व शब्दावली–छोटे बालकों की पुस्तकें सरल एवं स्पष्ट भाषा में लिखी हुई होनी चाहिए। बड़े बालकों की पुस्तकें भी ऐसी ही होनी चाहिए, पर उनके भाव गम्भीर अवश्य होने चाहिए, जिससे कि बालकों को अपनी तर्क और चिन्तन शक्तियों को प्रयोग करने का मौका मिले। पाठ्य-पुस्तकों की शब्दावली का चयन भी बड़ी सतर्कता से किया जाना चाहिए। प्रारम्भिक कक्षाओं में प्रयोग की जाने वाली पाठ्य-पुस्तकों की शब्दावली सीमित होनी चाहिए, तभी छात्र उनको सरलता और शीघ्रता से समझ सकेंगे। जैसे-जैसे बालकों के ज्ञान में वृद्धि होती जाय, वैसे-वैसे नये शब्दों की संख्या में भी वृद्धि की जानी चाहिए।

(3) शैली—प्रारम्भिक कक्षाओं की पुस्तकें सरल और सरस ढंग से लिखी जानी चाहिए। उच्च कक्षाओं के लिए भी वैसी ही पुस्तकें होनी चाहिए, पर उनमें माने हुए लेखकों की कृतियों को निश्चित रूप से स्थान मिलना चाहिए। हर पाठ्य-पुस्तक की शैली सरलता से जटिलता की ओर बढ़नी चाहिए। शैली में विभिन्नता भी होनी चाहिए, जिससेकि छात्रों के सभी मानसिक गुणों का विकास हो सके। अच्छी शैली का तात्पर्य सरलता, सजीवता, तर्कपूर्णता और भाव-प्रकाशन की स्पष्टता से है।

(4) व्यवस्था और नियोजन—प्रत्येक पाठ्य-पुस्तक की विषय-सामग्री सुव्यवस्थित एवं सुनियोजित होनी चाहिए, अन्यथा छात्रों द्वारा प्राप्त किया जाने वाला ज्ञान अव्यवस्थित और अवगुण्ठित रहेगा। पाठ्य-सामग्री को विभिन्न पाठों, सोपानों एवं इकाईयों में विभक्त करके नियोजन को उत्तम स्वरूप प्रदान किया जा सकता है। उत्तम परियोजना में अध्याय लम्बे नहीं होने चाहिए और उनमें निहित विभिन्न विचारों को उपयुक्त शीर्षक देकर पृथक् किया जाना चाहिए।

(5) अभ्यास के लिए प्रश्न—हर पाठ्य-पुस्तक के प्रत्येक पाठ के अन्त में कक्षा और व्यक्तिगत कार्य के लिए नाना प्रकार के प्रश्न होने चाहिए। भाषा की पाठ्य-पुस्तकों में व्याकरण, वाक्य-रचना, शब्द-प्रयोग आदि के प्रश्न होने चाहिए। अन्य विषयों की पाठ्य-पुस्तकों में पाठ से सम्बन्धित प्रश्न होने चाहिए। कुछ प्रश्न ऐसे भी होने चाहिए जो वाद-विवाद, स्वाध्याय, सामान्य ज्ञान आदि को प्रोत्साहित करने वाले हों।

(6) निदर्शन—प्रत्येक पाठ्य-पुस्तक से पाठ्य-विषय से सम्बन्धित और उनको स्पष्ट करने के लिए चित्र, रेखाचित्र, मानचित्र आदि होने चाहिए। निम्न कक्षाओं की पाठ्य-पुस्तकों में लगभग पूरे अथवा आधे पृष्ठ के चित्र होने चाहिए। उच्च कक्षाओं के लिए ये चित्र चौथाई पृष्ठ से अधिक के नहीं होने चाहिए। चित्र आकर्षक होने चाहिए, जिससे कि वे छात्रों की रुचि को जाग्रत करें। निम्न कक्षाओं की पाठ्य-पुस्तकों में रंगीन चित्र होने चाहिए।

इस सन्दर्भ में **क्रो और क्रो** का विचार है—"पाठ्य-पुस्तकों के चित्रों का मुख्य उद्देश्य—छात्रों के ज्ञान में वृद्धि करना है। इसलिए चित्र ठीक और उपयुक्त होने चाहिए। अशुद्ध और अनूचित ज्ञान प्रदान करने वाले चित्रों की अपेक्षा चित्रों का न होना कहीं उत्तम है।"

(7) छपाई—छपाई के लिए काली, गहरी और चमकदार स्याही का प्रयोग किया जाना चाहिए। विभिन्न कक्षाओं की पाठ्य-पुस्तकों में अक्षर का आकार विभिन्न होना चाहिए। प्राथमिक कक्षाओं के लिए बड़ा तथा मिडिल और उच्च

कक्षाओं में इसकी तुलना में छोटा होना चाहिए। छपी हुई पंक्तियों की एक-दूसरे से पर्याप्त दूरी होनी चाहिए। हर पृष्ठ के चारों ओर पर्याप्त स्थान होना चाहिए।

(8) कागज—कागज सफेद, मोटा और चिकना होना चाहिए। बहुत चमकदार कागज प्रकाश को प्रतिबिम्बित करता है, खुरदरे कागज पर स्याही ठीक नहीं जमती है और पतले कागज में शब्द आरपार दिखाई देते हैं। अतः ऐसे कागजों का प्रयोग नहीं करना चाहिए।

(9) जिल्द, आकार व सिलाई—पुस्तकों की जिल्द मोटी, मजबूत और टिकाऊ होनी चाहिए। जिल्द के ऊपर पाठ्य-पुस्तक से सम्बन्धित कोई रंगीन अथवा आकर्षक चित्र होना चाहिए। जिल्द के ऊपर सुन्दर छपा हुई अथवा रंगीन कागज चढ़ाने से पुस्तक का आकर्षण बढ़ जाता है। पुस्तक की सिलाई टिकाऊ होने के साथ-साथ ऐसी होनी चाहिए कि पुस्तक सुगमता से पूरी खुल सके।

आधुनिक शिक्षा-सिद्धान्त ने पाठ्य-पुस्तकों के प्रति दृष्टिकोण को पूर्णतया बदल दिया है। परिणामस्वरूप उनको प्राचीन आधिपत्य के स्थान से हटाा दिया गया है। अब उनको न तो शिक्षण का प्रारम्भ और न अन्त माना जाता है। उनको केवल शिक्षण के उपकरण माना जाता है। एक प्रचलित विचारधारा यह है कि पाठ्य-पुस्तकों के बजाय अधिक उत्तम उपकरणों का प्रयोग किया जाना चाहिए। फिर भी प्रति वर्ष अधिक-से-अधिक पुस्तकों का प्रकाशन हो रहा है। यह इस बात का द्योतक है कि पुस्तकों के बजाय शिक्षण के अन्य उपकरणों का प्रयोग तो नहीं, लेकिन अधिक उत्तम पुस्तकों का प्रकाशन किया जायगा।

7

समाजशास्त्र शिक्षण और संसाधन कक्ष

समाजशास्त्र को प्राकृतिक विज्ञान की ही विशेष शाखा मानी गई है इसका सम्बन्ध प्राकृतिक वातावरण में स्थित परिस्थितियों या घटित सामाजिक क्रियाओं की व्याख्या कर उसको प्रायोगिक आधार प्रदान कर सत्यापित करना है। हमारे जीवन के सभी सुख और ऐश्वर्य को सीमित करने में समाजशास्त्र का ही योगदान है क्योंकि जीवन जीने की कला एवं नियम समाजशास्त्र से ही प्राप्त होते हैं। इसलिए विद्यालयों में इस विषय के तथ्यों एवं सिद्धान्तों को श्यामपट्ट् की मदद से पढाया जाता है। किन्तु इसके उद्देश्यों की पूर्ति के लिए व्यावहारिक एवं प्रायोगिक शिक्षण आवश्यक है। इस विषय के शिक्षण में छात्रों के अन्तर्गत क्यों, कैसे तथा किस प्रकार जैसे प्रश्न उठते रहते हैं। इन प्रश्नों के उत्तर कक्षा में नहीं मिल पाते हैं।

इस बात से हम सभी सहमत हैं कि जो ज्ञान बालक करके सीखता है वह ज्यादा स्थाई एवं ज्यादा दिनों तक याद रहता है। ऐसी स्थिति में संसाधन कक्ष की आवश्यकता महसूस होती है। इसके साथ ही संसाधन कक्ष का महत्त्व भी बढ जाता है। यहाँ पर इस बात को स्पष्ट करना आवश्यक है कि यदि संसाधन कक्ष का उपयोग मात्र परम्परागत अध्ययनों को दोहराना है या पूर्व में सत्यापित तथ्यों की पुर्नस्थापना करना है, तो संसाधन कक्ष का अधिक लाभ छात्रों को प्राप्त नहीं होगा। छात्रों को संसाधन कक्ष का पूर्ण लाभ तभी प्राप्त हो सकता है, जब संसाधन कक्ष का पूरा वातावरण स्वतन्त्रता, अन्वेषण तथा खोज से व्याप्त होगा। छात्र प्रयोग करें, त्रुटियाँ करें तथा सुधार कर सामाजिक प्रतिक्रिया सम्बन्धित आंकड़े एकत्रिक करें

तथा सिद्धान्तों एवं नियमों का निरूपण करें। इस प्रकार के कार्यों से बालकों के अन्दर खोज की भावना पैदा होगी, तभी पूर्णरूपेण समाजशास्त्र के संसाधन कक्ष का लाभ छात्रों को मिल सकेगा।

संसाधन कक्ष की सहायता से छात्र सुचारू रूप से कार्य करता है। अध्यापक का कार्य उसको मार्ग दर्शन देना है। स्वयं कार्य करने से छात्र के अन्दर आत्म विश्वास की भावना पैदा होती है। छात्रों में सामूहिकता के साथ-साथ स्वस्थ्य स्पर्धा की भावना पैदा होती है। इससे उनमें सामाजिकता के गुणों का विकास होता है। जो भावी जीवन के समायोजन में उपयोगी होता है। इसलिए समाजशास्त्र के सम्बन्धित नियमों, सूत्रों एवं सामान्य सिद्धान्तों के सत्यापन हेतु संसाधन कक्ष की अनिवार्यता सिद्ध होती है। अतएव प्रत्येक विद्यालय में सुनियोजित समाजशास्त्र संसाधन कक्ष का होना अनिवार्य है।

समाजशास्त्र संसाधन कक्ष के उद्देश्य

1. अमूर्त सामाजिक सिद्धान्तों को मूर्त रूप प्रदान करना।
2. समाजशास्त्र विषय के सिद्धान्तों के विकास एवं नई खोजों को बढावा देने के लिए।
3. समाजशास्त्र प्रयोग विधि में छात्रों को प्रशिक्षण देना जिससे सफल सामाजिक वैज्ञानिक बनाएँ जा सकें।
4. सामाजिक एवं राष्ट्रीय वातावरण के प्रति चेतना तथा जिज्ञासा के विकास के लिए।
5. आधुनिक वैज्ञानिक एवं सामाजिक समय की माँग के अनुरूप अच्छे नागरिकों के निर्माण की प्रक्रिया को तीव्र करने के लिए।

समाजशास्त्र कक्ष की आवश्यकता

किसी भी विषय के अध्यापन के लिए एक विशेष कक्ष की आवश्यकता होती है। समाजशास्त्र शिक्षण को प्रभावशाली बनाने के लिए अधिकांशतः समाजशास्त्र शिक्षक यह अनुभव करने लगे हैं कि विद्यालय में पृथक समाजशास्त्र कक्ष होना चाहिए।

1. आधुनिक समय में समाजशास्त्र का अध्ययन एक विज्ञान की भाँति किया जाने लगा है जिसमें सत्य की खोज और तथ्यों का क्रमबद्ध अध्ययन किया जाता है। सत्य की खोज और क्रमबद्ध अध्ययन हेतु उपयुक्त वातावरण प्रदान करने के लिए समाजशास्त्र कक्ष की आवश्यकता है।

2. समाजशास्त्र के द्वारा छात्र को समाजशास्त्र शिक्षण के लिए उपयुक्त वातावरण प्रदान किया जाता है।
3. समाजशास्त्र कक्ष में उपकरणों के बनाने, संग्राहलय के लिए अवशेषों, फिल्मों को देखने, सामाजिक-परिषद के कार्यक्रम आयोजित करने, स्त्रोत एवं सन्दर्भ पुस्तकों का अध्ययन करने, नागरिक प्रसंगों के अभिनय आदि को सम्पन्न करने के लिए अवसर एवं सुविधा उपलब्ध होती है।
4. यदि शिक्षक या छात्र को अतिरिक्त समय में कोई कार्य करना होता है तो वह इस विशेष कक्ष में सरलता से कर सकता है। अपनी शक्ति के अपव्यय तथा समय को बचा सकता है।
5. समाजशास्त्र कक्ष के माध्यम से छात्रों को मनोवैज्ञानिक ढंग से शिक्षा प्रदान की जाती है इसके द्वारा बालकों को स्वयं करके सीखने के अवसर प्राप्त होते हैं।
6. समाजशास्त्र कक्ष में समस्त सामग्री एक स्थान उपलब्ध होने के कारण शिक्षण में समय, शक्ति और श्रम की बचत होती है।
7. समाजशास्त्र कक्ष में उपलब्ध सामग्रियों के द्वारा नवीन पद्धतियों से शिक्षण प्रदान किया जा सकता है।
8. एक समय था जब पुस्तकीय अध्ययन ही विकास के लिए आवश्यक था। लेकिन समय परिवर्तन के साथ समाजशास्त्र शिक्षण में कक्ष की आवश्यकता अनुभव की जा रही है। समाजशास्त्र कक्ष आमोद-प्रमोद या मनोरंजन का स्थान नहीं है। समाजशास्त्र कक्ष न होने पर सामाजिक एवं राजनैतिक तथा प्राचीन सामग्री को एक स्थान से दूसरे स्थान पर ले जाना पड़ता है जिससे उसके टूटने का डर रहता है। सामाजिक एवं नागरिक सम्बन्धित वातावरण के लिए समाजशास्त्र कक्ष की आवश्यकता है। समाजशास्त्र एक वैज्ञानिक विषय है। यह सत्य की खोज करता है तथा सत्य तथ्यों को प्रभावशाली ढंग से प्रस्तुत करता है।
9. समाजशास्त्र शिक्षण में आजकल विभिन्न नवीन एवं विशेष विधियों एवं प्रविधियों का प्रयोग किया जा रहा है जिसके लिए समाजशास्त्र कक्ष आवश्यक है।

संसाधन कक्ष की सामग्री तथा उसकी व्यवस्था

समाजशास्त्र कक्ष का आकार मुख्यरूप से छात्रों की संख्या और उसमें रखी जाने वाली सामग्री पर निर्भर करता है। कक्ष इतना बड़ा हो कि उसमें सरलता से

अध्यापन कार्य भी हो सके और आवश्यकता पड़ने पर समाजशास्त्र सम्बन्धी व्यावहारिक कार्य भी हो सके। कक्ष बड़े आकार का होना चाहिए। फर्श और कक्ष की ऊँचाई पर्याप्त होनी चाहिए इसके अतिरिक्त समाजशास्त्र कक्ष में निम्नलिखित प्रकार का फर्नीचर होना चाहिए–

1. ड्राईंग बोर्ड
2. मानचित्र स्तम्भ
3. अलमारियाँ
4. शो–केस
5. अभिनय के लिए लकड़ी का प्लेटफार्म
6. रोलर-बोर्ड
7. प्रायोगिक कार्य के लिए मेजें
8. बैठने के लिए मेज कुर्सियाँ
9. बुलेटिन बोर्ड
10. मानचित्र लटकाने का स्टेण्ड
11. मॉडल बनाने की सामग्री एवं उपकरण

भारतीय माध्यमिक विद्यालयों में समाजशास्त्र संसाधन कक्ष का स्वरूप

सामान्य रूप से भारतीय माध्यमिक विद्यालयों में प्रायः यह देखने में आता है कि प्रत्येक माध्यमिक विद्यालय में अधिकतर समाजशास्त्र के दो अध्यापक होते हैं : एक इतिहास एवं अन्य सामाजिक विषय तथा एक अध्यापक भूगोल विषय को पढ़ाने के लिए होते हैं। ऐसी दशा में सामाजिक विज्ञान के विभिन्न विषय की अलग-अलग **संसाधन कक्ष** बनाने का कोई अर्थ नहीं है। प्रत्येक **संसाधन कक्ष** किसी अध्यापक की देख-रेख में ही हो सकता है और फिर उसके लिए कुछ सहायकों की आवश्यकता होती है। भारतीय विद्यालयों की परिस्थिति देखते हुए यही कहा जा सकता है कि प्रत्येक विद्यालय में विभिन्न विषयों के **संसाधन कक्ष** बनाया जाना कठिन एवं उचित नहीं है क्योंकि भारत के अधिकांश विद्यालय आर्थिक तंगी से ग्रस्त रहते हैं। विद्यालयों के पास इतना धन नहीं होता है। ऐसी परिस्थिति में हम यह कर सकते हैं कि प्रत्येक विद्यालय में एक ऐसा **संसाधन कक्ष** बनाएँ जो सामाजिक विज्ञान के सभी विषयों के लिए पर्याप्त हो और जिसमें सामाजिक विज्ञान का अध्यापन कार्य भी किया जा सके अर्थात् जिसे कक्षा की भाँति भी प्रयोग किया जा सके।

एक **संसाधन** कक्ष में एक बार में अधिक से अधिक 30 विद्यार्थी कार्य कर सकते हैं। 30 से अधिक विद्यार्थियों को एक बार में कार्य नहीं करना चाहिए। यदि हमे 30 विद्यार्थियों को काम करने के लिए **संसाधन कक्ष** बनाना है तो उसके फर्श का क्षेत्रफल 1000 वर्ग फीट होना चाहिए अर्थात् उसकी लम्बाई 45 फीट चौड़ाई 25 फीट होनी चाहिए, तभी विद्यार्थी उसमें स्वच्छता तथा सरलता से काम कर सकते हैं।

समाजशास्त्र संसाधन कक्ष

संसाधन कक्ष का विस्तार विद्यार्थियों की संख्या पर निर्भर करता है। आदर्श बात तो यह है कि **संसाधन कक्ष** में एक बार में 24 विद्यार्थी कार्य करें, तभी अध्यापक उनको व्यक्तिगत सहायता दे सकता है और विद्यार्थी सुविधा से कार्य कर सकते हैं। परन्तु हमारे भारतीय विद्यालयों में एक-एक कक्षा में 50-50 विद्यार्थी तक पढ़ते हैं। ऐसी परिस्थिति में हमें चाहिए कि हम संसाधन कक्ष में कार्य के लिए विद्यार्थियों को दो अथवा तीन वर्गों में विभाजित कर दें। केवल एक वर्ग को जिसमें 24 विद्यार्थी हों, एक बार में **संसाधन कक्ष** में कार्य करने हेतु भेजना चाहिए।

समाजशास्त्र संसाधन कक्ष

समाजशास्त्र कक्ष का आकार छात्रों की संख्या तथा स्थान की उपलब्धता पर निर्भर करता है। वास्तव में यह कक्ष प्रयोगशाला की भाँति बड़े आकार का होना चाहिए जिसमें सारे उपकरण व्यवस्थित ढंग से रखे हों और आवश्यकता पड़ने पर छात्र उसका अवलोकन कर सकें तथा उपयोग कर सकें। कक्ष में प्रायोगिक कार्य के लिए बड़ी-बड़ी मेजें व बैठने के लिए कुर्सियाँ होनी चाहिए। समाजशास्त्र के उपकरणों को रखने के लिए अलमारियाँ एवं शो-केस होने चाहिए। समाजशास्त्र कक्ष में एक बड़े आकार का श्यामपट्ट होना चाहिए जिस पर शिक्षक छात्रों को एक साथ समझा सके।

समाजशास्त्र कक्ष में प्रमुख रूप से निम्न उपकरण अथवा संसाधन होते हैं, जिनका उपयोग शिक्षक व छात्र आवश्यकतानुसार करते हैं।

1. मानचित्र—समाजशास्त्र कक्ष में भारत तथा विश्व का राजनीतिक मानचित्र व्यस्थित ढंग से टंगे होने चाहिए। इन राजनीतिक मानचित्रों के माध्यम से छात्रों को विश्व के राष्ट्रों तथा भारत के राज्यों के पुनर्गठन से परिचित कराया जा सकता है।

2. चित्र—समाजशास्त्र कक्ष के संसाधनों में चित्रों का स्थान भी महत्त्वपूर्ण है। इनमें प्रमुख रूप से राष्ट्रीय आन्दोलनों के नेताओं, स्वतन्त्र भारत के प्रधानमन्त्री व

राष्ट्रपति आदि के चित्र को दीवारों पर कालक्रमानुसार व्यवस्थित ढंग से टाँगना चाहिए।

3. रेडियो एवं टेलीविजन—समाजशास्त्र कक्ष में संसाधन के रूप में रेडियो तथा टेलीविजन का भी स्थान है। रेडियो और टेलीविजन कक्ष में ऐसे स्थान पर रखना चाहिए जिससे सभी छात्र उसे देख व सुन सकें। वर्तमान युग में टेलीविजन के द्वारा लोकसभा और राज्यसभा की कार्यवाही जैसे प्रकरण को बड़ी सरलतापूर्वक छात्रों को समझाया जा सकता है। अनेक नागरिक समस्याओं पर विभिन्न राजनीतिक दलों की परिचर्चाओं को भी दूरदर्शन में दिखाया जाता है। रेडियो के माध्यम से भी विभिन्न प्रकार के राजनीतिक विचार नागरिक समस्याओं के समाधान आदि का प्रसारण किया जाता है।

4. एपिडायस्कोप—आधुनिक युग में समाजशास्त्र शिक्षण में एपिडायस्कोप को एक महत्त्वपूर्ण संसाधन के रूप में प्रयोग में लाया जाता है। एपिडायस्कोप के माध्यम से शिक्षक बड़ी सरलतापूर्वक बिन्दुओं, रेखाचित्रों को श्यामपट्ट् या दीवार पर दिखा सकता है।

5. सन्दर्भ पुस्तकें—समाजशास्त्र कक्ष में अलमारियों में व्यस्थित ढंग से सन्दर्भ पुस्तकों को रखना चाहिए। इन पुस्तकों की सूची अलग से उपलब्ध होनी चाहिए जिससे छात्र आवश्यकतानुसार सन्दर्भ पुस्तकों का अध्ययन कर सकें।

6. चार्ट एवं रेखाचित्र—समाजशास्त्र शिक्षण में सहायक सामग्री के रूप में संगठनात्मक चार्टों व रेखाचित्रों का महत्त्वपूर्ण स्थान है। इन चार्टों व रेखाचित्रों के माध्यम से विभिन्न परिषदों, सभाओं व संगठनों के संगठन व कार्यों का शिक्षण सरल व बोध ढंग से किया जा सकता है।

7. माडल—समाजशास्त्र कक्ष में आदर्श ग्राम, आदर्श विद्यालय, आदर्श पंचायत घर आदि के माडल होने चाहिएँ। इन माडलों के माध्यम से छात्रों को सजीव ढंग से आदर्श ग्राम विद्यालय आदि के बारे में ज्ञान प्रदान किया जा सकता है। छात्र माडल को देखकर बहुत सरलतापूर्वक आदर्श ग्राम या आदर्श विद्यालय के बारे में पूरी जानकारी प्राप्त कर सकते हैं।

8. चलचित्र—समाजशास्त्र कक्ष में समाजशास्त्र के संसाधन के रूप में शैक्षिक चलचित्रों को व्यवस्थित ढंग से रखना चाहिए। जिस शो-केस की आलमारी में शैक्षिक चलचित्र रखे हों उसके ऊपर इन चलचित्रों की एक सूची चस्पा कर देनी चाहिए। जिससे सभी छात्रों को जानकारी रहे कि समाजशास्त्र कक्ष में कौन-कौन से चलचित्र उपलब्ध हैं और उनकी उपयोगिता किस पाठ्यवस्तु के अध्ययन में होगी। चलचित्रों को दिखाने

के लिए प्रोजक्टर और पर्दे की व्यवस्था पहले से होनी चाहिए यह कक्ष में उपयुक्त स्थान में लगा होना चाहिए जिससे सभी छात्र आसानी से देख सकें।

संसाधनों का उपयोग एवं महत्त्व

केवल शिक्षण उपकरणों को उपलब्ध कर एवं उनको व्यवस्थित कर देने मात्र से ही लाभ नहीं होता। वस्तुतः इसका सदुपयोग करना ही महत्त्वपूर्ण है। समाजशास्त्र संसाधन सामग्री का सदुपयोग करना एक व्यवस्थित आधार पर निर्भर करता है।

1. योजना—समाजशास्त्र संसाधन कक्ष में व्यवस्थित रूप से संग्रहीत की गई सामग्री को विभिन्न अवसरों पर प्रयुक्त करने हेतु एक पूर्व निश्चित योजन बना लेनी चाहिए। प्रत्येक पाठ के पूर्व वांछनीय सामग्री एकत्र कर समय पर उसका उपयोग करने से शिक्षण प्रभावशाली बन सकता है।

2. उपयोग—योजना के अनुरूप वांछित उपकरणों का सही प्रयोग करना योजना का क्रियान्वयन पक्ष है जिस पर विशेष ध्यान दिया जाना चाहिए। उद्देश्य के अनुसार मानचित्र, समय रेखा चार्ट, चित्र मॉडल, स्त्रोत आदि उपकरणों का छात्रों द्वारा अध्ययन कर उन पर आधारित प्रश्नोत्तरों के माध्यम से तथ्यों को विकसित किया जाना चाहिए।

सुझाव

समाजशास्त्र शिक्षण को प्रभावी बनाने के लिए विद्यालय में संसाधन कक्ष की आवश्यकता है। समाजशास्त्र का उपयुक्त वातावरण बनाने, अतीत के सजीव एवं यथार्थ रूप में प्रस्तुतीकरण में सहायक उपकरणों को सरलता तथा सुगमता से प्रस्तुत करने में समाजशास्त्र संसाधन कक्ष का विशेष स्थान है। समाजशास्त्र संसाधन कक्ष का आकार एवं साज-सज्जा आवश्यक उपकरणों के प्रदर्शन एवं प्रवृत्तियों के संचालन के अनुरूप होने चाहिए।

समाजशास्त्र कक्ष के उपरोक्त संसाधनों को एकत्र करने में अत्यधिक समय, श्रत व धन व्यय होता है। अतः समाजशास्त्र शिक्षक को चाहिए कि समाजशास्त्र कक्ष में सभी संधाधनों की देखभाल व सुरक्षा भली-भाँति रखे। साथ ही उन संसाधनों का उपयोग इस प्रकार से किया जाए जिससे उन्हें नुकसान न पहुँचे।

8

समाजशास्त्र शिक्षण में कम्प्यूटर

नई खोज एवं नये अनुसंधानों ने शिक्षा जगत् को भी प्रभावित किया है। शिक्षा जगत् में आए दिन नूतन प्रयोगों के प्रादुर्भाव से इसका प्रभाव स्पष्ट झलकता है। शिक्षा में द्रुत गति से शुद्धता के साथ किसी समस्या का हल देना एक जरूरी तकनीक है, इस लक्ष्य को कम्प्यूटर के द्वारा प्राप्त किया जा रहा है। वैसे कम्प्यूटर का उपयोग समाज के सभी क्षेत्रों जैसे—उद्योगों, रेलवे, यातायात के साधनों, विभिन्न प्रकार के प्रयोगशालाओं एवं अनुसंधानों में, चिकित्सा, बिजली, डाक सेवा आदि सभी क्षेत्रों में बढ़ता जा रहा है। अपनी उपयोगिता से इसने शिक्षा-जगत् को भी अपने आयाम में ले लिया है। शिक्षा जगत् में इसका प्रयोग अभी अपनी शुरुआती दौर में है अथवा हम ये कहें कि शिक्षा जगत में यह अपने बाल्याकाल में है। शिक्षा के क्षेत्र में कम्प्यूटर एक नवाचार के रूप में है इससे यह आशा की जाती है कि शिक्षा जगत् में इससे क्रान्तिकारी परिवर्तन होंगे।

'कम्प्यूटर' शब्द की उत्पत्ति अंग्रेजी शब्द 'कम्प्यूट' से हुई है, जिसका अर्थ 'गणना करना' है, लेकिन आज इसका कार्य गणना करना ही नहीं, वरन् सूचना देना तथा तद्नुसार संगणना करना है। सर्वप्रथम सन् 1946 में **'इनियाक'** नाम का कम्प्यूटर बना, जिसमें कालान्तर में परिवर्तन होता गया। आरंभ में इसके कार्य पद्धति कठिन थी लेकिन समय के साथ होने वाले नये-नये प्रयोगों ने इसकी कार्य पद्धति को सरल व सुलभ कर दिया है। वस्तुतः यह एक त्वरित गति से कार्य

करनेवाला, सूचनाओं एवं तथ्यों को एकत्रित करनेवाला, आदेशानुसार शीघ्रतम, समतापूर्वक, शुद्धता के साथ संशोधित करनेवाला एवं परिणामों को वापस प्रस्तुत करने वाला उपकरण है। इसकी कार्य पद्धति को अग्र क्रम में व्यक्त किया जा सकता है–

(क) आदेश प्राप्त करना।
(ख) प्राप्त आदेशों की प्रोग्रामिंग करना।
(ग) आदेश पाने के पश्चात् प्रोग्राम प्रस्तुत करना।
(घ) परिणामों को अपनी मेमोरी में संचित रखना।
(च) आदेशों और आवश्यकतानुसार परिणामों को दर्शाना।
(छ) सूचनाओं को अदल-बदल कर सही उत्तर प्राप्त करना।

कम्प्यूटर की कार्य प्रणाली

कम्प्यूटर में प्रत्येक कार्यक्रम प्रमुख पाँच इकाइयों से होकर गुजरता है–

1. अदा इकाई—जिस इकाई के अन्दर सभी सूचनाएँ और आँकड़े भरे जाते हैं, उसे अदा इकाई के रूप में जाना जाता है। इनपुट सेक्सन के माध्यम से कम्प्यूटर के (कम्प्यूटर की भाषा में जिसे वह समझता है) आँकड़े, प्रोग्राम एवं निर्देश फीड किया जाता है। फीड किया गया तत्त्व प्रमुख इनपुट टर्मिनल पंचकार्ड, टाइपराइटर, पंचटेप, मैगनेटिक इंक एवं पेपर टेप आदि से होता हुआ डिस्प्ले द्वारा दिखाई पड़ता है।

2. स्मृति भण्डारण इकाई—यह मानव मस्तिष्क का ही एक निर्जीव स्वरूप है, जिसमें जो चीज, जब तक चाहें, तब तक पड़ी रहती है तथा आवश्यकता पड़ने पर उसे पुनः स्मरण (Recall) कराया जाता है। यही वह इकाई है, जिसमें सभी आँकड़े, प्रोग्रामिंग एवं निर्देश सुरक्षित रहते हैं। यह मुख्य रूप से दो प्रकार से आन्तरिक एवं बाह्य होती है।

3. केन्द्रीय प्रोसेसिंग इकाई/परिकल्पना इकाई—इस इकाई के तहत मुख्य दो उप इकाई–(i) गणितीय अथवा तार्किक इकाई (Arthmetic or Logecoolume) (Alu) एवं (ii) नियन्त्रण इकाई (Control unit) हैं। प्रथम इकाई में गुणा, भाग, जोड़, घटाना एवं जटिल गणना की जाती है तथा इसी इकाई में सही निर्णय लेने की क्षमता होती है।

4. नियन्त्रण इकाई–यह इकाई कम्प्यूटर की सम्पूर्ण प्रोसेसिंग को नियन्त्रित करता है, अर्थात् कहाँ पर किसी आँकड़े को अथवा सूचना भेजी जाए, विभिन्न प्रकार

के सिग्नलों को देना तथा यह इकाई इस बात की गारन्टी देती है कि कम्प्यूटर की सभी इकाइयाँ सही सूचना दे रही हैं।

5. प्रदा इकाई–यह इकाई सभी सूचनाओं को स्क्रीन पर प्रदर्शित करती है, जिसमें रेखाचित्रों, चित्रों, आँकड़ों, फोटोग्राफ, शब्दों एवं आँकड़ों आदि चीजों को स्क्रीन पर प्रदर्शित करने का कार्य करता है।

कम्प्यूटरों के प्रकार

कम्प्यूटर की कार्यशैली के आधार पर इसके निम्न प्रकार हैं–

1. अंकीय कम्प्यूटर—इस प्रकार के कम्प्यूटर में परिस्थितियों की अनुरूपता अंकों से की जाती है। अंकों को गणितीय आधार पर परिवर्तित अथवा हल करके फल प्राप्त किया जाता है। उसके द्वारा अंकों अथवा नम्बरों को व्यक्त किया जाता है।

2. अनालॉग कम्प्यूटर—इसे सादृश्य कम्प्यूटर भी कहा जाता है, क्योंकि इसके द्वारा अंकों की अनुरूपता अन्य भौतिकीय परीनली (Variable) के सदृश बनाई जाती है। इस प्रकार के कम्प्यूटर का उपयोग मापन में अधिक होता है।

3. उच्चीकृत कम्प्यूटर—इस प्रकार के कम्प्यूटर में उक्त दोनों कम्प्यूटरों की (अंकीय/अनालॉग) को मिलाकर बनाया गया है। इसमें आँकड़ों का संकलन एवं निर्देशन दोनों स्वतः हो जाता है। उसमें गणना की सभी युक्तियाँ हैं।

कम्प्यूटर की विशेषताएँ

उपरोक्त विवरण के आधार पर इसकी विशेषता का अध्ययन करना जरूरी है।

1. गति—यह एक तीव्रतम गतिवाला यन्त्र है, जिसे सेकेण्ड में नहीं, वरन् माइक्रो सेकेण्ड (एक सेकेण्ड का 10 लाखवाँ भाग), नेनो-सेकेण्ड (Nano-second) (एक सेकेण्ड का हजार का 10 लाखवाँ भाग तथा पिको सेकेण्ड (Pico-second) (एक सेकेण्ड का 10 लाख का 10 लाखवाँ भाग) प्रदर्शित करता है, अर्थात् 30 लाख गणना प्रति सेकेण्ड करता है, जिसके चलते चन्द्रमा एवं अन्य ग्रहों तक मानव पहुँच सका है।

2. भण्डारण—इसमें अब तक की सबसे अधिक भण्डारण शक्ति मानी गई है। यह कार्य मानव मस्तिष्क द्वारा सम्भव नहीं है। इसमें केन्द्रीय परिकलन इकाई (Central Processing unit) (C.P.U) कहा जाता है, जिसमें सभी सूचनाएँ संग्रहित रहती हैं।

3. परिशुद्धता—यह एक ऐसा यन्त्र है, जिसके द्वारा त्रुटियाँ लगभग नगण्य होती हैं, जो त्रुटियाँ होती हैं, वह कम्प्यूटर चालक अथवा अभिक्रमक द्वारा होती हैं।

4. बहुविज्ञता—कम्प्यूटर द्वारा एक ही नहीं अनेक कार्य किए जा सकते हैं, जैसे—सूचनाओं को आदान-प्रदान करता है, अन्दर-ही-अन्दर सूचना का स्थानान्तरण, गणितीय संगठनाएँ एवं अन्य विविध कार्यों को करता है।

5. स्वचालित—एक बार फीड देने से कम्प्यूटर स्वतः ही तब तक सारा कार्य करता रहता है, जब तक कि अभिक्रम पूरा नहीं हो जाता।

6. कर्मनिष्ठता—मानव की तरह इसमें थकान अथवा कार्य का बोझा नहीं महसूस होता, वरन् यह अनवरत् बिना थके ही सब करता रहता है, साथ-साथ ध्यान भंग किए बिना।

7. उचित स्मरण शक्ति—इसमें स्मरण शक्ति ही नहीं, वरन् सही स्मरण शक्ति होती है। आवश्यकता पड़ने पर यह नेनो सेकेण्ड तक बढ़ा सकती है एवं आवश्यकता पड़ने पर उसी अनुपात में शुद्धता के साथ घटती भी है।

कम्प्यूटर सहयुक्त अनुदेशन

चूँकि यह एक कठोर उपागम है। इसका प्रयोग शिक्षा जगत् में किया जाने लगा है। इसका प्रादुर्भाव सन् 1961 में इलिन्वायस विश्वविद्यालय में किया गया और इसका सुधरा हुआ रूप सन् 1966 में स्टेन फोर्ट विश्वविद्यालय के पैट्रिक सुपेस (Patric Suppes) ने किया, जिसमें स्कूली बच्चों के लिए वाचन करने एवं गणित पर एक प्रतिमान का निर्माण किया। इस प्रकार से कालान्तर में कम्प्यूटर सह अनुदेशन की शैली का प्रसार होता गया। इस प्रकार के कम्प्यूटर के निर्माण के पीछे शिक्षा तकनीशियनों के दो विचार थे। प्रथम यह कि शिक्षा प्रक्रिया में तकनीकी उपकरणों का प्रयोग किया जाए तथा द्वितीय विचार यह था कि शिक्षण विधियों, प्रविधियों, सिद्धान्तों को और प्रभावी ढंग से लागू करना। अतः आज के समय एवं भावी समयों में इसका प्रयोग शिक्षण के क्षेत्र में बढ़ता जाएगा।

कम्प्यूटर सहअनुदेशन की आधारभूत मान्यताएँ—उपर्युक्त विवरण के आधार पर इसकी मान्यताएँ अधोलिखित हैं—

1. इसके द्वारा हजारों छात्रों के शैक्षिक क्षेत्र गुणात्मक एवं परिणामात्मक, दोनों प्रकार की समस्याओं का समाधान किया जा सकता है।

2. इसके द्वारा व्यक्तिगत रुचि एवं रुझान के अनुसार प्रतिपुष्टि को प्राप्त किया जा सकता है।

3. इस प्रकार के कम्प्यूटर द्वारा अधिगमकर्त्ता द्वारा अधिगम एवं परीक्षण के समय उसके द्वारा किए गए व्यवहार को स्वतः रिकार्ड किया जाता है, तदनुसार अध्यापक छात्र के लिए भावी रणनीति तैयार करता है।

4. इसकी एक मान्यता यह भी है कि विषय एवं विषय-वस्तु को विभिन्न विधियों के माध्यम से प्रस्तुत करने की क्षमता प्रस्तुत करता है।

कम्प्यूटर सह-अनुदेशन की कार्यप्रणाली

शैक्षिक तकनीकी के तहत कम्प्यूटर 'मशीन उपागम' (Hormone) तथा भीतर संचित अभिक्रम "नवनीय उपागम" (Software) की श्रेणी में आता है। इस प्रकार शिक्षण दोनों प्रकार के उपागम को उपयोग करता है। इसमें छात्र में पूर्व व्यवहार, पूर्व अनुभव एवं प्रारम्भिक व्यवहार के आधार पर कम्प्यूटर निर्णय लेता है। अतः इस प्रकार अनुदेशन-क्रिया के तहत कम्प्यूटर अधोलिखित कार्यों को करता है–

1. कार्डों एवं चुम्बकीय टेप पर सूचनाओं एवं अभिक्रमों को संग्रहीत करता है।

2. इस प्रकार से संग्रहीत सूचनाओं एवं अभिक्रमों में से प्रत्येक छात्र के लिए उपयुक्त सूचनाओं का ध्यान करता है।

3. सूचनाओं का सम्प्रेषण (Communication) विद्युत टंकण मशीन की मदद से किया जाता है।

कम्प्यूटर संयुक्त अनुदेशन के विशेषज्ञ

कम्प्यूटर संयुक्त अनुदेशन की प्रविधि के लिए किसी संस्था को अग्रलिखित विशेषज्ञों की आवश्यकता पड़ती है–

1. अभिक्रम लेखक—इसके लिए कम्प्यूटर की भाषा जाननेवाला, मनोविज्ञान का ज्ञाता, अधिगम सिद्धान्तों को समझनेवाला, बालक की आयु के अनुसार प्रक्रिया को समझनेवाला आदि प्रकार के विशेषतायुक्त अभिलेखक को होना चाहिए।

2. कम्प्यूटर अभियन्ता—इसके लिए एक ऐसा व्यक्ति हो, जो कम्प्यूटर की तकनीकी भाषा, उपयोग, कार्यप्रणाली, रचना एवं सिद्धान्तों आदि से भली-भाँति अनुवाद कर सके। उसमें कम्प्यूटर भाषा का अनुवाद करने की क्षमता हो तथा तदनुसार रूप-रेखा का निर्माण कर सके।

3. प्रणाली प्रचालक—कम्प्यूटर एवं अधिगमकर्त्ता के बीच एक कड़ी होती है, जो कम्प्यूटर के संचालन की सारी जिम्मेदारी का वहन करता है। वह डाटा बेस

का उपयोग करता है, त्रुटियों का पता लगाकर सुधारता है तथा कम्प्यूटर की सारी कार्य प्रणाली को संचालित एवं नियन्त्रित करता है।

कम्प्यूटर द्वारा प्रदत्त शिक्षण-प्रक्रिया

अद्यतन खोजों के अनुसार 30 छात्रों की वैयक्तिक भिन्नता के आधार पर 30 प्रकार के अभिक्रमों को प्रस्तुत किया जा सकता है। यह जानकारी **लारेन्स स्टूलरों एवं डेनियल डेविस** ने दिया। इन्होंने कम्प्यूटरों की शिक्षण-प्रक्रिया को दो पक्षों में बाँटा है–

1. पूर्वअनुवर्ग शिक्षण पक्ष—इस वर्ग के तहत विशिष्ट उद्देश्यों की प्राप्ति की जाती है तथा इसके लिए विशिष्ट छात्रों का चयन उसके पूर्व व्यवहार के आधार पर किया जाता है।

2. अनुवर्ग शिक्षण पक्ष—इस वर्ग में किसी एक छात्र का चयन किया जाता है। चुने गए अभिक्रम को कम्प्यूटर द्वारा छात्र के सम्मुख प्रस्तुत किया जाता है, जिससे वह सीखता है और अन्त में उसका कम्प्यूटर द्वारा मूल्याँकन किया जाता है।

उपरोक्त दोनों पक्षों के कार्यों को कम्प्यूटर द्वारा अग्रलिखित दो सोपानों द्वारा प्रस्तुत किया जाता है–

1. अपेक्षित जनसंख्या का चयन—सर्वप्रथम कार्ड पर छात्र की शैक्षिक योग्यता, शैक्षिक उपलब्धि तथा पूर्ण-व्यवहारों को अंकित कर कम्प्यूटर में भर दिया जाता है। कम्प्यूटर छात्र की पूर्ण-परीक्षा लेता है, ताकि उसमें पूर्ण-व्यवहारों के स्तर की जाँच हो सके। पूर्ण परीक्षा में सफलता प्राप्त होने पर कम्प्यूटर छात्र के शैक्षिक स्तर को निश्चित करता है, तद्नुसार कम्प्यूटर छात्र का पुनः परीक्षण कर उसका विश्लेषण एवं मूल्याँकन करता है। प्राप्त स्तर के अनुसार कम्प्यूटर अभिक्रम को चयनित करता है और अगर छात्र के स्तर का अभिक्रम कम्प्यूटर में संग्रहित नहीं रहता तो कम्प्यूटर छात्र को अयोग्य घोषित कर देता है।

2. अभिक्रम का प्रस्तुतीकरण तथा अधिगम नियन्त्रण—इस प्रकार के शिक्षण में कम्प्यूटर एक साथ 30 छात्रों को पाठ्यवस्तु से सम्बन्धित 30 अभिक्रमों को प्रस्तुत करता है। कम्प्यूटर के तहत विद्युत टंकण मशीन अथवा टेप द्वारा सूचनाओं को सम्प्रेषित किया जाता है। अगर छात्र किसी भी दशा में त्रुटिपूर्ण अनुक्रिया करता है, तो कम्प्यूटर अनुदेश बदल देता है। इसके द्वारा अभिक्रमित अनुदेशन ही नहीं प्रस्तुत किया जाता वरन् कम्प्यूटर छात्र के व्यवहार को भी नियंत्रित करता है।

कम्प्यूटर सहनुदेशन की सीमाएँ

उपरोक्त वर्णन के आधार पर कम्प्यूटर सहनुदेशन की सीमाएँ अग्रलिखित हैं–

1. कम्प्यूटर सह अनुदेशन वैयक्तिक भिन्नता को ध्यान में नहीं रखता, जबकि बालक के विकास में इसकी प्रमुख भूमिका होती है।
2. इसमें छात्रों में सामाजिकता की भावना का अभाव पाया जाता है, क्योंकि इस शिक्षण- प्रक्रिया में बालक अन्यवत् बैठा रहता है।
3. इस प्रकार के शिक्षण माध्यमों से बालक में संवेदनशील एवं भावनात्मक विकास का अभाव पाया जाता है।
4. कम्प्यूटर सह अनुदेशन किसी भी प्रकार से भाषा का ज्ञान देने में अक्षम साबित होता है।
5. इस प्रकार के अनुदेशनों से बालकों में मानसिक उदासीनता, उबाऊपन एवं उबाऊपन थकान जैसी स्थिति बन जाती है, जिसे वे बीच में ही छोड़ देना चाहते हैं।
6. इससे छात्रों में स्वतंत्र चिन्तन, मनन एवं सृजनात्मकता का अभाव पाया जाता है। वे एक-एक मशीन से बँधे तथा पूर्णतः नियन्त्रित पाते हैं, जो एक प्रकार से शिक्षा मनोविज्ञान के विरुद्ध है।
7. छात्रों के बीच में भी सहयोग एवं साहचर्य का अभाव हो जाता है।
8. इससे अध्यापक-छात्र के बीच में भावात्मक एकता के विकास का पूर्णतः अभाव पाया जाता है।
9. यह एक खर्चीला एवं पन्ना उलटनेवाली मशीन एवं शैली है, जो सभी छात्रों/सभी विद्यालयों में सम्भव नहीं है।
10. यह छात्रों की समस्याओं का तत्काल उपचार करने में पूर्णतः सफल नहीं है।

कम्प्यूटर के अन्य शिक्षण उपयोग

वैसे तो सम्पूर्ण देश में एक प्रकार से कम्प्यूटर युग जैसा आ गया है, इसलिए शिक्षा जगत् में इसका प्रमुख प्रयोग संक्षिप्त में इस प्रकार से है–

1. इसके माध्यम से अध्यापक एवं छात्र द्वारा अपने स्वतः अथवा एक-दूसरे के विषय में शैक्षिक मापन, मूल्याँकन, सम्पूर्ण, सलाह, मार्गदर्शन एवं सुझाव आदि के लिए इसका प्रयोग किया जा सकता है। इससे छात्र की योग्यता, क्षमता, दक्षता, कौशल, आवश्यकता, रोजगार एवं व्यवसाय आदि के विषय में सूचना

एकत्रित कर सकते हैं। इस प्रकार से इन क्षेत्रों में इससे विधिवत् मदद ली जा सकती है।

2. इसके माध्यम से छात्र आवश्यकतानुसार किसी विषय-वस्तु का अभ्यास कर सकता है।
3. कम्प्यूटर के माध्यम से छात्र वार्तालाप कर सकता है।
4. सन् 1961 से 1970 के बीच इसकी मदद से अनुरूपन एवं शैक्षिक क्रीड़न को प्रस्तुत किया जाता है।
5. इससे विभिन्न विषयों के अनुदेशन में मदद ली जा सकती है।
6. इससे प्रत्येक स्तर पर शिक्षण सामग्री उपलब्ध कराई जा सकती है।
7. इससे प्रत्येक छात्र के विकास/ह्रास का पता लगाया जा सकता है तथा उसे दूर किया जा सकता है।
8. इससे छात्रों में पुनर्बलन मिलता है।
9. कम्प्यूटर द्वारा छात्र स्वतः तथा अध्यापक स्वतः दोनों ही नियन्त्रित रहते हैं।
10. प्रोग्रामिंग अनुदेशन को कम्प्यूटर अधिक व्यवस्थित ढंग से प्रस्तुत करता है।
11. शैक्षिक सूचना को व्यवस्थित रूप से भण्डारण एवं प्रेषण करता है।
12. इसकी मदद से छात्रों को वस्तुनिष्ठ पाठ उपलब्ध कराए जा सकते हैं।

भारत में कम्प्यूटर शिक्षा

विश्व के आधुनिकीकरण में अगर हमें अपनी आय को विस्थापित करना है तो कम्प्यूटर एवं कम्प्यूटर टेक्नालॉजी में पूर्ण भागीदारी करनी होगी, अन्यथा देश की सामाजिक, आर्थिक एवं शैक्षिक विकास धीमी पड़ जाएगी। इन्हीं बातों को ध्यान में रखकर केन्द्र सरकार प्रत्येक स्तर पर कम्प्यूटर की व्यवस्था करने में प्रयासरत है। लगभग उससे कुछ अधिक गति निजी क्षेत्रों (Private Sector) की है। अतः ऐसी स्थिति में आवश्यकता इस बात की है कि देश के सभी स्तर के विद्यालयों में कम्प्यूटर मुहैया कराया जाए, क्योंकि विश्व स्तर पर, जहाँ पर अमेरिका में 62%, इंग्लैण्ड में तथा जापान के प्रत्येक प्राथमिक पाठशालाओं में कम-से-कम एक कम्प्यूटर लगा हुआ है, वहीं हिन्दुस्तान में इसका प्रतिशत अतिन्यून है। फिर भी 1982 से भारतवर्ष में भी इसका विस्तार बढ़ता जा रहा है। लगातार इसके विकास के लिए सेमिनार, सिम्पूजियम एवं वर्कशाप चलाए जा रहे हैं। इसीलिए नई शिक्षा नीति (1986) में भी इस पर विशेष जोर दिया गया है। सन् 1990 में इसके प्रशिक्षकों की संख्या लगभग 12000 हो गई है। इस प्रकार से मानव संसाधन मन्त्रालय ने 'कम्प्यूटर लिट्रेसी

पाइलट प्रोग्राम' चलाया गया है, जो स्कूल स्तर के लिए है। इसका लाभ लगभग 3000 प्रारम्भिक विद्यालयों को होगा। कम्प्यूटर लिट्रेसी एवं विद्यालय अध्ययन (CLASS) प्रोजेक्ट के तहत 750 उच्च एवं उच्चतर माध्यमिक विद्यालयों को माइक्रो कम्प्यूटर प्रदान किया जाएगा। वस्तुतः इस दिशा में भारतवर्ष में उत्तरोत्तर विकास हो रहा है।

कम्प्यूटर शिक्षा की आलोचना

जहाँ इस प्रकार की शिक्षा से समाज/शिक्षा के क्षेत्र में अनेक लाभ बताए गए हैं, वहीं इस शिक्षा के दोष भी हैं–

1. इससे बेरोजगारी की भयंकर समस्या दिनोंदिन बढ़ती जा रही है।
2. यह एक यन्त्र है, जो मानव द्वारा निर्देशित होता है। इसमें स्वयं के सोचने तथा निर्णय लेने की क्षमता नहीं होती।
3. इससे सामाजिक मूल्यों का विकास सम्भव नहीं है।
4. इससे बालक में चारित्रिक एवं नैतिक मूल्यों का विकास नहीं हो सकता।
5. इसमें मानवीय गुणों का अभाव होता है, जो किसी भी समाज के विकास में सहायक होता है।
6. इससे बालक में सृजनात्मक क्षमता का विकास सम्भव नहीं है।
7. इसमें वैयक्तिक भिन्नता का अभाव है।
8. कम्प्यूटर द्वारा सभी छात्रों को एक ही दिशा में शिक्षित किया जाता है।

समाजशास्त्र शिक्षण में कम्प्यूटर का प्रयोग

अन्य विषयों की भाँति समाजशास्त्र शिक्षण भी कम्प्यूटर क्रांति से अछूता नहीं रह सका। समाज विज्ञान के हर एक अनुसंधान के काम में कम्प्यूटर का प्रयोग किया जा रहा है। जब किसी एक विषय में कुछ निर्धारित तकनीकों का प्रयोग कर लिया जाता है तथा उसमें कामयाबी भी प्राप्त होती है तो उस प्रणाली को अन्य विषयों में भी प्रयोग करने का प्रयत्न किया जाता है जिससे कि अच्छे परिणाम की प्राप्ति की जा सके। कोई भी व्यक्ति यह नहीं कह सकता है कि जब मनोविज्ञान व मानव विज्ञान के जगत में कम्प्यूटर का उपयोग किया जा रहा है तो इसी के समान विषय समाजशास्त्र के शोध-काम में कम्प्यूटर का उपयोग नहीं किया जाएगा। ऐसा संभव नहीं है और इसी वजह से समाजशास्त्र के शोध में आज कम्प्यूटर का वृहत स्तर पर किया जा रहा है।

कम्प्यूटर का उपयोग सामाजिक अनुसंधान में दिन-प्रतिदिन बढ़ता जा रहा है। इसके तेजी से बढ़ता उपयोग के कई कारण हैं–

1. इसका प्रमुख कारण यह है कि कम्प्यूटर द्वारा वे सभी बड़ी-बड़ी गणनाएँ आराम से शीघ्रतापूर्वक संपादित की जा सकती हैं जो पहले कभी या तो असंभव थीं तथा मानवीय मस्तिष्क द्वारा की जाने पर किसी-न-किसी कमी की संभावना बनी रहती थी। अतः सबसे पहले कम्प्यूटर द्वारा परिमाणात्मक तथ्यों की गणना आसानी से कर पाने के कारण इसका उपयोग अनुसंधान में किया जाने लगा।

2. कम्प्यूटर बिना ज्यादा जगह की माँग किए ढेरों तथ्य व्याख्यात्मक अथवा परिमाणात्मक स्वयं में समा लेता है और जरूरत पड़ने पर पलक झपकते ही उन तथ्यों को हमारे सामने प्रस्तुत भी कर देता है। इसके अलावा तथ्यों के प्रेषण भी अत्यधिक सुविधाजनक तरीके से हो जाता है क्योंकि कम्प्यूटर द्वारा वे आसानी पूर्वक दूसरी प्रति के रूप में निकाले जा सकते हैं। हालांकि सामाजिक विज्ञानों के अनुसंधान काम ज्यादा-से-ज्यादा तथ्य एकत्रीकरण व उनकी प्राप्ति पर निर्भर करते हैं, यही कारण है कि इस काम में कम्प्यूटर की जरूरत को नजरअंदाज नहीं किया जा सकता है। हर अनुसंधान काम में केवल परिमाणात्मक तथ्यों का ही कार्य नहीं होता है बल्कि इन तथ्यों का विश्लेषण, वर्गीकरण, व्याख्या एवं अन्य अनेक कार्य होते हैं जिनका संपादन कम्प्यूटर के जरिये से सरलतापूर्वक किया जा सकता है। कम्प्यूटर एक शब्द के अनेक नए अर्थ खोजने में सक्षम होता है। इसके जरिये कुछ मिनटों में अनुसंधान संबंधी बड़े-बड़े विवरण को जाँच कर उसके निष्कर्षों को अनुसंधानकर्त्ता के समक्ष प्रस्तुत किया जा सकता है।

3. अनुसंधान में सिर्फ तथ्यों का ही विश्लेषण, विवरण, समाहित नहीं होता है बल्कि उसमें अनेक औद्योगिक चार्ट, मानचित्र, सूची, ग्रंथ, संदर्भों को क्रम से पेश करना, अनुक्रमणिका, कुछ नए तथ्य खोजना आदि काम भी इसमें शामिल होते हैं। इन सभी कामों का संपादन कम्प्यूटर के जरिये किया जा सकता है व किया जाता है। इन कामों के आसानी से संपन्न हो जाने से अनुसंधानकर्त्ता अपना ध्यान अनुसंधान विषय पर केंद्रित कर सकता है अथवा उस काम को अच्छे तरीके से अंजाम दे सकता है।

अन्त में हम कह सकते हैं कि सम्प्रति पल-प्रतिपल नये-नये अनुसंधान हो रहे हैं। इन्टरनेट की मदद से इन सूचनाओं को सरलता से प्राप्त किया जा सकता है। इस तरह समाजशास्त्र शिक्षण में कम्प्यूटर बहुत ही उपयोगी है।

9

शैक्षिक दूरदर्शन और दूरस्थ शिक्षा

दूरदर्शन जनसंपर्क तथा दूरस्थ शिक्षा का एक सशक्त माध्यम। वर्तमान समय में रोज दिन नए-नए प्रयोग हो रहे हैं। यह प्रयोग शिक्षण के क्षेत्र में ज्यादा प्रभाव डाल रहे हैं। सामान्यरूप से शिक्षण की प्रारम्भिक अवस्था में श्रव्य (Tele) पर ज्यादा जोर दिया गया, कालान्तर में दृश्य (Vision) पर भी जोर दिया जाने लगा और अन्ततः 'श्रव्य एवं दृश्य' दोनों ही समान रूप से शिक्षा एवं शिक्षण के क्षेत्र में महत्त्वपूर्ण हो गये। शिक्षण में दूरदर्शन का प्रादुर्भाव इसकी महत्ता को दर्शाता है। दूरदर्शन संप्रेषण-संचार क्रिया का एक शक्तिशाली माध्यम है जो शिक्षा प्राप्ति में छात्रों के श्रवण तथा दृष्टि सम्बन्धी इन्द्रियों के प्रयोग पर जोर देता है। दूरदर्शन का शिक्षा के क्षेत्र में प्रादुर्भाव निश्चित ही एक ऐतिहासिक घटना मानी जा सकती है। वर्तमान में यह सम्प्रेषण का एक सशक्त माध्यम बन चुका है। इसके बढ़ते प्रभाव के कारण इसे शैक्षिक नवाचार के रूप में स्वीकार कर लिया गया है। दूरदर्शन वर्तमान समाज में घटने वाली प्रमुख घटनाओं का तस्वीर हमारे समक्ष प्रस्तुत करता है। इससे समजाशास्त्र में रुचि लेने वाले वर्तमान समाज के स्वरूप को भली प्रकार से समझ सकते हैं। वे वर्तमान समाज का मूल्यांकन कर सकते हैं। यहाँ हम शैक्षिक दूरदर्शन के विविध पहलुओं पर प्रकाश निक्षेप करेंगे।

शिक्षा में दूरदर्शन का आरंभ

ऐसा माना जाता है कि शिक्षा जगत् में इसका प्रयोग सर्वप्रथम सन् 1958

में अमेरिका में विज्ञान विषय पढ़ाने के लिए किया गया। अमेरिकन वैज्ञानिक **एस. जे. फ्लीज** ने निर्देशनात्मक दूरदर्शन (Instructional Television) का प्रयोग सन् 1978 में सर्वप्रथम किया। लेकिन शिक्षा जगत् में इसका प्रयोग सन् पचास के दशक से ही आरम्भ हो चुका था। भारत में इसका प्रयोग 15 सितम्बर सन् 1959 में दिल्ली में किया गया, जबकि इसकी नियमित सेवा 1965 से आरंभ हुई तथा सन् 1972 में बम्बई, कलकत्ता, मद्रास, जालन्धर, श्रीनगर एवं लखनऊ में दूरदर्शन केन्द्रों की स्थापना की गई। उसके बाद से इसके विकास की गति अत्यन्त तीव्र हो गई और अब लगभग 75 प्रतिशत लोक इसके दर्शक हो चुके हैं। देश में लगभग 20 केन्द्र ऐसे हैं, जहाँ प्रोग्राम तैयार किए जाते हैं। भारत में दूरदर्शन 'उपग्रह तकनीक' (Satellite Technology) सन् 1975 से प्रारम्भ हुई, जो इस क्षेत्र में और अधिक अपना योगदान दिया।

शैक्षिक टी.वी. कार्यक्रम का नियमित उद्घाटन एवं प्रयोग कृषकों के 'कृषि-दर्शन' से 16 अगस्त, सन् 1965 से प्रारम्भ किया गया। 'इन्स्टीट्यूट ऑफ एग्रीकल्चरल रिसर्च' दिल्ली प्रशासन तथा 'एटामिक रिसर्च कमीशन' के सहयोग से 'कृषि-दर्शन' के कार्यक्रमों की सफलता में वृद्धि हुई, उसके पश्चात् इसका प्रयोग शिक्षा के लगभग सभी क्षेत्रों में लगातार बढ़ता जा रहा है। इसके एक नहीं, अनेक कारण हैं, उदाहरण के लिए—शिक्षण के अन्य साधनों की तुलना में यह साधन अधिक जीवन्त, रोचक एवं प्रशावोत्पादक है।

जहाँ तक इसके अर्थ का आशय है तो वह है—'दूर से देखना'। इसे अंग्रेजी में 'टेलीविजन' कहा जाता है। इसका बहुचर्चित नाम टी.वी. है। यह दर्शकों के सामने किसी भी घटना, दृश्य एवं विवरण को यथावत् प्रस्तुत करने में सफल है। इससे एक ही साथ देखा एवं सुना, दोनों जा सकता है।

शैक्षिक दूरदर्शन

शैक्षिक दूरदर्शन कार्यक्रम में शिक्षोपयोगी कार्यक्रमों का प्रसारण आता है। इस प्रकार के कार्यक्रमों का निर्माण शिक्षा केन्द्रों के द्वारा किया जाता है। प्रायोजित कार्यक्रमों के रूप में इसका प्रसारण किया जाता है। सन् 1960 में नई दिल्ली में 'यूनेस्को' (UNESCO) की बैठक में यह तय किया गया कि भारत में दूरदर्शन की शिक्षा प्रारम्भ की जाए। सन् 1961 में दिल्ली शिक्षा निदेशालय की मदद से इसे कार्यरूप दिया गया। इस क्रम में प्रत्येक मंगलवार तथा शुक्रवार को एक घण्टे का शैक्षिक कार्यक्रम दूरदर्शन द्वारा प्रसारित किया जाने लगा। इसमें शैक्षिक वार्त्ता,

साक्षात्कार, परिचर्चा, नाटक, नृत्य-नाटिका, संगीत और वृत्तचित्रों के रूप में कार्यक्रम प्रसारित किए जाने लगे हैं जो समाजशास्त्र शिक्षण के लिए बहुत ही उपयोगी है।

शैक्षिक दूरदर्शन पर सामान्य रूप से दो तरह के कार्यक्रम प्रसारित किए जाते हैं—(1) ज्ञानवृद्धि मूलक कार्यक्रम (Enrichment Type) और (2) पाठ्यक्रम आधारित कार्यक्रम। इसका प्रसारण इनसेट 1-डी पर सन् 1984 में 5-11 वर्ष के बालकों के लिए किया जाता रहा तथा इसके लिए प्रतिदिन 45 मिनट का समय रखा गया था। फरवरी 1987 से दूरदर्शन ने अपने प्रातः कालीन प्रसारण में भी 60 मिनट का क्रर्यक्रम इसके लिए आरंभ किया। वर्तमान समय में प्रातः 6 बजे से 7 बजे तक तथा दोपहर में 1 बजे से 2 बजे तक शैक्षिक कार्यक्रमों का प्रसारण किया जाता है।

शैक्षिक दूरदर्शन के कार्यक्रमों के विकास की धारा सन् 1961 के तहत 'फोर्ड फाउण्डेशन' (Ford-foundation) 4 वर्षीय समझौता किया गया। इस समझौते के द्वारा दिल्ली के माध्यमिक विद्यालयों में 600 टी.वी. सेट लगाने की योजना क्रियान्वित की गई। इसमें विभिन्न विषयों जैसे—हिन्दी, अंग्रेजी, भूगोल, विज्ञान, गणित और अन्य सामाजिक विषयों को दिन में दो बार प्रातः 9.25-9.45 बजे तथा 11-11.20 बजे तक प्रसारित किया जाने लगा। इस प्रसारण का मूल्याँकन 4 वर्षों के पश्चात् अमेरिकी समाजशास्त्री **'डॉ. पाल न्यूरथ'** ने किया। उह्नोंने अपने मूल्याँकन के पश्चात् परिणाम में कार्यक्रम के प्रति सन्तोष व्यक्त किया गया। उसके बाद से इस प्रकार के कार्यक्रमों की संख्या धीरे-धीरे बढ़ती गई। आज विश्वविद्यालय अनुदान आयोग (U.G.C.), इन्दिरा गांधी राष्ट्रीय खुला विश्वविद्यालय (IGNOU) और अन्य संस्थानों द्वारा लगातार ऐसे शैक्षिक कार्यक्रमों का प्रसारण किया जा रहा है। इन शैक्षिक प्रसारणों में प्राथमिक स्तर से लेकर उच्च शिक्षा तकनीकी एवं व्यावसायिक शिक्षा तकनीकी आदि मिश्रित हैं। इस प्रकार का प्रसारण ग्रामीण सुदूर क्षेत्र से लेकर शहरी क्षेत्रों तक किया जा रहा है, जो बहुत ही सुखद और लाभदायक है।

दूरदर्शन प्रयोग के प्रकार

वर्तमान में दूरदर्शन का प्रयोग लगभग सभी उम्र के बच्चों के लिए तथा सभी कक्षाओं में किया जा रहा है। ऐसी सम्भावना भी है कि इसके प्रयोग की सीमाएँ भविष्य में और तेज होंगी। इसी कारण इसके प्रयोग में भी लगातार विविधता लाई जा रही है, जैसे—

1. निर्देशात्मक दूरदर्शन
2. बन्द परिपथ दूरदर्शन
3. उपग्रह निर्देशन दूरदर्शन प्रयोग।

1. निर्देशात्मक दूरदर्शन–इस प्रकार के दूरदर्शन का आरंभ सबसे पहले स. रा. अमेरिका (U.S.A.) में विज्ञान विषयों के लिए किया गया। इसमें औपचारिक तथा अनौपचारिक शैक्षिक कार्यक्रमों को प्रसारित करना आता है। इसका मुख्य उद्देश्य ही है दूरदर्शन के माध्यम से शैक्षिक विषयों और कार्यक्रमों का प्रसारण करना, जिसमें निर्देशात्मक एवं अव्यावसायिक कार्यक्रम भी हों। इसका प्रयोग अब भारत में भी बड़े पैमाने पर होने लगा है। इसीलिए इसे दृश्य-श्रव्य साधन के रूप में माना जाता है। दूरदर्शन के प्रयोग मुख्य रूप से तीन तरह से किए जाते हैं–

(क) सम्पूर्ण दूरदर्शन शिक्षण के रूप में

(ख) दूरदर्शन-पूरक साधन का आधार के रूप में

(ग) दूरदर्शन-परिपूरक साधन के रूप में।

(क) सम्पूर्ण दूरदर्शन शिक्षण–ऐसे क्षेत्र, जहाँ पर अध्यापक, विद्यालय अथवा अन्य शैक्षिक सुविधाओं का अभाव पाया जाता है अथवा जो शिक्षण सुविधाओं की पहुँच के बाहर का क्षेत्र होता है, वहाँ के लिए सभी वय एवं स्तर के लोगों की सम्पूर्ण शिक्षण के लिए दूरदर्शन द्वारा जब शैक्षिक कार्यक्रम प्रसारित किये जाते हैं तो उसे ही सम्पूर्ण दूरदर्शन शिक्षण की संज्ञा दी जाती है।

(ख) दूरदर्शन एक पूरक साधन के रूप में–इस प्रकार के दूरदर्शन का प्रयोग उच्च वर्गों में किया जाता है, विशेष रूप से जहाँ पर अध्यापक द्वारा लिखी एवं बताई गई बातों को सभी बालक आसानी से सुन एवं देख नहीं पाते। इस प्रकार के दूरदर्शन का प्रयोग वैसे वर्गों में किया जाता है, जिसमें सभी छात्र शिक्षण की सभी चीजों को सरलता से देख, सुन एवं समझ सकते हैं।

(ग) दूरदर्शन-परिपूरक साधन का आधार–जब दूरदर्शन शिक्षा और शिक्षण के अन्य स्रोत के रूप में कार्य करता है अथवा उनके परिपूरक के रूप में कार्य करता है तो उसे दूरदर्शन-परिपूरक साधन का आधार माना जाता है। जब यह सभी शिक्षण प्रक्रियाओं के आधार के रूप में कार्य करता है तो उसे परिपूरक दूरदर्शन की संज्ञा दी जाती है।

2. बन्द परिपथ दूरदर्शन–इस प्रकार के दूरदर्शन का फायदा सबसे ज्यादा अध्यापक प्रशिक्षार्थियों को होता है, जिसमें वह जब चाहे, जिस पहलु को चाहे आसानी से देख और समझ सकता है। इतना ही नहीं, अगर छात्र चाहे तो उसे किसी बिन्दु पर रोककर उस पर वार्त्ता कर सकता है। ऐसा कर वह अपने सन्देहों का आसानी से निवारण कर सकता है। इसके तहत वीडियो टेप द्वारा सारी शिक्षण व्यवस्था को टेप किया जाता है, बाद में कैसेट के द्वारा कक्षा में उसे प्रसारित किया जाता है। इसमें जहाँ

एक तरफ दूरदर्शन द्वारा शिक्षण किया जाता है, वहीं दूसरी तरफ आवश्यकतानुसार वार्त्ता, प्रतिपुष्टि, सुधार एवं सुझाव भी दिया जा सकता है और साथ-साथ अध्यापक, छात्र अपने द्वारा किए जा रहे शिक्षण को भी देख सकता है तथा पाठ को पीछे करके (Play Back) कार्य का भी अवलोकन कर सकता है। लेकिन इसकी प्रसारण सीमा कम होती है। कभी तो सीधे कैसेट से तो, कभी केबिल के माध्यम से और कभी सूक्ष्म तरंगों (Microwaves) के माध्यम से एक संस्था से दूसरी संस्था तक पहुँचाया जाता है। इसका प्रयोग भारतवर्ष में सर्वप्रथम सन् 1955 में दिल्ली, बम्बई, मद्रास, कलकत्ता में किया गया।

3. उपग्रह निर्देशन दूरदर्शन प्रयोग—इस प्रकार के दूरदर्शन का प्रयोग सर्वप्रथम् सन् 1965 में यूनेस्को (UNESCO) ने किया जिसका लाभ पूरे विश्व को मिला। भारतवर्ष में इस प्रकार 'साइट' का प्रयोग सन् 1975 में किया गया और अगर हम आज दूरदर्शन के प्रयोग के विकास पर दृष्टिपात करें तो पता चलता है कि सारा प्रसारण ही 'साइट' से किया जा रहा है। इसमें न केवल शैक्षिक प्रसारण, वरन् मनोरंजन, कृषि, विज्ञान, व्यवसाय, स्वास्थ्य, परिवार-नियोजन एवं राष्ट्रीय एकता आदि से सम्बन्धित अनेकानेक कार्यक्रम दिखाए जा रहे हैं। इससे बालक में अनेक ऐसी चीजों की भी जानकारी हो रही है, जिसे वह मात्र कक्षा अथवा किताब द्वारा नहीं समझ एवं जान सकता था, जैसे—पर्यावरण, कुपोषण, प्राकृतिक संसाधनों का दोहन एवं शोषण, वैज्ञानिक अभिवृत्ति एवं सामान्य-ज्ञान आदि सारी चीजों का प्रसार एवं विकास हो रहा है 'साइट' द्वारा प्रसारित शैक्षिक कार्यक्रम पूर्वघोषित एवं समय-सारिणीबद्ध होता है। इस प्रकार के कार्यक्रम भारतवर्ष में डी. डी. 1 पर विशेष रूप से प्रसारित किए जाते हैं। इसका प्रसारण प्रातः एवं दोपहर में होता है, जिसमें क्रमशः सभी विषयों को लिया जाता है।

शैक्षिक दूरदर्शन का उद्देश्य

ज्यों-ज्यों दूरदर्शन का कार्यक्षेत्र बढ़ता जा रहा है, त्यों-त्यों इसके उद्देश्य में भी वृद्धि होती जा रही है, जैसे—

1. औपचारिक शिक्षा के विषयों को और अधिक तकनीकी, व्यवहारपरक एवं जीवन्त बनाए रखना।
2. शैक्षिक उपलब्धता को आम लोगों तक पहुँचाना।
3. दूरदराज, साधनविहीन क्षेत्रों के निवासियों को शिक्षा एवं शैक्षिक कार्यक्रमों से परिचित कराना।

4. साक्षरता का प्रचार एवं प्रसार करना।
5. सामान्य/मध्यम/विशिष्ट बालकों को शैक्षिक कार्यक्रमों से जोड़ना।
6. प्रभावशाली सम्प्रेषण से शिक्षा के प्रति बालकों में रुचि पैदा करना।
7. समाज के सभी वर्गों में नवचेतना एवं जागरण विकसित करना।
8. अनुदेशनात्मक प्रणाली से लोगों में विशेष रूप से ग्रामीणों में शिक्षा के प्रति रुचि का विकास करना।
9. दूरदर्शन का व्यावहारिक उपयोग करना।
10. देश के सामाजिक, सांस्कृतिक एवं आर्थिक विकास के लिए दूरदर्शन योजना का उपयोग करना।
11. राष्ट्रीय/अन्तर्राष्ट्रीय एकता की भावना के विकास के लिए उपयोग करना।
12. विद्यालयी/विश्वविद्यालयी शिक्षा से वंचित लोगों को शिक्षित करना।
13. अवकाश के क्षणों का उपयोग करना।
14. औपचारिकेतर एवं दूरस्थ शिक्षा के प्रचार एवं प्रसार में मदद करना।
15. सेवाकालीन अध्यापकों को शिक्षण की नवीन तकनीकों, विधियों की जानकारी देना।
16. सतत एवं अनवरत शिक्षा की सुलभता को सुनिश्चित करना।
17. लोगों को दिन-प्रतिदिन की घटनाओं से अवगत करना।
18. व्यवसाय एवं प्रौद्योगिक चरण, प्रशिक्षण एवं नवीन जानकारी देना।

शैक्षिक दूरदर्शन के कार्य-क्षेत्र

इस प्रकार के दूरदर्शन द्वारा शैक्षिक तथा सामुदायिक कार्यक्रम प्रस्तुत किया जाता है, इसलिए इसे कुछ लोग 'सामुदायिक दूरदर्शन' (Community T.V.) के नाम से भी सम्बोधित करते हैं। अतः 'फेडरल कम्यूनिकेशन कमीशन' (Federal Communication Commission) ने शैक्षिक टी. वी. के प्रमुख छः क्षेत्र बताए हैं–

1. सार्वभौम शिक्षा एवं सांस्कृतिक सुधार।
2. प्रौढ़ों के लिए अनौपचारिकेतर अनुदेशन।
3. व्यवसाय-स्थल एवं घर पर अनुदेशन।
4. बच्चों के कार्यक्रम।
5. विद्यालयी अनुदेशन।
6. साक्षर प्रौढ़ों के लिए औपचारिक शिक्षा एवं अनुदेशन सेवाएँ उपलब्ध कराना।

शैक्षिक दूरदर्शन की विशेषताएँ

उपरोक्त अध्ययन के आधार पर यह पता चलता है कि शैक्षिक दूरदर्शन की एक नहीं, अनेक विशेषताएँ होती हैं, जो अधोलिखित हैं–

1. दूरदर्शन एक ही साथ दो कार्य 'सुनना एवं देखना' करता है।
2. यह सम्प्रेषण का सबसे सशक्त माध्यम है।
3. शिक्षण के नवाचारों में से दूरदर्शन एक महत्त्वपूर्ण नवाचार है।
4. शिक्षण कौशल को विकसित करने का एक माध्यम है।
5. यह ध्यान केन्द्रित करने का एक साधन है।
6. इसके द्वारा कम समय में अधिक जानकारी दी जाती है।
7. यह माध्यम कम खर्चीला साधन है।
8. दूरदर्शन कम समय में बिना शारीरिक श्रम के अधिक जानकारी देता है।
9. अधिगमकर्त्ता को उत्साहित करता है।
10. यह श्रोताओं तथा अधिगमकर्त्ताओं को प्रेरित करना है।
11. इसमें सभी प्रकार की सहायक-सामग्री अथवा दृश्य-श्रव्य सामग्री का भरपूर प्रयोग किया जा सकता है।
12. इसके माध्यम से अध्यापक/छात्र दोनों अपना मूल्याँकन कर सकते हैं।
13. इस तरह के शिक्षण माध्यमों से अध्यापक अपनी कमियों का पता लगाकर उसे दूर कर सकता है।
14. इसके माध्यम से छात्र/अभिभावक सभी को आसानी से समझाया जा सकता है।
15. यह सभी आयु/वर्ग के लोगों के लिए समान महत्त्ववाला साधन है।
16. यह आज का सम्प्रेषण का सशक्त माध्यम है।

उपरोक्त विशेषताओं के कारण यह समाजशास्त्र शिक्षण में बहुत ही उपयोगी है।

उपग्रह अनुदेशनात्मक दूरदर्शन एवं शैक्षिक कार्यक्रम

वर्तमान समय से दूरदर्शन के आयामों में बड़ी तेजी के साथ परिवर्तन होता जा रहा है। उसी क्रम से शैक्षिक दूरदर्शन को और अधिक प्रसारित एवं प्रस्तुति करने के लिए 'उपग्रह अनुदेशनात्मक दूरदर्शन योजना' (Site) की व्यवस्था हुई। अतः इसके कतिपय उद्देश्य निर्धारित किए गए हैं, जिसकी पूर्ति के लिए अग्रलिखित बातों का पालन किया जाता है।

1. शैक्षिक कार्यक्रम का विकास एवं अपेक्षित सुधार—इसकी जहाँ अनेक भूमिकाएँ हैं वहीं पर जो शैक्षिक कार्यक्रम चलाए जा रहे हैं, उनमें आवश्यकतानुसार तथा समय की माँग के अनुसार अपेक्षित सुधार एवं परिमार्जन करना भी इसकी भूमिका के तहत आता है।

2. अनुदेशनात्मक कौशलों में सुधार एवं विकास—शिक्षण की जो भी तकनीक अथवा कौशल वर्तमान में चल रही है, उसमें अपेक्षित सुधार तथा नवीन कौशलों को विकसित करने तथा लोगों को उससे अवगत कराने का कार्य भी इसके द्वारा किया जाता है।

3. सामाजिक, सांस्कृतिक एवं वैज्ञानिक प्रगति में सही दृष्टिकोण का विकास—इस प्रकार के दूरदर्शन की, जहाँ पर अनेक प्रकार की भूमिकाएँ हैं, वहीं पर पूर्व एवं वर्तमान सामाजिक, सांस्कृतिक एवं वैज्ञानिक कमियों का पता लगाकर उसे दूर करना भी है, साथ-ही-साथ उसकी प्रगति के विषय में लोगों के सामने सही दृष्टिकोण प्रस्तुत करना भी है।

4. अध्यापकों में सुधार—इसके माध्यम से अध्यापकों की शिक्षण तकनीकों/विधियों आदि की कमियों को दूर करके तथा उन्हें नवीन तकनीकों/विधियों से परिचित कराया जाता है, जिससे उनका शिक्षण रुचिकर एवं सजीव बना रहे।

5. छात्रों के स्वभाव में आवश्यकतानुसार सुधार—चूँकि आज का बालक कल सभी कार्यों का उत्तरदाई होगा। अतः वर्तमान समय में उसे नवीन क्रिया-कलापों से परिचित कराना भी दूरदर्शन का उद्देश्य है, इसलिए उसमें अच्छे गुणों का विकास हो, इसका भी श्रीगणेश विद्यार्थी में प्रारम्भिक अवस्था में ही किया जाना चाहिए।

6. शैक्षिक योजनाओं के प्रति सही दृष्टिकोण का विकास—इस प्रकार के शैक्षिक माध्यमों का यह भी उत्तरदायित्व बनता है कि शैक्षिक योजनाओं एवं शैक्षिक योजना बनाने वालों के प्रति लोगों का सही दृष्टिकोण होना चाहिए, अतः इस बात का भी यह ध्यान रखता है।

उपग्रह अनुदेशनात्मक दूरदर्शन योजना का शैक्षिक महत्त्व

भारतवर्ष जैसे विशाल आबादीवाले देश के सभी नागरिकों को सहज एवं सुलभ शिक्षा देकर साक्षर बनाना कोई आसान कार्य नहीं है, किन्तु अच्छे नागरिक बनाना देश का परम कर्त्तव्य है। ऐसी स्थिति में ऐसे उपकरणों, मशीनों, वैज्ञानिक तरीकों आदि की तलाश करना भी अत्यन्त जरूरी है, चूँकि आधुनिक मानव के रहन-सहन, खान-पान, संस्कृति एवं समाज में भयंकर परिवर्तन हुआ है, जिस पर अधिक प्रभाव आधुनिक विज्ञान

एवं तकनीक का पड़ा है, जिसने मानव जीवन धारा को ही एक विशिष्ट धारा की ओर मोड़ दिया है, फिर उस परिवर्तन से शिक्षा एवं शिक्षण जगत् अछूता कैसे रह सकता है। अतः उसी विकास क्रम के रास्ते में एक पड़ाव के रूप में दूरदर्शन एवं उपग्रह अनुदेशनात्मक दूरदर्शन योजना (SITE) है। इसका कतिपय शैक्षिक महत्त्व है।

एलेन हेनमोक के अनुसार–

1. दूरदर्शन, अध्यापक के अन्य साधनों के साथ सामंजस्य रखते हुए विभिन्न विषयों का स्तरानुकूल शिक्षण करने में सक्षम है।
2. दूरदर्शन, घर तथा कक्षा दोनों में वास्तविक वातावरण बनाता है।
3. इसके द्वारा औपचारिक तथा अनवरत् शिक्षा के कार्यक्रमों को सफलतापूर्वक क्रियान्वित किया जा सकता है।
4. इस माध्यम के द्वारा प्रौढ़ों को साक्षर बनाया जा सकता है।
5. शिक्षा से वंचित लोगों को ज्ञानार्जन कराने में मदद देता है।
6. यह छात्रों को उच्चस्तरीय विषय का ज्ञान देता है एवं नित्य हो रहे नवीन शोधों के विषय में विधिवत् जानकारी देता है।
7. सीमित संसाधनों तथा सीमित समयों की कमी को यह पूरा करता है।
8. यह सूक्ष्म एवं अतिसूक्ष्म चीजों को बड़ी आसानी से लोगों तक पहुँचाता है।
9. यह अध्यापकों, छात्रों एवं अभिभावकों में सृजनात्मक शक्ति का विकास करता है।
10. दूरदर्शन अध्यापकों, नवीन छात्रों एवं अभिभावकों को जानकारी के लिए प्रेरित करता है।
11. विभिन्न वैज्ञानिक एवं अभियांत्रिकी उपकरणों को दूरदर्शन के माध्यम से सफलतापूर्वक दर्शाया जा सकता है।
12. शिक्षण को अधिक रोचक, सजीव एवं सरस बनाने में दूरदर्शन की अहम भूमिका होती है।

अन्य महत्त्व

1. दर्शन इसमें देखने एवं सुनने दोनों का कार्य एक साथ करता है।
2. विद्यालयों में जो प्रयोग एवं अनुसंधान सामान्यतया अनुपलब्ध रहता है, उसे इसके द्वारा आसानी से दर्शाया जाता है।
3. सुदूर क्षेत्रों की घटनाओं को तत्काल सजीव रूप में प्रस्तुत करता है।

4. विषय विशेषज्ञों, जो सामान्य रूप से विद्यालय में उपलब्ध नहीं हो सकता, उनके द्वारा विषयों को यह प्रस्तुत करता है।
5. यह धीरे-धीरे शिक्षा-शिक्षण के सामूहिक माध्यम शिक्षा (Mass Media Education) का प्रयोग कर रहा है।
6. छात्र-प्रवेश की समस्या तथा नियमित उपस्थिति से बचाता है।
7. व्यावहारिक ज्ञान से बालकों के स्वास्थ्य एवं मानसिक स्वास्थ्य दोनों में विकास होता है।
8. बालकों में उचित आदतों, रुचियों तथा जीवन-मूल्यों तथा समायोजन करने की क्षमता का विकास होता है।
9. छात्र विभिन्न प्रकार के प्रदूषणों की जानकारी लेकर उससे बच सकता है।
10. विभिन्न प्रकार से किए जा रहे प्राकृतिक संसाधनों के शोषण से वर्तमान एवं भविष्य में होनेवाले नुकसान से छात्रों को परिचित कराता है तथा उससे बचने का उपाय प्रस्तुत करता है।
11. सामुदायिक विकास कार्यक्रमों के विषयों से आम आदमी को परिचित कराना।
12. संगठित बैठकों, गोष्ठियों तथा सम्मेलनों के विचार-विमर्श से लोगों को अवगत कराना।
13. छात्र विभिन्न विषयों के विषय में सामान्य एवं विशिष्ट जानकारी ले सकते हैं।
14. छात्र प्रत्यक्षीकरण के माध्यम से अधिक तीव्रता एवं रुचि लेता है।
15. छात्रों में राष्ट्रीय एवं अन्तर्राष्ट्रीय स्तर पर सद्भावना का विकास सम्भव हो सकता है।
16. छात्रों, अभिभावकों विशेष रूप से ग्रामीण क्षेत्र के लोगों में शिक्षा के प्रति रुचि विकसित करता है।

दूरदर्शन कार्यक्रम का नियोजन

दूरदर्शन के माध्यम से अनेक कार्यक्रम प्रस्तुत किए जाते हैं। इसके लिए कार्यक्रम को अच्छी तरह से सोच समझकर तथा सावधानीपूर्वक नियोजन तथा क्रियान्वित किया जाता है। इसके लिए भारत सरकार ने प्रमुख छः प्रदेशों—आन्ध्र प्रदेश, बिहार, गुजरात, महाराष्ट्र, उड़ीसा एवं उत्तर प्रदेश में एक-एक शैक्षिक टी.वी. केन्द्रों की स्थापना की है जिसका नियोजन एव नियन्त्रण 'स्टेट कौंशिल ऑफ

एजूकेशनल रिसर्च एवं ट्रेनिंग' (SCERT) अथवा 'इन्स्टीट्यूट ऑफ एजूकेशन' (SIE) करता है। इसमें विषय के विशेषज्ञों को आमन्त्रित करके प्रोग्राम का नियोजन किया जाता है। अतएव सम्पूर्ण नियोजन निम्न प्रमुख चरणों में किया जाता है–

1. कार्यक्रम का चयन–किसी कार्यक्रम की पृष्ठभूमि उसके कार्यक्रम का चयन है। इसके चयन के समय प्रमुख तीन बातों–(i) किस शैक्षिक स्तर के लिए कार्यक्रम तैयार किया गया है, (ii) छात्रों के मानसिक स्तर की जानकारी करना एवं (iii) कार्यक्रम पाठ्यक्रम से सम्बन्धित हो। इसलिए कार्यक्रम के प्रसारण के पूर्व उसकी अवधि तथा सम्पूर्ण उद्देश्य का पुनरीक्षण किया जाता है, साथ-साथ यह देख लिया जाता है कि कार्यक्रम रुचिकर, आकर्षक, सहज एवं ज्ञानवर्धक होना चाहिए।

2. कार्यक्रम की तैयारी–इस सोपान में इस बात की आवश्यकता पड़ती है कि जो भी कार्यक्रम दिखाए जा रहे हैं, उसकी सूचना अध्यापकों एवं छात्रों को पूर्व में ही दे दी जानी चाहिए, जिससे वे उसके विषय में तैयार रहें तथा स्पष्ट रूप से समझ सकें। इसे बुलेटिन आदि के माध्यम से श्रोता तक पहुँचा दिया जाना चाहिए, तभी पूरा लाभ सम्भव है।

3. प्रस्तुतीकरण–दूरदर्शन द्वारा जब भी कोई शैक्षिक कार्यक्रम प्रस्तुत किया जाए तो कक्षा में अग्रलिखित बातों पर विशेष ध्यान दिया जाना चाहिए–

(*i*) कक्षा का वातावरण पूर्णतः शान्त होना चाहिए।

(*ii*) छात्र की दूरी टी.वी. सेट से 6' - 7' दूर होनी चाहिए।

(*iii*) कक्षा में सामान्य प्रकाश होना चाहिए, जिससे छात्र लिख सकें।

(*iv*) टी.वी. सेट की आवाज कक्षानुरूप होनी चाहिए।

(*v*) टी.वी. सेट की ऊँचाई 5' - 6' होनी चाहिए, जिससे कक्षा के सभी छात्र देख सकें।

(*vi*) निर्धारित समय पर T.V. सेट खोल देना चाहिए।

(*vii*) महत्त्वपूर्ण बातों को नोट करना जरूरी है।

(*viii*) जरूरी कार्यक्रमों के विषय में हो तो अध्यापक अपनी टिप्पणी अवश्य दे दें। अगर समय हो तो।

4. अनुवर्ती कार्यक्रम–इस सोपान के तहत अध्यापक यह पता लगाता अथवा मूल्याँकन करता है कि जो कार्यक्रम बालक ने देखा एवं समझा, वह कहाँ तक अथवा कितना प्रभावशाली रहा। अगर जरूरी हुआ तो अध्यापक उस कार्यक्रम की पुनरावृत्ति करता है, वस्तुतः इसमें छात्र की बोधगम्यता का पता लगाया जाता है।

साथ-साथ अध्यापक, छात्रों के अधिगम को और अधिक सफल एवं स्पष्ट बनाने के लिए उस पर चर्चा-परिचर्चा, उदाहरण, प्रश्नोत्तर एवं व्याख्यान आदि विधियों का सहारा लेता है, जिससे छात्र की ग्राह्यता की परख कर सकें एवं छात्र को और सफल बना सकें।

शैक्षिक दूरदर्शन की सीमाएँ

दूरदर्शन के जहाँ पर एक तरफ बहुत सारे लाभ बताए गए हैं, वहीं पर इसकी कतिपय सीमाएँ भी हैं, जैसे–

1. इसमें कहीं पर भी विद्यालयी अथवा कक्षा-कक्ष का वातावरण नहीं बनता।
2. छात्र अपनी कठिनाइयों का निवारण नहीं कर सकता।
3. अध्यापक एवं छात्र में अन्तःक्रिया का कोई स्थान नहीं होता।
4. दूरदर्शन द्वारा किया गया शिक्षण एक प्रकार से एकपक्षीय संवाद है।
5. पाठ प्रस्तुतकर्त्ता (अध्यापक) को यह पता नहीं चल पाता कि छात्र इससे लाभान्वित हो रहा है अथवा नहीं और लाभान्वित है तो कहाँ तक आदि।
6. दूरदर्शन की शिक्षण प्रक्रिया की गति एवं छात्र के अधिगम के बीच तालमेल का पूर्णतः अभाव रहता है।
7. कभी-कभी इसके द्वारा प्रस्तुत कार्यक्रम अत्यन्त उबाऊ एवं बोझिल हो जाता है।
8. शिक्षा का लक्ष्य बालक के वैयक्तिक भिन्नता (रुचियों, अभिरुचियों, व्यक्तित्त्व विकास एवं मानसिक क्षमता) का विकास करना है, जो इस माध्यम से सम्भव नहीं है।
9. शिक्षण प्रक्रिया का प्रमुख आधार अध्यापक-शिक्षार्थी का परस्पर विचारों का आदान-प्रदान है, जिसका इसमें पूर्णतः अभाव रहता है।
10. दूरदर्शन, जहाँ एक तरफ विज्ञान एवं तकनीक के विकास से बालकों को प्रभावित करता है, वहीं दूसरी तरफ हमारी संस्कृति, संस्कारों, मूल्यों तथा परम्पराओं पर इसका बड़ा बुरा असर पड़ता जा रहा है, जिसकी भरपाई कर पाना एक असम्भव कार्य होगा।
11. प्रोग्राम के प्रस्तुतीकरण की समय-सारिणी में छात्र की मजबूरियों तथा परेशानियों का कोई भी ध्यान नहीं रखा जाता है।
12. किस सीमा तक अन्य संसाधनों के स्रोतों का उपयोग किया जाए, की जानकारी नहीं रहती।

13. बिजली अथवा पावर सप्लाई का दूरदर्शन के इस प्रसारण से कोई तालमेल नहीं है। जिससे छात्र उसे देख सकता है अथवा नहीं। वस्तुतः इसका दिनों-दिन अभाव होता जाता है।

भारत में शैक्षिक दूरदर्शन

सन् 1936 बी.बी.सी. लन्दन से चलकर 15 सितम्बर 1959 को भारत में पहुँचा दूरदर्शन के विकास का सफर अब नेटवर्क (Net-work) 523 ट्रांस्मीटरों पर प्रसारित हो रहा है, जिसके 159 उच्च शक्तिवाले, 371 लघु शक्तिवाले तथा 75 अति लघुशक्ति वाले ट्रांसमीटर हैं तथा 18 ट्रांस्पोसर्स (Transposers) हैं। इसके अलावा लगभग 20 से अधिक ही ऐसे केन्द्र हैं, जहाँ पर कार्यक्रम तैयार किए जाते हैं।

इसी कड़ी में भारत ने दूरदर्शन में उपग्रह तकनीक (Satellite Technology) का प्रयोग सन् 1975 में प्रारम्भ किया, जिसका विस्तार दिनों-दिन होता चला जा रहा है। प्रारम्भ में 6 राज्यों में उपग्रह तकनीक द्वारा शिक्षण प्रारम्भ किया गया तथा 8वीं पंचवर्षीय योजना में लगभग 16 राज्यों की राजधानियों द्वारा इसके माध्यम से शैक्षिक कार्यक्रम प्रस्तुत किया जाएगा, ऐसा विचार था।

इसी विकास की कड़ी में इनसेट 1-A, 1-बी, 1-सी एवं 1-डी तक निर्माण करके सम्प्रेषित किया जा रहा है। सन् 1991 में इनसेट-2, इनसेट 2-ए, का प्रसारण प्रारम्भ हो गया है और भारत सरकार ने 2-सी, 2-डी, 2-ई के प्रक्षेपित करने की मंजूरी दे दी है। इन सभी इनसेटों के द्वारा शिक्षा कार्यक्रम कुछ समय के लिए अवश्य दिखाए जाते हैं। इसमें एक तरफ अनौपचारिक तथा अनौपचारिकेतर शिक्षा के विस्तार की व्यवस्था है तो दूसरी तरफ मौसम, विज्ञान तथा अन्य विज्ञान, सामाजिक विषयों एवं साहित्यिक विषयों की जानकारी दी जाती है। इसी विकास की कड़ी में 'मुक्त विश्वविद्यालय' (Open University) तथा 'मुक्त विद्यालय' (Open School) एक मूर्त्त रूप में आज हमारे सामने हैं। इन सभी केन्द्रों में अहमदाबाद स्थित अनुसंधान संगठन एवं विज्ञान विभाग के तहत विकास एवं संचार यूनिट की स्थापना की गई, जो प्रसारण, विकास और शिक्षा से सम्बन्धित प्रयोग के तौर पर कार्यक्रम तैयार करता है तथा देश-विदेश से सम्बद्ध क्षेत्रों में प्रशिक्षण, निर्देशन मदद एवं परामर्श सेवाएँ प्रदान करता है। साथ-साथ 'भारतीय अन्तरिक्ष अनुसंधान संगठन' पूरे देश में ऐसी संस्थाओं की खोज करता है, जहाँ से इस प्रकार के कार्यक्रम तैयार एवं प्रस्तुत किए जाएँ।

जैसा की उपर बतलाया गया है कि यह सामाजिक विषयों के विशलेषण में यह बहुत ही उपयोगी है। अतएव समाजशास्त्र शिक्षण में इसने अपनी उपादेयता सिद्ध कर दिया है।

दूरस्थ शिक्षा

'दूरस्थ शिक्षा' वर्तमान शैक्षिक परिस्थितियों में एक विकसित प्रत्यय है। यह अपनी प्रकृति में व्यापक अवधारणा है। इसमें अध्यापक एवं विद्यार्थी दूरी के कारण एक-दूसरे से पृथक-पृथक हो जाते हैं। इसमें शिक्षण तथा सीखने की प्रक्रिया में वैयक्तिक (Personal) तत्व का भी अभाव होता है। इसमें शिक्षा अवैयक्तिक रूप से प्रदान की जाती है। इसमें सीखने की प्रक्रिया पुस्तकों, मुद्रित सामग्री, इलेक्ट्रॉनिक संदेशों आदि के माध्यम से चलती है।

दूरस्थ शिक्षा को एक अभिनव प्रयोग माना जा सकता है। दूरस्था शिक्षा मूलतः ऐसे बालकों अथवा प्रौढ़ों के लिए है जो विभिन्न कारणों से नियमित रूप से औपचारिक शिक्षा प्राप्त करने में असमर्थ रहे हों। कहने का तात्पर्य यह है कि इस शिक्षा का सम्बन्ध उन व्यक्तियों को दूरी से शिक्षा प्रदान करने से है जो किन्हीं विशेष कारणों से औपचारिक शिक्षा का लाभ प्राप्त करने से वंचित रह जाते हैं अथवा प्राप्त करने में असमर्थ हैं। दूरस्थ शिक्षा के सन्दर्भ में **प्रो. बोर्ज होमबर्ग** का मत है–"दूरस्थ अध्ययन अथवा दूरस्थ अध्ययन कोर्स एक कृत्रिम सम्वाद सम्बन्धी अधिगम अवसर है जिसमें सीखने वाले एवं सिखाने वाले संगठन के बीच की भौगोलिक दूरी को एक कृत्रिम निर्देशक द्वारा समाप्त किया जाता है।"

दूरस्थ शिक्षा को कई नामों से जाना जाता है, यथा–'पत्राचार शिक्षा' (Correspondence education), 'गृह-अध्ययन' (Home study), 'स्वतंत्र अध्ययन' (Independent study), 'बाह्य अध्ययन' (External study), 'खुला अधिगम' (Open learning), 'खुली शिक्षा' (Open education) आदि। आस्ट्रेलिया में इसे **'बाह्य पद्धति'** (External System) की संज्ञा दी गई है। नार्थ अमेरिका में यह 'स्वतंत्र अध्ययन' (Independence Study) के नाम से प्रख्यात है। फ्रांस में इसे 'टेली एनसाइनमेण्ट' (Tele-enseignement) के नाम से जाना जाता है। जर्मनी में यह 'Fernunterrichit' के नाम से प्रसिद्ध है। भारत में इसके लिए तीन पदों का प्रयोग किया जा रहा है–

(अ) 'एक्सटर्नल एपीरियेन्स'–इसमें विश्वविद्यालय छात्र को व्यक्तिगत रूप से परीक्षा देने के लिए अनुमति प्रदान की जाती है। अगर वह पास हो जाता है तो

उसे डिग्री मिल जाती है। इसमें छात्र को शिक्षा प्रदान करने का कोई दायित्व विश्वविद्यालय अपने ऊपर नहीं लेता है। इस व्यवस्था में शिक्षा ग्रहण करने का दायित्व छात्र स्वयं अपने ऊपर लेता है। इसको दूरस्थ शिक्षा नहीं माना जा सकता क्योंकि इससे शिक्षण का दायित्व किसी नियोजित साधन पर नहीं है।

(ब) पत्राचार-शिक्षा–भारत में यह शिक्षा बहुत लोकप्रिय है।

(स) दूरस्थ शिक्षा–दूरस्थ शिक्षा आधुनिक सम्प्रेषण तकनीकियों (Communication technologies) का प्रतिफल है। इसमें अग्रलिखित तकनीकियाँ सम्मिलित हैं–

(i) पत्राचार अथवा दूरस्थ शिक्षण
(ii) स्व-अनुदेशात्मक सामग्री
(iii) छात्र सहायक सेवाएँ
(iv) योजनाबद्ध मूल्यांकन
(v) बहु-माध्यम उपागम।

दूरस्थ शिक्षा की विशेषताएँ

दूरस्थ शिक्षा के अर्थ को और अधिक स्पष्ट करने के लिए उसकी कुछ विशेषताओं को आगे प्रस्तुत किया जा रहा है–

1. दूरस्थ शिक्षा परम्परागत शिक्षा से अलग है। इसमें अध्यापक छात्रों तक पहुँचता है।
2. दूरस्थ शिक्षा में सम्प्रेषण-माध्यमों के प्रयोग को अधिक महत्त्व दिया जाता है।
3. इसके द्वारा 'खुले अधिनियम' (Open Learning) के लिए परिस्थितियाँ पैदा की जाती हैं।
4. इसमें शिक्षार्थी को अध्ययन से पूर्ण स्वतन्त्रता मिलती है।
5. इसमें रेडियो, दूरदर्शन एवं अन्य संचार माध्यमों का प्रयोग शिक्षा के लिए किया जाता है। इसलिए यह बहु-माध्यम उपागम है।
6. इसके प्रयोग से शिक्षण में गुणात्मक विकास किया जा सकता है।
7. यह शिक्षा खुले विश्वविद्यालय, पत्राचार-पाठ्यक्रम, सतत् शिक्षा एवं खुले-अधिगम के सम्पादन में महत्त्वपूर्ण योग देती है।

उपरोक्त विशेषताओं के आधार पर यह कहा जा सकता है कि दूरस्थ शिक्षा समाजशास्त्र शिक्षण के लिए भी उपयोगी है।

दूरस्थ शिक्षा के उद्देश्य

दूरस्थ शिक्षा के प्रमुख उद्देश्य निम्नलिखित हैं–

(1) उन सीखने वालों को सीखने का मौका प्रदान करना जो कम आय, अधिक आय व दूरी के कारण अपनी शिक्षा को कायम रखने में असमर्थ होते हैं।

(2) सीखने वालों की उनकी रुचियों से सम्बन्धित विभिन्न क्षेत्रों में हुए वर्तमान विकास एवं सुधारों से अवगत कराना।

(3) उन सीखने वालों को अपनी रुचि के विषयों और भाषाओं को अपनी गति तथा अपनी सुविधानुसार सीखने के योग्य बनाना, जो इनको औपचारिक शिक्षा के कठोर नियमों एवं समय-तालिका के कारण नहीं सीख सके थे।

(4) सीखने वालों के ज्ञान को समृद्ध बनाना।

समाजशास्त्र शिक्षण में दूरस्थ शिक्षा की आवश्यकता

यह शिक्षा निम्न कारणों से आवश्यक है–

(1) समाजशास्त्र शिक्षण में गुणात्मक सुधार के लिए।

(2) समाजशास्त्र शिक्षण को प्रासंगिक बनाने के लिए।

(3) समाजशास्त्र शिक्षण के क्षेत्र में निहित विषमताओं को दूर करने के लिए।

भारत में दूरस्थ शिक्षा

भारत में दूरस्थ शिक्षा के विकास की प्रबल सम्भावनाएँ हैं। स्वतन्त्रता के 57 वर्षों के पश्चात् भी अभी हम संविधान के निर्देशों का भी पालन नहीं कर सके हैं अर्थात् संविधान की धारा 45 के अनुसार 6 से 14 वर्ष तक की आयु के सभी बालक-बालिकाओं को विद्यालय पहुँचाने का कार्य 1960 तक पूर्ण करने का लक्ष्य था। अनेक पंचवर्षीय योजनाओं, आयोगों, समितियों तथा कार्यदलों के गठन के पश्चात् भी हम इस लक्ष्य की प्राप्ति में असफल रहे हैं। सारे प्रयासों के पश्चात् भी हम 6 से 14 वर्ष तक के बच्चों के लिए जरूरी विद्यालय भवनों, पाठ्य-सामग्री, अध्यापकों आदि की व्यवस्था नहीं कर सके हैं। **चतुर्थ अखिल भारतीय शैक्षिक सर्वेक्षण** (30-9-1978) के अनुसार लगभग 57 प्रतिशत प्राथमिक विद्यालय अथवा तो कच्चे भवनों, झोपड़ियों, तम्बुओं अथवा खुले स्थानों में लग रहे थे। देश के कुल प्राथमिक स्कूलों में पीने का पानी और अन्य सुविधाएँ केवल 21 प्रतिशत विद्यालयों में ही थीं। एक-चौथाई विद्यालयों में बैठने के लिए टाट-पट्टी तक नहीं थी। देश

के लगभग 49 प्रतिशत प्राथमिक विद्यालयों में श्यामपट्ट तक नहीं थे। वर्तमान में इन सुविधाओं में कुछ सुधार अवश्य हुआ, फिर भी इनका अभाव है। इसी कारण 1986 की राष्ट्रीय शिक्षा नीति में पूरे देश में प्राथमिक विद्यालयों की दशा को सुधारने के लिए एक क्रमिक अभियान प्रारम्भ करने पर जोर दिया गया। इस अभियान को 'ऑपरेशन ब्लैक बोर्ड' की संज्ञा दी गई। साथ ही शिक्षा नीति में इस बात पर जोर दिया गया है कि ऐसे बच्चे, जो बीच में विद्यालय छोड़ गये हैं अथवा ऐसे स्थानों पर रहते हैं जहाँ विद्यालय नहीं हैं, अथवा जो काम में लगे हैं, और वे लड़कियाँ, जो दिन के विद्यालय (Day School) में पूरे समय के लिए नहीं जा सकती हैं, इन सबके लिए एक विशाल और व्यवस्थित निरौपचारिक शिक्षा का कार्यक्रम चलाया जायगा। निरौपचारिक शिक्षा केन्द्रों में अधिगम प्रक्रिया को सुधारने के लिए आधुनिक प्रौद्योगिकी के उपकरणों का प्रयोग किया जायेगा।

आज देश में लगभग 8,111 से अधिक महाविद्यालय तथा 196 से अधिक विश्वविद्यालय एवं राष्ट्रीय संस्थाएँ तथा विश्वविद्यालय के समकक्ष संस्थाएँ हैं। लेकिन 1985 में 17 से 23 आयु-वर्ग के केवल 6 प्रतिशत बालक-बालिकाएँ ही उच्च शिक्षा-संस्थाओं में थे। यह केवल संख्यात्मक अनुमान है। गुणात्मक दृष्टि से सही स्तर की केवल सीमित ही संस्थाएँ होंगी। अतएव ये 6 प्रतिशत छात्र भी सही ढंग की शिक्षा प्राप्त नहीं कर रहे हैं। 14 वर्ष से बड़ी आयु-वर्ग के सभी लड़के-लड़कियों के लिए हाई स्कूलों, महाविद्यालयों, विश्वविद्यालयों और तकनीकी शिक्षा की उच्च शिक्षा-संस्थाओं की व्यवस्था करना लगभग असम्भव-सा प्रतीत होता है। वर्तमान स्थिति में इस आयु-वर्ग के अन्य छात्रों अथवा नौकरी अथवा व्यवसाय में लगे अन्य व्यक्ति शिक्षा प्राप्त करने के इच्छुक हों तो हम उनके लिए अतिरिक्त व्यवस्था कर सकने में और सक्षम हैं।

राष्ट्रीय शिक्षा नीति (1986) में उक्त समस्या के समाधान के लिए दूरस्थ शिक्षा को एकमात्र साधन के रूप में देखा गया है। भारत सरकार ने उच्च शिक्षा का अधिक अवसर प्रदान करने तथा शिक्षा को लोकतांत्रिक बनाने के लिए खुले विश्वविद्यालय की प्रणाली आरंभ की और 1985 में इन्दिरा गान्धी राष्ट्रीय मुक्त विश्वविद्यालय की स्थापना की।

दूरस्थ शिक्षा के साधन

(1) **पत्राचार**—पत्राचार के द्वारा छात्रों को विभिन्न विषयों के शिक्षा-विशेषज्ञों द्वारा लिखित पाठ नियत समय पर डाक द्वारा भेजे जाते हैं। अगर किसी समस्या

का समाधान करना है अथवा अगर छात्रों की कोई समस्या है तो वे डाक द्वारा ही पत्राचार विभाग से सम्पर्क स्थापित करके अपना कार्य आगे बढ़ा सकते हैं। इस व्यवस्था में केवल परीक्षा देने के लिए ही छात्र परीक्षा केन्द्र पर जाते हैं। भारत में पत्राचार कोर्स का आरम्भ सर्वप्रथम दिल्ली विश्वविद्यालय में 1961-62 में हुआ। अब लगभग 30 विश्वविद्यालयों द्वारा विशेष रूप से बी.ए., बी.एस-सी., बी.कॉम. के लिए तथा कहीं-कहीं स्नातकोत्तर उपाधियों के लिए पत्राचार-पाठ्यक्रम चलाये जा रहे हैं। प्रादेशिक शिक्षा महाविद्यालयों तथा कुछ विश्वविद्यालयों में बी.एड. की परीक्षा तथा कुछ शिक्षा विभागों में एम.एड. की परीक्षा के लिए पत्राचार कोर्स का सहारा लिया जा रहा है। इन पत्राचार कोर्सों को अधिक सफल बनाने के लिए सम्पर्क कार्यक्रमों (Contact Programmes) भी चलाये जा रहे हैं। 1982 में आन्ध्रप्रदेश, हैदराबाद में स्थापित देश का सर्वप्रथम खुला विश्वविद्यालय (Open University) तथा 19 नवम्बर, 1985 को स्थापित 'इन्दिरा गांधी राष्ट्रीय मुक्त विश्वविद्यालय' नई दिल्ली भी देश भर के इच्छुक व्यक्तियों को शिक्षण देने के लिए मुख्य रूप से पत्राचार कोर्स का प्रयोग कर रहे हैं। व्यावसायिक कार्यों में भी कुछ सीमा तक पत्राचार की विधि को अपनाया जा रहा है। वर्तमान में लगभग 15 लाख व्यक्ति इस साधन से लाभान्वित हो रहे हैं।

(2) दूरदर्शन—टेलीविज़न दूरस्थ शिक्षा का सबसे उपयोगी और प्रभावी साधन है। यह दृश्य-श्रव्य साधन है। इस कारण इससे प्राप्त ज्ञान कहीं अधिक स्थायी होता है। देश-विदेश के स्थान, घटनाएँ, कवियों, लेखकों, अन्य विषयों के विशेषज्ञों, वैज्ञानिकों से साक्षात्कार, उनकी रचनाओं का उनके द्वारा ही पाठ अथवा चर्चा, विज्ञान सम्बन्धी परीक्षण तथा सामान्य ज्ञान का जितनी अच्छी तरह शिक्षण इस माध्यम से होता है, अन्य किसी माध्यम द्वारा सम्भव नहीं। अतः भारत सरकार ने टेलीविज़न के विस्तार की योजना के क्रियान्वयन को उच्च प्राथमिकता दी है। आज देश की बहुत बड़ी जनसंख्या इससे लाभान्वित हो रही है।

दूरदर्शन के लाभ—इससे होने वाले प्रमुख लाभ की चर्चा आगे की जा रही है—

(i) शिक्षा प्राप्त करने के इच्छुक अधिकांश व्यक्ति, मुख्यतः विद्यालय जाने में असमर्थ नारियाँ, स्वाध्यायी छात्र के रूप में ज्ञान ग्रहण करके परीक्षा में बैठ सकती हैं।

(ii) दूरदर्शन के प्रयोग से विद्यालय एवं महाविद्यालय भवनों, अध्यापकों के वेतन, उपकरणों, साज-सज्जा तथा अन्य मदों पर होने वाला व्यय बचाया जा सकेगा। साथ ही दूरदराज के लोग शिक्षा प्राप्त कर सकेंगे, जहाँ विद्यालय स्थापित करना सम्भव नहीं है।

(iii) व्यवसाय और नौकरी में लगे व्यक्ति अपनी सुविधा में आगे शिक्षा प्राप्त करने की इच्छा की पूर्ति कर सकेंगे।

(iv) देश की अधिकांश शिक्षा-संस्थाओं में दृश्य-श्रव्य सामग्री का तथा योग्य अध्यापकों का अभाव इस माध्यम द्वारा पूर्ण किया जा सकेगा।

(v) दूरदर्शन कार्यक्रमों के माध्यम से विषय-वस्तु तथा शिक्षण-विधि में नवीनता तथा परिवर्तन लाया जा सकेगा।

(vi) अध्यापक-शिक्षा के कार्यक्रमों को इसके माध्यम से प्रस्तुत करके अध्यापकों का उन्मुखीकरण हो सकेगा।

(vii) अनुशासनहीनता की समस्या के समाधान में भी सहयोगी है क्योंकि इसके प्रयोग से विद्यालयों की भीड़ को कम किया जा सकेगा।

(viii) दूरदर्शन स्वाध्याय पर अधिक जोर देता है। इस कारण इसके प्रयोग से दूरस्थ शिक्षा अधिक स्थायी हो सकेगी।

(2) रेडियो—रेडियो के द्वारा विद्यालय में बच्चों को पाठ पढ़ाने का कार्यक्रम अनेक वर्षों से चल रहा है। अच्छे विद्यालयों के योग्य अध्यापक प्रसारण केन्द्रों पर पाढ़ पढ़ाने के लिए आमंत्रित किये जाते हैं, वहाँ कक्षा का पूरा वातावरण तैयार किया जाता है। इस कार्यक्रम में पहले अध्यापक पाठ का सार प्रस्तुत करते हैं फिर छात्र प्रश्न पूछते हैं और अध्यापक उनका समाधान प्रस्तुत करते हैं। उन्हें कैसेट में भी टेप किया जाता है जिससे जरूरीता पड़ने पर कार्यक्रम की पुनरावृत्ति की जा सके।

10

समाजशास्त्र अध्यापक के गुण

शिक्षा के महत्व को पृथक्-पृथक् शिक्षाविदों ने पृथक्-पृथक् ढ़ग से व्यक्त किया है। इस सन्दर्भ में नेल्सन एल. बॉसिंग ने कहा है–"शिक्षा की किसी भी योजना में मैं अध्यापक को केन्द्रीय स्थान देता हूँ।" इस सन्दर्भ में बॉसिंग का कथन पूर्णतया सत्य है, क्योंकि शैक्षणिक प्रक्रिया के प्रमुख संचालक के रूप में शिक्षक का स्थान निश्चित रूप से केन्द्रित है। वह न केवल अपने मौखिक शब्दों द्वारा वरन् अपनी रुचि-अरुचि, आचार-विचार, रहन-सहन और अन्य मानव-तत्त्वों द्वारा छात्रों पर गहरा प्रभाव डालता है। सच्चे अर्थों में प्रत्यक्ष और अप्रत्यक्ष रूप में छात्रों पर प्रभाव डालने वाला शिक्षक के समान कोई तत्त्व नहीं है। शिक्षा के महत्त्व के विषय में हार्न ने ठीक ही लिखा है–"अपने छात्रों के साथ शिक्षक के सम्पर्क न केवल उस स्थिति के द्वारा अप्रत्यक्ष होते हैं, जिसे वह संचालित करता है, वरन् उस व्यक्ति के साथ प्रत्यक्ष भी होते हैं जिसमें उसे रुचि होती है।"

आदर्श शिक्षक के गुण

अच्छे शिक्षक के गुणों, विशेषताओं व योग्यताओं को हम अग्रलिखित बिन्दुओं द्वारा व्यक्त कर सकते हैं–

1. नैतिक गुण
2. मानसिक गुण
3. वैयक्तिक गुण

4. शारीरिक गुण

1. नैतिक गुण—अच्छे शिक्षक में अग्रलिखित नैतिक गुण होने चाहिए—

(क) न्याय और निष्पक्षता—अच्छे शिक्षक में न्याय और निष्पक्षता के गुण होने चाहिए। अच्छा शिक्षक विभिन्न वर्गों और जातियों के छात्रों में किसी प्रकार का भेदभाव नहीं रखता है। ऐसा करने से छात्रों पर उसका प्रभाव समाप्त हो जाता है और वह उसके विश्वास तथा सम्मान का पात्र नहीं रह जाता है। इस सन्दर्भ में **रायबर्न** का मत है—"न्यायपूर्ण होने का प्रयास करने की आदत शिक्षक को अनुशासन और कार्य करने में सहायता देती है।"

(ख) आत्म-विश्वास व इच्छा-शक्ति—अच्छे शिक्षक में आत्म-विश्वास और इच्छा-शक्ति के गुण का होना परम आवश्यक है। जब भी शिक्षक किसी वर्ग के छात्रों में सामने खड़ा होता है और उनकी आँखों को अपने ऊपर लगा हुआ देखता है, तभी वह अपने में इन गुणों की उपस्थिति की आकांक्षा करता है। इसके अभाव में वह अपना मानसिक सन्तुलन खो देता है और छात्रों के उपहास का पात्र बन जाता है।

(ग) अच्छा स्वभाव व प्रसन्नता—अच्छे शिक्षक का स्वभाव मधुर और प्रसन्नमुख होना चाहिए। शिक्षक का मधुर व प्रसन्नमुख स्वभाव छात्रों के मस्तिष्क पर इस बात को अंकित कर देता है कि कार्य का नीरस और अरुचिकर होना आवश्यक नहीं है। क्रुद्ध चेहरे, मलिन मुख और तनी हुई भौंहों वाले शिक्षक का न तो कक्षा में स्वागत होता है और न वह छात्रों के मस्तिष्क को ज्ञान से आलोकित करने में सफल होता है। इस सन्दर्भ में **गारलिक** ने लिखा है—"शिक्षक की अपेक्षा और किसी को भी इतनी उद्विग्नता से नहीं निहारा जाता है। अतः उसे अपने स्वभाव के बारे में सावधान रहना चाहिए, जिससे कि वह अपनी कक्षा के सामने सदैव प्रसन्नमुख रहे।"

(घ) दया व सहानुभूति—अच्छा शिक्षक अपने छात्रों के प्रति दया और सहानुभूति का व्यवहार करता है। इस सन्दर्भ में **पेन्टन** (Penton) ने लिखा है—"इसका अर्थ कोमलता नहीं है वरन् छात्रों के दृष्टिकोण और उनकी भावनाओं को समझने की योग्यता है।" शिक्षक में यह योग्यता जितनी ही अधिक होगी, उसका शिक्षण उतना ही अधिक सफल होगा। दया और सहानुभूति के गुणों के अभाव में छात्रों को सीखने के लिए केवल बाध्य किया जा सकता है, उसमें सीखने के प्रति रुचि पैदा नहीं की जा सकती है।

(च) धैर्य व लगन—अच्छा शिक्षक अपने धैर्य व लगन से सभी कठिनाइयों पर विजय प्राप्त करता है। कक्षा में सभी छात्र बुद्धिमान और आज्ञाकारी नहीं होते

हैं। कुछ मन्द बुद्धि और शरारती भी होते हैं। ऐसे छात्रों को शिक्षक केवल धैर्य और निरन्तर चेष्टा से ही ज्ञान और सद्व्यवहार के क्षेत्रों में प्रविष्ट कर सकता है।

2. मानसिक गुण—अच्छे शिक्षक में अग्रलिखित मानसिक गुणों का समावेश होना चाहिए—

(क) विषय का ज्ञान—अच्छे शिक्षक को अपने विषय का पूर्ण ज्ञान होना चाहिए तभी वह कुशलता से बच्चों को पढ़ा सकता है। ज्ञानविहीन शिक्षक न तो छात्रों का सम्मान प्राप्त करता है और न उनके मस्तिष्क का विकास करता है। इस सन्दर्भ में **के.जी. सैयदेन** ने ठीक ही लिखा है—"यदि शिक्षक ज्ञान की दृष्टि से हीन और खोखला है तो वह अपने बालकों के मस्तिष्क को प्रखर नहीं बना सकता है।"

(ख) शिक्षण सिद्धान्तों व विधियों का ज्ञान—अच्छे शिक्षण को शिक्षण सिद्धान्तों और विधियों की पूर्ण जानकारी होनी चाहिए। इस सन्दर्भ में **रायबर्न** ने अपना विचार प्रकट करते हुए कहा है—"अच्छा शिक्षक शिक्षण-विधियों के सम्बन्ध में अपने ज्ञान की वृद्धि करने के लिए सदैव सचेष्ट रहता है। वह अपने ज्ञान को नया और आधुनिक रखने की चेष्टा करता है।"

(ग) मनोविज्ञान का ज्ञान—अच्छे शिक्षक को मनोविज्ञान की सब शाखाओं का तो नहीं, पर उन शाखाओं का ज्ञान निश्चित रूप से होना चाहिए, जिनका शिक्षण से घनिष्ठ सम्बन्ध है। उदाहरण के लिए—शिक्षा-मनोविज्ञान, बाल-मनोविज्ञान, व्यावहारिक मनोविज्ञान, प्रयोगात्मक मनोविज्ञान आदि।

(घ) बाल-प्रकृति का ज्ञान—आधुनिक युग में शिक्षा प्रक्रिया बाल-केन्द्रित है। अतएव शिक्षक के लिए बाल-प्रकृति का ज्ञान परम आवश्यक है। कहने का तात्पर्य यह है कि उसे बालकों की रुचियों, इच्छाओं, मूलप्रवृत्तियों, अभिवृत्तियों और आवश्यकताओं से अवगत होना चाहिए, तभी वह बालकों की शारीरिक और मानसिक विशेषताओं को समझ कर उनका सही पथ-प्रदर्शन कर सकेगा। इसीलिए हिगेट (Highet) शिक्षक को परामर्श देता है—"बालकों के विचारों और संवेगों के अनोखे प्रतिमानों का ज्ञान प्राप्त कीजिए।"

(च) संस्कृति व सभ्यता का ज्ञान—बालक को उसकी संस्कृति एवं सभ्यता का ज्ञान प्रदान करना और उनमें आवश्यक परिवर्तन करके एक पीढ़ी से दूसरी को हस्तान्तरित करना शिक्षा का महत्त्वपूर्ण उद्देश्य है। अतः अच्छा शिक्षक अपने समाज की संस्कृति और सभ्यता का इतना काफी ज्ञान रखता है कि वह उनके प्रतिमानों से अपने छात्रों को पूर्णतया परिचित करा देता है।

(छ) वातावरण का ज्ञान—इस सन्दर्भ में **टामसन** (Thomson) का कथन है—"वातावरण शिक्षक है और शिक्षा का कार्य छात्र को उस वातावरण के अनुकूल

बनाना है।" अतः अच्छा शिक्षक छात्रों को अपने वातावरण से अनूकूलन करने में सहायता देने के लिए जानकारी रखता है।

(ज) व्यक्ति और समाज की आवश्यकताओं–व्यक्ति और समाज एक-दूसरे के पूरक हैं। व्यक्ति समाज की और समाज व्यक्ति की आवश्यकताओं की पूर्ति करता है। शिक्षक इन आवश्यकताओं से पूर्णतया परिचित होता है और अपने छात्रों को उनसे अवगत कराके उनकी और समाज की उन्नति में सहयोग देता है।

3. वैयक्तिक गुण–अच्छे शिक्षक में अधोलिखित वैयक्तिक गुणों का समावेश होना चाहिए–

(क) उत्साह व आशावादिता–अच्छे शिक्षक में उत्साह और आशावादिता के गुण का समावेश होना चाहिए। इन गुणों की उपयोगिता पर प्रकाश डालते हुए **रिस्क** ने लिखा है–"शिक्षक का उत्साह और आशावादिता छात्रों में संवेगात्मक प्रतिक्रियाएँ उत्पन्न करने में महत्त्वपूर्ण कार्य करते हैं।"

(ख) पहलकदमी व साधन सम्पन्नता–अच्छे शिक्षक में पहलकदमी और साधन-सम्पन्नता के गुण होने चाहिए। पृथक्-पृथक् छात्रों में आदेश, रुचियों, पूर्व-द्वेष, आदतें और समस्यायें भिन्न-भिन्न होती हैं। यदि शिक्षक में पहलकदमी और साधन सम्पन्नता नहीं है, तो वह अपने छात्रों की आवश्यकताओं को पूर्ण नहीं कर सकता है।

(ग) अच्छी आदतें–अच्छे शिक्षक में अच्छी आदतें होनी चाहिए। अपनी अच्छी आदतों के कारण वह छात्रों के सम्मान, विश्वास और प्रशंसा का पात्र बनता है। इस सन्दर्भ में **रिस्क** (Risk) का विचार है–"जो शिक्षक अच्छे वैयक्तिक गुणों–परिश्रम, आत्म-नियन्त्रण, सन्तुलन आदि–का उदाहरण प्रस्तुत करता है, वह छात्रों को उत्तरदायित्व और आत्म-नियन्त्रण व मूल्यवान आदर्शों व निर्माण करने में महत्त्वपूर्ण योग देता है।"

(घ) नेतृत्व–अच्छे शिक्षक में नेतृत्व का गुण होना चाहिए। कक्षा में प्रायः ऐसी परिस्थितियाँ उत्पन्न हो जाती हैं, जब शिक्षक को स्वयं नेतृत्व करना पड़ता है। ऐसा करके ही छात्रों का ज्ञान के पथ पर अग्रसर कर सकता है और अपने शिक्षण को सफल बना सकता है। वास्तव में नेतृत्व और शिक्षण में पर्याप्त समानता है। इस तथ्य की पुष्टि करते हुए **पेन्टन** (Penton) ने लिखा है–"नेतृत्व और शिक्षण में पर्याप्त समानता है, जो स्वाभाविक और अर्जित गुण एक में योग देते हैं, वे दूसरे में भी पर्याप्त योग देते हैं।"

(च) **विनोद प्रियता**—अच्छे शिक्षक में विनोद-प्रियता का गुण होना चाहिए। कक्षा की नीरसता को दूर करने के लिए वह किसी परिस्थिति से लाभ उठाकर स्वयं हँसता है और छात्रों को हँसने का मौका देता है। नीरसता दूर हो जाने पर शिक्षण का कार्य सरल व रोचक हो जाता है और छात्रों को स्वयं ही उनमें रुचि आने लगती है। इस सम्बन्ध में **रायबर्न व फोर्ज** का कथन है—"हँसी के बिना कक्षा कक्ष बहुत नीरस स्थान होता है। सीमित हँसी शिक्षण में सहायता देती है।"

(छ) **कक्षा-व्यवहार**—कक्षा में अच्छे शिक्षक का व्यवहार नम्र और शिष्ट होना चाहिए। अनम्र और अशिष्ट व्यवहार छात्रों को हतोत्साहित करके उनकी कार्य-क्षमता को कम कर देता है।

(ज) **कक्षा-नियन्त्रण**—सफल कक्षा-शिक्षण का मुख्य आधार कक्षा-नियन्त्रण है। यदि कक्षा के छात्र नियन्त्रण में नहीं हैं तो शिक्षक का सब प्रयत्न और परिश्रम व्यर्थ हो जाता है। इसलिए अच्छा शिक्षक इस बात को कभी नहीं भूलता है कि सफल शिक्षक का मूल मन्त्र कक्षा-नियन्त्रण है। इस सन्दर्भ में **बालकृष्ण जोशी** ने लिखा है—"शिक्षण के लिए निर्धारित यह एक नैतिक कर्त्तव्य है कि वे तरुण छात्रों को स्वस्थ नियन्त्रण में रखें।"

4. शारीरिक गुण—प्रायः सभी विद्वान् इस बात पर एक मत है कि अच्छे शिक्षक में अग्रलिखित शारीरिक गुण होने चाहिए—

(क) **अच्छा स्वास्थ्य**—अच्छे शिक्षक का सबसे पहला गुण उसका अच्छा स्वास्थ्य है। ऐसे स्वास्थ्य वाला शिक्षक ही अपने कार्य को सरलता, सत्यता और सफलता से सम्पन्न कर सकता है। अस्वस्थ शिक्षक के कार्य में तत्परता और तल्लीनता, नियमितता और निरन्तरता का अभाव होता है।

(ख) **स्फूर्ति व उत्साह**—अच्छे शिक्षक में सदैव स्फूर्ति और उत्साह होना चाहिए। जिससे छात्र उसके इन गुणों का अनुकरण करके प्रगति कर सकते हैं। उत्साहहीन शिक्षक की कक्षा उत्साहहीनता का स्पष्ट चित्र प्रस्तुत करती है। **रायबर्न** का कथन है—"निर्जीव शिक्षक का अर्थ है—निर्जीव कक्षा। सजीव शिक्षक का अर्थ है—सजीव कक्षा। सजीव और उत्साहपूर्ण शिक्षक की कला में निष्कपटता का वातावरण होता है।"

(ग) **वेश-भूषा**—अच्छे शिक्षक की वेश-भूषा नेत्र-प्रिय अवश्य होनी चाहिए। मैले जूते, गन्दे कपड़े, बढ़ी दाढ़ी और बिखरे हुए बालों वाला शिक्षक छात्रों को आकर्षित न कर सकने के कारण अपने शिक्षण को सफल नहीं बना सकता है।

(घ) स्वर—अच्छे शिक्षक के स्वर के सन्दर्भ में रिस्क ने अपना विचार व्यक्त करते हुए लिखा है—"स्वर एक शक्तिशाली साधन है।" अतः अच्छे शिक्षक का स्वर कोमल और स्पष्ट होना चाहिए। इसके अतिरिक्त, पाठ्य-विषय और उसमें निहित भावों के अनुसार उसमें उतार-चढ़ाव भी होना चाहिए। ऐसा स्वर आकर्षक और प्रभावोत्पादक होता है। इसके विपरीत, धीमा या कर्कश स्वर सदैव आकर्षणहीन और प्रभावहीन होता है। अतः एक अच्छे शिक्षक का स्वर शान्त व संतुलित होना चाहिए।

(च) भाषा—भाषा, विचार अभिव्यक्ति का साधन है। अतः अच्छे शिक्षक की भाषा सरल, स्पष्ट और स्वाभाविक होनी चाहिए। छात्रों को ऐसी भाषा से पाठ के प्रति रुचि उत्पन्न होती है और वे कठिन से कठिन पाठ को सरलता से समझ जाते हैं। अतः वे उसे समझने का प्रयत्न ही नहीं करते हैं।

(छ) व्यक्तित्व—एक अच्छे शिक्षक के व्यक्तित्व के सन्दर्भ में **पेन्टन** (Panton) ने अपने विचार व्यक्त करते हुए लिखा है—"व्यक्तित्व का सम्बन्ध उन प्रभावों से हैं; जो शिक्षक दूसरे व्यक्तियों पर उत्पन्न करता है।"

अच्छे शिक्षक का व्यक्तित्व प्रभावोत्पादक होता है। अच्छा व्यक्तित्व वाला शिक्षक स्वस्थ, नीरोग, विद्वान्, चरित्रवान् और कार्य-कुशल तथा अच्छी आदतों, रुचियों और व्यवहार वाला होता है। इन गुणों के अभाव में शिक्षक का व्यक्तित्व प्रभावहीन हो जाता है। परिणामस्वरूप वह छात्रों को कुछ भी नहीं सिखा पाता है।

समाजशास्त्र अध्यापक की योग्यताएँ

माध्यमिक विद्यालयों में शिक्षण कार्य को करने के लिए सरकार द्वारा प्रत्येक विषय के अध्यापक के लिए पृथक्-पृथक् स्तरों पर योग्यताएँ निर्धारित की गईं हैं। जिससे कि योग्य तथा विद्वान व्यक्ति ही इस व्यवसाय में आ सकें। इस दृष्टिकोण से समाजशास्त्र अध्यापक की योग्यताओं को दो वर्गों में रखा जा सकता है—

1. शैक्षणिक योग्यताएँ
2. व्यावसायिक-शिक्षा

1. शैक्षणिक योग्यता—समाजशास्त्र अध्यापक को विषय का ठोस बुनियादी ज्ञान प्राप्त होना चाहिए। हायर सेकेण्डरी या सीनियर-सेकेण्डरी स्कूल में शिक्षण करने के लिए सम्बन्धित विषय में एम.ए. (M.A.) होना चाहिए। हाईस्कूल स्तर तक अध्यापन करने के लिए हिन्दी, सामाजिक विज्ञान तथा समाजशास्त्र के साथ बी.ए. (B.A.) की शैक्षणिक योग्यता होनी चाहिए।

2. व्यावसायिक-शिक्षा–व्यावसायिक शिक्षा की योग्यता प्राप्त करने के लिए प्रत्येक अध्यापक को बी.एड. (B.Ed.) का प्रशिक्षण कोर्स करना अनिवार्य है क्योंकि नित्य प्रति नवीन शिक्षण विधियों-विकास-प्रणालियों, हस्त निर्मित विज्ञान उपकरणों तथा क्रियाओं का प्रचलन हो रहा है, जिनसे अवगत होना जरूरी है।

समाजशास्त्र अध्यापक के गुण

समाजशास्त्र अध्यापकों में शिक्षण के लिए अपेक्षित गुणों का होना अनिवार्य है। बहुत से शिक्षा शास्त्रियों ने समाजशास्त्र अध्यापकों के गुणों पर गूढ अध्ययन किया है। जिनमें फिंलें (Finley) एवं हर्ड (Hurd) के नाम प्रमुख हैं। उनके अध्ययनों के आधार पर समाजशास्त्र अध्यापक के गुणों को दो भागों में रखा गया है।

(a) सामान्य गुण

(b) विषयाधारित विशिष्ट आवश्यक गुण

सामान्य गुण

समाजशास्त्र शिक्षक में विशेष प्रकार के गुण होते हैं। जो शिक्षा के लिए अति आवश्यक होते हैं। ये गुण व्यावसायिक तथा शिक्षण विषय आधारित होते हैं। सामान्य गुणों की व्याख्या नीचे की गई है–

1. स्वस्थ व्यक्तित्व–व्यक्तित्व को एकांगी दृष्टिकोण से नहीं लेना चाहिए। स्वस्थ व्यक्तित्व से तात्पर्य एक ऐसे व्यक्तित्व से है जो शारीरिक, मानसिक एवं नैतिक दृष्टिकोण से समायोजित हो। स्वस्थ व्यक्तित्व का छात्रों के ऊपर प्रत्यक्ष प्रभाव पड़ता है। समाजशास्त्र अध्यापक के इस गुण को प्रत्येक छात्र प्रत्यक्ष रूप से अनुकरण में लाता है, इसलिए अध्यापक को इस ओर से सचेत रहना चाहिए।

2. आत्म-विश्वास–धर्म एवं आत्मविश्वास ऐसे गुण हैं जिनका समाजशास्त्र अध्यापक में होना अति आवश्यक है, क्योंकि कक्षा शिक्षण में कभी-कभी ऐसी स्थिति आ जाती है जिसके समाधान के लिए आत्म-विश्वास की जरूरत पड़ती है। जो परिस्थिति के साथ समायोजन में सहायक सिद्ध होती है।

3. निष्पक्ष दृष्टिकोण–समाजशास्त्र अध्यापक में परिस्थितियों के निष्पक्ष अवलोकन का गुण होना आवश्यक है। दैनिक शिक्षण में भी उसका व्यवहार पूर्णतया निष्पक्ष रहना चाहिए। किसी भी प्रकार के भेद-भाव पूर्ण व्यवहार की उससे अपेक्षा नहीं की जाती है।

4. स्पष्टवादिता–समाजशास्त्र अध्यापक का प्रमुख उद्देश्य ही प्रयोग द्वारा शाश्वत सत्य की प्राप्ति है। इस दृष्टिकोण से अध्यापक में स्पष्टवादिता का होना

अत्यन्त आवश्यक गुण है। उसे छात्रों के सम्मुख भी दैनिक शिक्षण में अपने इस गुण को निरन्तर बनाए रखना चाहिए।

5. सहानुभूतिपूर्ण व्यवहार—समाजशास्त्र शिक्षण का आधार जिज्ञासा है। इसलिए अध्यापक को छात्रों के लिए एक सच्चे मित्र, हितैषी एवं पथ-प्रतीक का उत्तरदायित्व सही प्रकार से निभाना चाहिए। जिससे छात्र निःसंकोच अपनी शिक्षा की समस्याओं को अध्यापक के सम्मुख समाधान हेतु रख सकें।

6. नेतृत्व एवं अध्ययनशीलता—शिक्षा एक निरन्तर चलने वाली प्रक्रिया है। इसकी निरन्तरता की उपादेयता की उपेक्षा करने पर छात्र दिशाविहीन हो जाते हैं। इसलिए छात्रों को सही दिशा एवं मार्गदर्शन देने के लिए अध्यापक में नेतृत्व के गुण का होना अत्यन्त आवश्यक है। इसके साथ ही अन्य विषयों की अपेक्षा समाजशास्त्र में ज्ञान तथा अभ्यास अत्यन्त आवश्यक होते हैं। इसके साथ ही अन्य विषयों की अपेक्षा गणित तथा समाजशास्त्र में ज्ञान की मात्रा अत्यन्त तीव्रता से बढ़ रही है। अतः प्रगति एवं नए ज्ञान की जानकारी के लिए अध्ययनशीलता के गुण की भी अनिवार्यता होती है।

विषयाधारित विशिष्ट आवश्यक गुण

समाजशास्त्र के शिक्षक में सामान्य शिक्षक के गुणों के साथ-साथ कुछ विशेष गुण होने चाहिए जिससे वह अपने छात्रों में नागरिक भावना के गुणों का विकास कर सके। समाजशास्त्र शिक्षक के विषग्न आधारित विशिष्ट् गुण अग्रलिखित बताए जाते हैं—

1. समाजसेवक—समाजशास्त्र के शिक्षक को आदर्श नागरिक बनने के लिए उसमें समाज सेवा के गुण का होना आवश्यक है। जब वह सामाजिक उत्थान के लिए मन, वचन, कर्म से समाज सेवा का कार्य करेगा तभी वह आदर्श नागरिक कहलाएगा। अतः समाजशास्त्र शिक्षक में समाज सेवा का गुण होना आवश्यक है।

2. आदर्श नागरिकता—समाजशास्त्र के शिक्षक का प्रमुख कार्य छात्रों में आदर्श नागरिकता की भावना को विकसित करना है। छात्रों को आदर्श नागरिक बनाने से पूर्व यह आवश्यक है कि शिक्षक स्वयं आदर्श नागरिक हो। इसके लिए शिक्षक को विषय का विद्वान होना उतना आवश्यक नहीं है जितना कि उसमें सामाजिक गुणों का होना आवश्यक है। शिक्षक में प्रेम, दया, सहानुभूति, सहिष्णुता, परस्पर सहयोग आदि गुणों का होना आवश्यक है। इन गुणों के माध्यम से ही वह अपने छात्रों को प्रभावित कर उनमें आदर्श नागरिकता को विकसित कर सकेगा।

3. व्यावसायिक निष्ठा—छात्र प्रायः अपने शिक्षक का अनुकरण करते हैं। शिक्षक के जीवन दर्शन का छात्रों पर अत्यधिक प्रभाव पड़ता है। जब शिक्षक अपने व्यवसाय अर्थात् अध्यापन के प्रति निष्ठावान होगा। तन, मन, धन से वह शिक्षण में लगा रहेगा तो छात्रों में भी सीखने के प्रति निष्ठा होगी। समाज में उसी शिक्षक का अधिक सम्मान होता है जो निष्ठापूर्वक अध्यापन कार्य को करता है। जो शिक्षक इसको अन्य नौकरियों की तरह मानते हैं और अल्प वेतन होने के कारण शिक्षण कार्य में रुचि नहीं लेते हैं, उन शिक्षकों का समाज में सम्मान नहीं होता है।

4. प्रजातान्त्रिक सिद्धान्तों में विश्वास—भारत जैसे प्रजातान्त्रिक देश में समाजशास्त्र के शिक्षक में यह गुण होना आवश्यक है कि वह प्रजातान्त्रिक सिद्धान्तों में पूर्ण विश्वास रखता हो। प्रजातान्त्रिक सिद्धान्तों में पूर्ण विश्वास होने पर ही शिक्षक पूरे मनोयोग से छात्रों में प्रजातान्त्रिक गुणों का विकास करने का प्रयास करेगा। शिक्षक छात्रों को सभी क्रियाएँ प्रजातान्त्रिक ढंग से सिखाएगा।

5. विषय का ज्ञाता—अन्य शिक्षकों की तरह समाजशास्त्र के शिक्षक को भी विषय का ज्ञाता होना चाहिए। क्योंकि अपने विषय का पूर्ण ज्ञान होने पर वह छात्रों को सत्य एवं उपयुक्त ज्ञान प्रदान कर सकेगा। पूर्ण ज्ञान होने पर ही शिक्षक छात्रों को समाजशास्त्र के द्वारा सफल सामाजिक जीवन व्यतीत करने की कला सिखा सकेगा।

6. नागरिक समस्याओं एवं तत्कालीन घटनाओं का ज्ञान—अपने विषय के ज्ञाता होने के साथ-साथ समाजशास्त्र के शिक्षक को वर्तमान की नागरिक समस्याओं की तथा उनसे सम्बन्धित घटनाओं का ज्ञान होना आवश्यक है। क्योंकि इसके अभाव में वह छात्रों को वर्तमान से परिचित नहीं करा सकेगा जिससे समस्या आने पर छात्र स्वयं को असफल पाएँगे। अतः छात्रों को वास्तविकताओं से परिचित कराने के लिए शिक्षक को वर्तमान की नागरिक समस्याओं और घटनाओं का ज्ञान होना आवश्यक है।

7. वैज्ञानिक एवं उदार दृष्टिकोण—समाजशास्त्र के शिक्षक में उदारता के गुण का होना आवश्यक है। समाज सेवा के लिए समाजशास्त्र के शिक्षक को उदार बनना पड़ता है। बिना उदार दृष्टिकोण अपनाए समाजशास्त्र का शिक्षक कभी भी सफल नहीं हो सकता है। उदार दृष्टिकोण होने पर ही उसमें मानव समाज के कल्याण की भावना होगी। उदार दृष्टिकोण के साथ-साथ समाजशास्त्र के शिक्षक में अन्य शिक्षकों की तरह वैज्ञानिक दृष्टिकोण का होना आवश्यक है। क्योंकि वर्तमान समय में जीवन के प्रत्येक क्षेत्र में वैज्ञानिकता का अधिक से अधिक

प्रभाव है। जीवन के प्रत्येक कार्य वैज्ञानिक ढंग से होने लगे हैं। अतः शिक्षक को सफल बनने के लिए वैज्ञानिक दृष्टिकोण को अपनाना आवश्यक है।

8. प्रभावी व्यक्तित्व—समाजशास्त्र शिक्षक का व्यक्तित्व बहुत प्रभावी होना चाहिए। प्रभावी व्यक्तित्व के लिए उसमें सत्य आचरण, आर्दशवादिता, धैर्य, प्रेम, सहयोग, उत्तम स्वाध्याय, शुभ चिन्तन, आत्मनियन्त्रण, उदारता, निष्पक्षता, मौलिकता, सर्जनात्मकता, नेतृत्व शक्ति, कार्य निष्ठा, उत्साह आदि गुणों का होना आवश्यक है। इन गुणों के होने पर ही शिक्षक का व्यक्तित्व प्रभावी होगा।

9. शिक्षण कौशलों में पारंगत—एक अच्छे शिक्षक के लिए यह आवश्यक है कि विभिन्न कौशलों में कुशल व्यक्ति हो। उसमें कक्षा संचालन, विषय के स्पष्टीकरण, व्याख्यान, अभिनय, वाद विवाद, समस्या समाधान, पथ प्रदर्शक, सहायक सामग्रियों के सही प्रयोग आदि कौशलों का होना आवश्यक है। इन कौशलों में कुशलता प्राप्त करके ही कोई शिक्षक एक अच्छा शिक्षक बन सकता है।

10. नेतृत्व—समाजशास्त्र के अच्छे शिक्षक में नेतृत्व का गुण होना आवश्यक है। नेतृत्व का गुण होने पर ही शिक्षक सभी छात्रों को पथ प्रदर्शित कर सकेगा और सभी छात्रों में प्रिय होगा। नेतृत्व के लिए शिक्षक में सामाजिक गुणों का होना आवश्यक है।

आदर्श समाजशास्त्र अध्यापक

भारत की नई शिक्षा नीति (1986) को दृष्टिगत रखते हुए एन.सी.ई.आर.टी. (NCERT, New Delhi) नई दिल्ली ने अपने वृहद सेवारत शिक्षक अभिनवीकरण कार्यक्रम 1988 में समाजशास्त्र अध्यापक में निम्न गुणों की अपेक्षा की है—

1. अभिव्यक्ति की सुस्पष्टता।
2. उत्साह एवं उपलब्धिजनक व्यवहार।
3. विषय पर पूर्ण आधिपत्य।
4. विषय के लिए उत्साह।
5. उपयुक्त तैयारी।
6. पढ़ाने के लिए प्रत्येक पाठ की तैयारी।
7. उत्तम नियन्त्रण-शक्ति।
8. व्यावहारिक कुशलता एवं साधन सम्पन्नता।
9. बालक का पूर्ण ज्ञान।

10. कक्षा-व्यवहार।
11. प्रेम और सहानुभति।
12. प्रयोगात्मक एवं अनुसंधात्मक प्रवृत्ति।
13. निष्कपटता।
14. धैर्य एवं सहनशीलता।
15. कण्ठस्वर—मीठा, कोमल, नम्र तथा प्रभावी।
16. सरल एवं रोचक भाषा।
17. प्रखर बुद्धि।
18. सामाजिकता का समावेश।
19. नवीन ज्ञान के प्रति जिज्ञासा।

National Association of Agriculture Teacher की पत्रिका ने Shri Lowell E. Hedges (U.S. Consultant in Agriculture) के "My Creed as a Teacher" के आधार पर भारतीय अध्यापकों के लिए उनका भारतीयकरण निम्नांकित रूप में प्रस्तुत किया है। एक अच्छे एवं प्रभावी **समाजशास्त्र** अध्यापक में इस प्रकार की योग्यताएँ अवश्य होनी चाहिए—

The Creed—

1. am a teacher by choice and not by chance.
2. believe in rural India.
3. dedicate any life to its development and advancement of its people.
4. Will endeavour to develop professionally through study, travel and exploration.
5. Will not knowingly wrong my fellow teacher.
6. Will defend him as far as honesty will permit.
7. Will work for the advancement of any subject.
8. Will defend it in my community state and nation.

Realize that—

1. am a part of the school system.
2. will work in harmony within school authorities and other teachers of the school.

समाजशास्त्र अध्यापक के लिए सुझाव

आदर्श समाजशास्त्र अध्यापक को निम्नांकित बातों पर विशेष ध्यान देना चाहिए—

1. विद्यालय की समय-सारिणी के आवश्यकतानुसार पाठ्यक्रम को छात्रों के स्तर, समस्या तथा निर्धारित कालांशों की संख्या व परीक्षा के अनुसार रूपान्तरित कर लेना चाहिए। इस प्रकार के परिवर्तन या रूपान्तर में छात्रों का भी पूर्ण सहयोग लेना चाहिए।
2. शैक्षणिक कार्यक्रम के अनुसार सभी छुट्टियों, परीक्षाओं आदि के विषय में जानकार पाठ्यक्रम की महत्ता तथा समय के आधार पर उसको तैयार कर लेना चाहिए।
3. विषय-वस्तु के अनुसार दृश्य-श्रव्य साधन एवं उपकरणों का पूर्व में चयन कर उनका पूरा-पूरा प्रभावी उपयोग कक्षा शिक्षण के लिए करना चाहिए।
4. छात्रों के अधिगम को क्रियाशील तथा शिक्षण को सजीव बनाने के लिए आधुनिक व प्रभावी शिक्षक विधियों का चयन करना चाहिए।
5. छात्रों को समाजशास्त्र विषय में सही तथा नवीनतम ज्ञान देने का प्रयास करना चाहिए।
6. विद्यालय-प्रशासन, अभिभावक, छात्र तथा कक्षा-शिक्षण के प्रति सदैव धनात्मक एवं सहयोगात्मक रुचि का दृष्टिकोण रखना चाहिए।

समाजशास्त्र का एक अच्छा शिक्षक ही प्रभावी शिक्षक हो सकता है। अतः प्रभावी शिक्षक में वे सभी गुण होने चाहिएँ जो समाजशास्त्र के एक अच्छे शिक्षक में होते हैं। समाजशास्त्र के शिक्षक का व्यक्तित्व प्रभावी हो इसके लिए आवश्यक है कि वह स्वयं में उन गुणों को विकसित करे जो एक शिक्षक के लिए आवश्यक है। उत्तम स्वास्थ्य और हृष्ट-पुष्ट शरीर होने मात्र से ही शिक्षक का व्यक्तित्व प्रभावी नहीं हो सकता है। क्योंकि शारीरिक रूप से प्रभावी व्यक्तित्व वाला होने पर भी वह छात्रों पर अपना प्रभाव नहीं डाल सकता है, यदि उसमें सामाजिक गुणों का अभाव है, वह विषय का ज्ञाता नहीं है, वह छात्रों की रुचियों को ध्यान में नहीं रखता है, वह विषय-वस्तु को अच्छे ढंग से समझा नहीं पाता है। अतः प्रभावी व्यक्तित्व के लिए समाजशास्त्र के शिक्षक में उत्तम शिक्षक में उत्तम शरीर का होना उतना आवश्यक नहीं है जितना कि अन्य गुणों का होना आवश्यक है।

छात्रों पर ऐसे शिक्षकों का प्रभाव अधिक पड़ता है जो अपने कर्त्तव्य के प्रति जागरूक रहते हैं। छात्रों की समस्याओं को ध्यान से सुनकर उनका सही ढंग से पथ प्रदर्शन करते हैं। स्वयं अनुभवों के द्वारा छात्रों को सही मार्ग बताते हैं। छात्रों को स्वयं विवेकी बनाते हैं। अतः समाजशास्त्र के शिक्षक के प्रभावी व्यक्तित्व के लिए यह आवश्यक है कि उसमें व्यावसायिक निष्ठा हो, विषय से संदर्भित वर्तमान समस्याओं

और उनके समाधान का ज्ञान हो, उसमें सर्जनात्मकता के गुण हों, छात्रों के प्रति उदार दृष्टिकोण हो, आदर्श नागरिक के गुणों से युक्त हो, समाज सेवा की भावना हो, मानवीय सम्बन्धों का ज्ञाता हो तथा शिक्षण सम्बन्धी सभी प्रकार के कौशलों में पारंगत हो।

समाजशास्त्र अध्यापक का स्व-मूल्यांकन

अच्छे समाजशास्त्र अध्यापक को समय-समय पर अपना मूल्यांकन करते रहना चाहिए। अग्रलिखित प्रपत्र के माध्यम से अध्यापक अपना स्व-मूल्यांकन सरलता से कर सकता है–

1. क्या विषय में अध्यापक के कर्त्तव्यों को पूर्ण किया है? हाँ/नहीं
2. क्या कक्षा-शिक्षण में आज छात्रों को नवीन ज्ञान प्रदान किया है? हाँ/नहीं
3. क्या छात्रों ने विषय सम्बन्धित गृह कार्य को पूर्ण किया है? हाँ/नहीं
4. क्या मैं छात्रों को सैद्धान्तिक ज्ञान के साथ-साथ समाजशास्त्र का व्यहारात्मक ज्ञान सही रूप से प्रदान करता हूँ? हाँ/नहीं
5. क्या निर्धारित कालांशों में पाठ्यक्रम पूर्ण हो जाता है? हाँ/नहीं
6. क्या मैं अपनी व्यावसायिक योग्यता को बढ़ाने में प्रयत्नशील रहा हूँ? हाँ/नहीं
7. क्या छात्रों के प्रश्नों के पूर्ण उत्तर देता हूँ? हाँ/नहीं
8. क्या मेरी शिक्षण विधि छात्रों के लिए उपयुक्त है? हाँ/नहीं
9. क्या कक्षा के छात्र मेरे शिक्षण एवं व्यवहार से सन्तुष्ट हैं? हाँ/नहीं
10. छात्र के साथ अन्य अध्यापकों तथा प्रधानाचार्य का मेरे विषय के बारे में सकारात्मक मत है? हाँ/नहीं

(प्रत्येक प्रश्न के लिए 5 अंक निर्धारित हैं। 25 अंक = सामान्य, 40 अंक = अच्छा तथा 50 अंक = सन्तोषजनक, शिक्षण है।)

सुझाव

इस प्रकार हम देखते हैं कि एक अच्छे अध्यापक का प्रभाव समाजशास्त्र शिक्षण के प्रत्येक क्षेत्र पर पड़ता है। समाजशास्त्र के क्षेत्र में यह मत है कि "शिक्षक जन्म से ही नहीं होता बल्कि निर्मित किया जाता है।" यह कथन अधिक सत्य प्रतीत होता है। संयम, अभ्यास, कठिन परिश्रम एवं कार्य के प्रति निष्ठा तथा लग्न से कोई भी व्यक्ति एक समक्ष एवं प्रभावी समाजशास्त्र एवं कुशल अध्यापक बन सकता है।

11

समाजशास्त्र अध्यापक व्यवहार

अध्यापक व्यवहार का तात्पर्य

अध्यापक अपने अध्यापन की क्रिया में बच्चों से प्रश्न पूछता है, व्याख्या करता है, प्रदर्शन करता है, समझाता है तथा प्रदर्शित करता है। वह छात्रों को भाग लेने और उत्तर देने के लिए प्रेरित करता है। छात्रों द्वारा प्रकट की गई भावनाओं और दृष्टिकोणों को पहचानता है। छात्रों की क्रियाओं तथा उपलब्धियों का मूल्यांकन करता है आदि। इस प्रकार कक्षा की सभी प्रकार की क्रियाओं में शिक्षक का शाब्दिक (Verbal) और अशाब्दिक व्यवहार सम्मिलित है। इसलिए 'शिक्षक व्यवहार' में वे सभी क्रियाएं आ जाती हैं जो शिक्षक कक्षा में शाब्दिक या अशाब्दिक रूप में करता है। अतः अध्यापक व्यवहार (Teacher Behaviour) की व्याख्या व्यक्ति की क्रिया के रूप में की जा सकती है। कुछ प्रमुख विद्वानों का इस सन्दर्भ में विचार–

मैक नरजेन्सी और कॉर्नर—"शिक्षक व्यवहार शिक्षक की विशेषताओं, उसके परिवेश और उसके सम्पादित किए जाने वाले कार्यों पर निर्भर करता है।"

रियान—"इस प्रकार अध्यापक व्यवहार शब्द की परिभाषा व्यक्तियों के व्यवहार या क्रियाओं के रूप में दी जा सकती है जो वे करते हैं, जिसकी भी आशा अध्यापकों से की जाती है, विशेषकर ऐसी क्रियाओं से जिनका सम्बन्ध निर्देशन या दूसरों के सीखने के निर्देशन से है।"

किसी शिक्षण अधिगम परिस्थिति में एक शिक्षक का व्यवहार उसके अपने व्यक्तित्व और परिस्थितियों अथवा परिवेश जिसमें यह शिक्षण कार्य चल रहा है, पर निर्भर करता है। इसी सन्दर्भ के परिप्रेक्ष्य में इसे देखा जा सकता है।

पर्यवेक्षण कार्य

शिक्षा पर्यवेक्षण का अर्थ है शिक्षा के क्षेत्र में भावी अपेक्षाओं के समान विकास। पर्यवेक्षण शब्द अंग्रेजी के शब्द सुपरविजन का हिन्दी अनुवाद है। जिसका तात्पर्य है, वह श्रेष्ठ दृष्टि जो अवस्था का सही आकलन कर सम्बन्धित क्षेत्र का भावी विकास करे।

हिन्दी शब्द पर्यवेक्षण, दो शब्दों से मिलकर बना है, जिसका अर्थ होता है श्रेष्ठ निरीक्षण, अर्थात् शैक्षिक पर्यवेक्षण का अर्थ होगा, शिक्षा के क्षेत्र में श्रेष्ठ सूक्ष्म निरीक्षण। इस तरह सूक्ष्म श्रेष्ठ निरीक्षण के आधार पर प्राप्त तथ्यों के विवेचन से भावी शैक्षिक गुणवत्ता का विकास करना। विद्यालयों को ज्ञान का केन्द्र स्वीकार किया जाता है। इस प्रकार इनसे उचित अध्यापन व अधिगम की अपेक्षा है। यह आश्वस्त होने के लिए कि विद्यालयों में उचित अध्ययन-अध्यापन होता है, शिक्षक अध्यापन के योग्य है, अधिगम के लिए उचित पर्यावरण है, विद्यार्थियों की प्रगति पर समुचित ध्यान दिया जाता है, से पर्यवेक्षण की आवश्यकता स्वतः स्पष्ट हो जाती है। प्रभावी पर्यवेक्षण के बिना शिक्षा के लक्ष्य को पूरा करना सम्भव नहीं है। इस प्रकार प्रभावी पर्यवेक्षण राष्ट्रीय शैक्षिक विकास के लिए अपरिहार्य जरूरत है। निरन्तर बढ़ते हुए विद्यालयों और उनमें विद्यार्थियों की बढ़ती संख्या व वैज्ञानिक एवं तकनीकी विकास ने पर्यवेक्षण कार्य को काफी जटिल बना दिया है। अतः आज के परिप्रेक्ष्य में प्रभावी पर्यवेक्षण व कुशल पर्यवेक्षण दोनों ही शैक्षिक विकास के लिए महत्वपूर्ण है।

यह निर्विवाद स्वीकार किया जाता है कि शिक्षक मानवीय विकास के कार्यक्रमों से सम्बद्ध है। उसे राष्ट्र के भाग्य का निर्माता तथा सामाजिक बदलाव का अभिकर्ता माना जाता है। अतः इतने महत्त्वपूर्ण कार्य के लिए आवश्यक है कि शिक्षण अध्यवसाय में आने से पूर्व तथा बाद में सेवारत रहने पर, कार्यों में नियमित पर्यवेक्षण द्वारा उत्तरोतर सहयोग किया जाये जिससे एक ओर खुद उसका विकास होगा दूसरी ओर भावी पीढ़ी के शैक्षिक स्तर में सुधार होगा। वर्त्तमान में पर्यवेक्षण की बेहतर तकनीकों व विधियों का विकास हुआ हैः जिनके द्वारा पर्यवेक्षण, शिक्षक को उसके सशक्त गुणों का विकास कर तथा कमजोरियों को दूर कर उसकी प्रभावी भूमिका निष्पादन में योग दे सकते हैं।

वर्त्तमान में अलग-अलग क्षेत्रों, विशेषकर मेडिकल क्षेत्र में जिस प्रकार विकसित निरीक्षण उपकरणों व तकनीकों से रोगी के निरीक्षण व तत्पश्चात् दल द्वारा निरीक्षण से प्राप्त तथ्यों के आधार पर विश्लेषण के बाद रोग का उपचार किया जाता है, ठीक उसी प्रकार शिक्षा के क्षेत्र में भी शिक्षकों के शिक्षण व्यवहार के सूक्ष्म निरीक्षण के पश्चात् प्राप्त कमियों के विश्लेषण के बाद उपचार किया जाता है। तथा शक्त विशेषताओं को दूर और विकसित किया जा सकता है। इस तरह क्लिनिकल पर्यवेक्षण शैक्षिक गुणवत्ता के विकास में महत्त्वपूर्ण भूमिका निर्वाह कर सकता है।

राजस्थान राज्य शिक्षा अनुसंधान व प्रशिक्षण संस्थान, उदयपुर ने शैक्षिक कार्यक्रमों के परिवेक्षण की परिस्थिति जानने के लिए शिक्षा अधिकारियों द्वारा किए गए पर्यवेक्षण की समीक्षा की। अनुसंधान के निष्कर्ष थे कि पर्यवेक्षण संस्थितियों तथा पर्यवेक्षण दोनों ही संतोषप्रद नहीं थे। पर्यविक्षण व उनके शैक्षिक तकनीकी सुधार की ओर भी इस अनुसंधान ने इशारा किया है। पर्यवेक्षण के संदर्भ में विडंबना यही है कि पर्यवेक्षण को शक की दृष्टि से देखते हैं। इस प्रकार इसका स्वागत नहीं होता है। वस्तुतः वे उनकी शिक्षण व शिक्षणेतर प्रवृत्तियों के परिवेक्षण को वैयक्तिक के कक्षा में आने का विरोध करते हैं। इस विरोध का मूल्य कारण यह माना जाता है कि वर्त्तमान में भी पर्यावरण छिद्रान्वेषी तथा रूढ़िवादी है जो बजाय शिक्षकों में गुणवत्ता विकास में उन्हें हतोत्साहित करता है। पर्यवेक्षण जिसका कार्य शिक्षण में सुधार लाना है, शिक्षकों को मित्रवत मदद करना है, वे प्रशासनिक अधिकारी की तरह व्यवहार करते हैं, तथा इनमें परिवेक्षण कौशल का भी अभाव है। अतः तात्कालिक दिखावे के पर्यवेक्षण का कोई प्रभाव नहीं होता। इस सम्बन्ध में कपूर (1982) ने अपने शोध में पाया कि यद्यपि शिक्षक वर्तमान प्रकार के पर्यवेक्षण का कोई फायदा नहीं देखते हैं, परन्तु वे पर्यवेक्षण की जरूरत महसूस करते हैं।

अवधारणा : विकास

19वीं सदी में शिक्षक के व्यावसायिक उन्नयन के लिए कई प्रयास किये गये। उन्हीं प्रयास के क्रमों में से एक पर्यवेक्षण में सुधार भी है। प्रारम्भ में पर्यवेक्षण के तरीके एक प्रकार से निर्देशन मात्र थे, जो निरीक्षण के तहत् ही आते थे, प्रायः त्रुटियों की ओर ही इंगित करना इनका उद्देश्य होता था। गत कुछ दशकों में निरीक्षण का स्थान पर्यवेक्षण ने ले लिया है। पर्यवेक्षण को अब एक ऐसी प्रक्रिया माना जाता है जिसमें शिक्षक और अधिकारी के मध्य सहयोग की भावना को ज्यादा महत्व दिया जाता है और छिद्रान्वेषण के दृष्टिकोण को उपुयक्त नहीं समझा जाता। वस्तुतः अब

पर्यवेक्षण एक ऐसी प्रक्रिया माना जाता है, जिसमें शिक्षण का सर्वोन्मुखी विकास सन्निहित है। ऐतिहासिक दृष्टिकोण से पर्यवेक्षण का विकास निरीक्षण अनुवीक्ष्ण व प्रवर्तन कार्यों से हुआ है। इसके चिन्तन पर भी प्रभाव पड़ा है। शुरू में जहां पर्यवेक्षण की संकल्पना आधिकारिक दृष्टिकोण पर आधारित थी, वहीं अब जनतंत्रीय उपागम आधारित हो गई है। तदनुसार परस्पर सहचर्य, सहयोग, समता का व्यवहार पर्यवेक्षण में दृष्टिगत होता है। पर्यवेक्षण सम्बन्धित निरीक्षण में तकनीकी विकास का भी प्रभाव देखा जा सकता है। शुरू में पर्यवेक्षण का मुख्य आधार पारम्परिक विश्वनीय व वैध निरीक्षण की अवस्था की बार-बार पुष्टि की जा सकती है। इस क्षेत्र में भी अनेक पर्यवेक्षण कौशलों का विकास हुआ है। पर्यवेक्षण का लक्ष्य जहाँ प्रारम्भ में विद्यार्थी, संसाधन व संगठन था, वहाँ अब शिक्षक व उसका अध्यापन मुख्य केन्द्र बिन्दु है।

पर्यवेक्षण : आधुनिक संकल्पना

वर्त्तमान युग के लगभग सभी शिक्षा शास्त्री यथा-क्रासबी (1957) हैरिस (1963) कुर्टिन (1964) विल्स (1967) हैराल्ड एवं मूर (1968) इस बात को अंगीकार करते हैं कि पर्यवेक्षण का लक्ष्य शिक्षण में सुधार से सम्बन्ध रखता है। नीगेल एवं इवांस इनसे और भी एक कदम आगे चलकर अंगीकार करते हैं। उनके अनुसार पर्यवेक्षण के क्षेत्र के तहत् न केवल शिक्षक एवं विद्यार्थी वरन् प्रशासन एवं अभिभावक के शैषिक विकास को भी शामिल करते हैं। विलियम मैकाइवर भी लगभग इन्हीं के समर्थक है।

विल्स लिखते हैं कि "आधुनिक पर्यवेक्षण, अध्यापन व अधिगम के श्रेष्ठ विकास के सहायक हैं।" लगभग यही राय हैराल्ड एवं मूर की है। वे स्वीकारते हैं कि पर्यवेक्षण में ये प्रवृत्तियां आती हैं। जिनका मुख्य सम्बन्ध उन स्थितियों के अध्ययन व सुधार से होता है जो प्रत्यक्षतः अधिगम छात्र व शिक्षक के विकास से जुड़ी होती है। शैक्षिक अनुसंधान के क्षेत्र में हुए अनुसंधान इस बात के द्योतक हैं कि पर्यवेक्षण प्रमुख रूप से अनुदेशों में सुधार से सम्बन्ध रखता है। बारबर्टन तथा ब्रूकनर ने आधुनिक पर्यवेक्षण की परिभाषा दी है जो ज्यादा विस्तृत है। उन्होंने पर्यवेक्षण में निम्न तथ्यों को शामिल किया है–

1. यह एक विशेष तकनीकी सेवा है जिसका प्रमुख उद्देश्य उन सभी तथ्यों का सामूहिक रूप से अध्ययन करना है, जिससे बालक की प्रगति व विकास हो सके।
2. पर्यवेक्षण शिक्षा के सामान्य उद्देश्यों के समान होता है।

3. पर्यवेक्षण समय अधिगम-अध्ययन प्रक्रिया को प्रभावी बनाने में योग देता है तथा इसमें समस्त शिक्षक सहयोगी की भांति अधिगम में सुधार के लिए परस्पर सहयोग करते हैं।

उक्त विवेचन से यह स्पष्ट है कि प्रशासन (पर्यवेक्षण) में सभी का विकास सन्निहित है।

अमेरिका के राष्ट्रीय शिक्षा संगठन के प्राचार्यों के संगठन के अनुसार शिक्षा पर्यवेक्षण में अग्रलिखित बातों का समावेश किया जाता है:—

1. सहायक सामग्री का निर्माण
2. शिक्षकों के शिक्षण में सुधार
3. शिक्षक की कुशलता तथा बालकों की जरूरतों का ज्ञान व सीखने की संस्थितियों का मूल्यांकन।
4. बालकों की जाँच
5. शिक्षकों का व्यावसायिक नेतृत्व व सहयोग।
6. पाठ्यक्रम सुधार तथा निर्माण के लिए शोध।

इस प्रकार पर्यवेक्षण, शिक्षा प्रशासन का एक महत्त्वपूर्ण अंग है। जो समग्र अध्यापन व अधिगम प्रक्रिया को प्रभावित करता है। यही वजह है राष्ट्रीय शिक्षा आयोग (1964-66) ने इसे रीढ़ की हड्डी अंगीकार किया है। इसका आशय यह है कि यदि पर्यवेक्षण पर ध्यान दिया जाये तो समग्र शिक्षण स्थितियों में सुधार हो सकता है और इसके प्रतिकूल यदि ध्यान नहीं दिया गया तो समग्र शैक्षिक ढांचा लड़खड़ा सकता है, चूँकि पर्यवेक्षण (प्रकाशक) के स्तर से लेकर बालक के स्तर तक सभी प्रक्रिया में प्रभावित होते हैं।

आधुनिक पर्यवेक्षण : विशेषताएँ तथा प्रकृति

1. यह जनतंत्रीय दर्शन पर आधारित है इस प्रकार जनतंत्रीय मूल्यों यथा-समानता, सहकार, व्यक्ति का सम्मान, तथा सहभागिता का पर्यवेक्षण में ध्यान रखना जरूरी है।
2. पर्यवेक्षण में परस्पर उचित मानवीय सम्बन्ध जरूरी है।
3. यह आधुनिक प्रौद्योगिकी पर आधारित है अतः निरीक्षण आदि में आधुनिक तकनीकों एवं शैक्षिक प्रौद्योगिकी का प्रयोग आवश्यक है तथा पर्यवेक्षण के विभिन्न कौशलों का ज्ञान पर्यवेक्षण के लिए अनिवार्य है। यह समालोचना पर आधारित है।

4. यह वैज्ञानिक है अतः पर्यवेक्षण में वैधता विश्वसनीयता तथा तथ्यों में क्रमबद्धता आवश्यक है। पर्यवेक्षण निष्कर्ष का संदेह से परे होना आवश्यक है।
5. इसका क्षेत्र मात्र कक्षा कक्ष तक ही नहीं है वरन् विस्तृत है।
6. इसमें परस्पर सहयोग आवश्यक है इस प्रकार प्रत्येक कार्यकर्ता को कोई न कोई पर्यवेक्षण की जिम्मेदारी स्वीकार करना आवश्यक है।
7. प्रभावी परिणाम के लिए उचित प्रशिक्षण व नेतृत्व आवश्यक है।
8. नियमित प्रगति के लिए क्रियात्मक अनुसंधान अनवरत आवश्यक होता है।
9. स्टाफ की नयी शिक्षक तकनीकों में अनुस्थापना आवश्यक है।

अन्तःक्रिया विश्लेषण का अर्थ

एक शिक्षक की कार्यकुशलता और क्षमता का अनुमान उसके शिक्षण के प्रभावपूर्णता के सन्दर्भ में लगाया जा सकता है। उसका शिक्षण कितना प्रभावपूर्ण है, इसका वस्तुनिष्ठ (Objective) मूल्यांकन उसके कक्षा व्यवहार अथवा छात्रों के साथ होने वाली अन्तःक्रिया के माध्यम से किया जा सकता है। इस प्रकार अन्तःक्रिया विश्लेषण (Interaction Analysis) का अर्थ हुआ कि कक्षा में घटने वाली प्रत्येक घटना का वस्तुनिष्ठ (Objective) और व्यवस्थित निरीक्षण करने की व्यवस्था करना और प्रत्येक घटना का विश्लेषण करना है। इस विधि द्वारा शिक्षक को अपने शिक्षण को अधिक प्रभावशाली और उद्देश्यपूर्ण बनाने हेतु अपने व्यवहार में वांछित परिवर्तन लाने और अपने विद्यार्थियों के साथ होने वाली अन्तःक्रिया में आवश्यक सुधार करने के कार्य में पूरी पूरी सहायता मिलती है।

कक्षा निरीक्षण की प्रणाली

कक्षा निरीक्षण की दो प्रमुख प्रणाली प्रचलित हैं—

1. वर्ग प्रणाली—इस प्रणाली में विभिन्न व्यवहारों को विभिन्न इकाइयों (Units) में बांट लिया जाता है और इन इकाइयों को वर्गों में बांटा जाता है। कक्षा में होने वाली घटनाओं की सूची बना ली जाती है। निरीक्षक यह देखता है कि 3 सैंकिड के बाद कक्षा में शिक्षक का घटित होने वाला व्यवहार किस वर्ग में आता है। इसका रिकॉर्ड भी तैयार किया जाता है। वर्गों को भी नोट कर लिया जाता है। अध्यापक व्यवहार के अध्ययन की अन्तःक्रिया विश्लेषण प्रणाली प्रसिद्ध विधि मानी जाती है।

2. चिन्ह संकेत प्रणाली—इसमें पहले से ही पृथक्-पृथक् घटनाओं की सूची बना ली जाती है और निरीक्षक कक्षा में जो कुछ देता है उन घटनाओं पर चिन्ह लगा देता है।

ब्लूम तथा सेन्डर्स ने चिन्ह प्रणाली के लिए सात स्तर दिए जिनका उपयोग कक्षा निरीक्षण में किया जाता है। ये सात स्तर अग्रलिखित हैं—1. अर्थापन, 2. प्रयोग, 3. विश्लेषण, 4. विशिष्ट तथ्यों, विधियों तथा साधनों का ज्ञान, 5. अनुवाद, 6. संश्लेषण तथा 7. मूल्यांकन।

फलेण्डर्स अन्तःक्रिया विश्लेषण प्रणाली

इस प्रणाली का विकास नेड ए. फलेण्डर (Ned A. Flander) ने सन् 1959 में मिनिसोटा विश्वविद्यालय में किया था। यह मूल रूप से एक वर्ग प्रणाली (Category System) है। इसमें शिक्षक की कक्षा में सभी प्रकार के व्यवहारों को वर्गीकृत करने का प्रयत्न किया जाता है। इस विधि की सहायता से 3 सेकेंड तथा इससे भी कम समय में होने वाली घटना का भी निरीक्षण क्रमबद्ध रूप से किया जाता है।

इस विधि में कक्षा में होने वाले सभी शाब्दिक व्यवहारों (Verbal Behaviours) का वर्गीकरण करने का प्रयास किया जाता है। सभी क्रियाओं को तीन भागों में विभाजित किया गया है—

(1) शिक्षक कथन (Teacher Talk) (2) छात्र कथन (Student Talk) (3) मौन (Silence)।

फलेण्डर्स ने अध्यापक और छात्र के व्यवहारों को दस वर्गों में बांटा है। इन वर्गों में से सात अध्यापक की वार्ता (Teacher's Talk), दो वर्गों में छात्रों की वार्ता (Student's Talk) और दसवें वर्ग में मौन (Silence) के छोटे पिरियड, शोर व अव्यवस्था की स्थिति को शामिल किया गया है। इसी प्रकार, सात वर्गों, जिसमें अध्यापक वार्ता सम्मिलित है, को दो भागों में बांटा गया है (1) प्रत्यक्ष (Direct) (2) अप्रत्यक्ष (Indirect)।

फलेण्डर की दस श्रेणियां

अध्यापक वार्ता

1. भावनाओं को स्वीकार करना
2. प्रशंसा या प्रोत्साहन देना

अप्रत्यक्ष प्रभाव	3.	विचारों को स्वीकार करना और प्रयोग करना
	4.	प्रश्न पूछना
प्रत्यक्ष प्रभाव	5.	व्याख्यान देना
	6.	निर्देश देना
	7.	आलोचना करना और अधिकार दिखाना
छात्र वार्ता		
	8.	छात्र अनुक्रिया
	9.	छात्र स्वोपक्रम या पहल करना
विभ्रान्ति	10.	मौन या विभ्रान्ति

नोट—नं. 1–4 वर्ग अप्रत्यक्ष प्रभाव (Indirect Influence) को दर्शाते हैं। नं. 5–7 वर्ग प्रत्यक्ष प्रभाव (Direct Influence) को दर्शाते हैं। नं. 8 व 9 वर्ग छात्र वार्ता अर्थात् छात्रों को दी गई स्वतन्त्रता की प्रकृति के विषय में बताते हैं। नं. 10 वर्ग का लक्ष्य है–मौन कालों का रिकार्ड करना या विभ्रान्ति (Confusion) को नोट करना है। दो मिनट से अधिक श्रेणी वाले मौन रिकॉर्ड में नहीं आते।

अध्यापक वार्ता

(a) **अप्रत्यक्ष प्रभाव**–शिक्षक की वे सभी अनुक्रियाएं (Responses) शामिल की जाती हैं जो अप्रत्यक्ष रूप में छात्रों के व्यवहार को अनुक्रिया के लिए प्रोत्साहित करती हैं। ये अग्रलिखित हैं–

1. भावनाओं को स्वीकार करना—शिक्षक छात्रों की भावनाओं को स्वीकार करता है। शिक्षक ये मानता है कि छात्रों को इस प्रकार की भावनाएं रखने तथा कक्षा में अभिव्यक्त करने का अधिकार है।

2. प्रशंसा या प्रोत्साहन देना–ये वे शिक्षक व्यवहार हैं जिनके द्वारा छात्रों के कार्य की प्रशंसा की जाती है। साधारणतः प्रशंसा के लिए 'अच्छा', 'ठीक', 'सुन्दर', 'शाबास' आदि शब्द प्रयोग में लाए जाते हैं। कई बार शिक्षक अशाब्दिक अनुक्रिया से प्रोत्साहित करता है, जैसे : 'गर्दन को हिलाना', 'हूं' की आवाज करना आदि।

3. छात्रों के विचारों को स्वीकार करना और प्रयोग करना–शिक्षक इसमें छात्रों के विचारों को स्वीकार करता है और उनके विचारों का अपने नवीन विचारों से सम्बन्ध स्थापित करता है। शिक्षक यह कहता है–'अच्छा' मैं बतलाता हूं तुम्हारे कहने का क्या तात्पर्य है? तुम क्या कहना चाहते हो? आदि।

4. प्रश्न पूछना–अध्यापक छात्रों से विषय-वस्तु से सम्बन्धित प्रश्न पूछता है। प्रश्न छोटे भी हो सकते हैं जो छात्रों के उत्तर को नियन्त्रित करते हैं या वे बहुत बड़े भी हो सकते हैं जिसमें छात्रों को अधिक बोलना पड़ता है। इस प्रयोग से छात्रों को शिक्षण क्रिया में भाग लेने के लिए प्रोत्साहित किया जाता है।

(b) **प्रत्यक्ष प्रभाव**–शिक्षक की वे सभी अनुक्रियाएं तथा तापक्रम को सम्मिलित किया जाता है जो प्रत्यक्ष रूप से छात्रों के व्यवहार को नियन्त्रित करती है। जैसे व्याख्यान देना, निर्देश देना, आलोचना करना या अधिकार दिखाना।

5. व्याख्यान देना–यह व्याख्यान शाब्दिक अन्तःक्रिया का वह रूप है जिसको अध्यापक अपने विचारों, तथ्यों, दृष्टिकोणों एवं सूचनाओं को देने के लिए प्रयोग करता है। किसी महत्त्वपूर्ण भूमिका देने, उसकी आलोचना करने तथा छात्रों का ध्यान केन्द्रित करने के लिए इसका प्रयोग किया जाता है।

6. निर्देश देना–छात्रों को कक्षा में कुछ करने के लिए कहना, निर्देश कहलाता है। जैसे शिक्षक कहता है 'तुम बताओ', 'खड़े हो जाओ, 'अपना नाम बताओ' आदि अनुक्रियाएं वर्ग-6 में ही शामिल होती हैं।

7. आलोचना करना या अधिकार दिखाना–जब अध्यापक छात्रों को गलत व्यवहार के लिए किसी आलोचना का प्रयोग करता है, तो वह इस वर्ग में शामिल होता है। जैसे–शिक्षक का यह कहना 'ये मुझे पसन्द नहीं' 'मैं तुम्हें कक्षा से बाहर निकाल दूंगा' 'कक्षा से बाहर निकल जाओ', 'शान्त हो जाओ', 'आपस में बातें मत करो' आदि।

छात्र वार्ता

8. छात्र अनुक्रिया–जब अध्यापक छात्रों से प्रश्न पूछता है और वे प्रश्नों का उत्तर देते हैं, इन क्रियाओं को इस वर्ग में शामिल करते हैं। छात्र की कोई क्रिया जो अध्यापक द्वारा दिए गए निर्देश के लिए करता है, वह इस वर्ग में आती है।

9. छात्र स्वोपक्रम या पहल करना–जिस समय छात्र स्वयं ही प्रश्न पूछने अथवा कुछ कहने के लिए उत्सुक होते हैं तब इन व्यवहारों को इस वर्ग–9 में अंकित करते हैं।

10. मौन या विभ्रान्ति–ऐसा समय जब कक्षा में मौन वातावरण (खामोशी) अथवा अस्तव्यस्तता का वातावरण हो, जब सभी एक साथ बोलने लगते हैं और अध्यापक यह निर्णय नहीं कर पाता कि कक्षा में कौन बोल रहा है। कभी-कभी ऐसी परिस्थिति भी उत्पन्न हो जाती है कि कोई भी नहीं बोलता है। इस प्रकार

की दोनों ही परिस्थितियों को इस वर्ग–10 में अंकित करते हैं। इस वर्ग में उन सभी परिस्थितियों को शामिल किया जाता है जो शिक्षक वार्ता तथा छात्र वार्ता में नहीं आती हैं।

फलैण्डर्स अन्तःक्रिया विश्लेषण की प्रक्रिया

इसकी दो प्रमुख प्रक्रियाएं होती हैं–

1. अंकन प्रक्रिया–इस प्रक्रिया के लिए प्रेक्षक (Observer) को कक्षा में उस स्थान पर बैठना चाहिए जिस स्थान से वह कक्षा में होने वाली प्रत्येक घटना अथवा अनुक्रिया (Response) अच्छी तरह देख सके। वह यह देखता है कि एक विशेष घटना किस वर्ग में अंकित की जाए। प्रति तीन सेकिंड में होने वाली क्रिया एक चिन्ह से अंकित की जाती है। इस प्रकार प्रेक्षक प्रति मिनट 20 से 25 वर्गों की संख्याओं को अंकित करता है। एक पाठ का कम-से-कम 20 मिनट तक निरीक्षण किया जाता है। आलेख पत्र पर शिक्षक का नाम, कक्षा विषय सन्दर्भ तथा दिनांक भी लिखे जाते हैं।

प्रेक्षक को विशेष प्रकार का प्रशिक्षण प्राप्त करना चाहिए। उसे निम्न पांच सोपानों में से गुजरना पड़ता है–

(क) श्रेणियों और उनकी संख्या को याद रखना–हर श्रेणी के लिए इसमें दिए हुए विवरण और उदाहरण को याद करना जरूरी होता है।

(ख) अन्तःक्रियात्मक परिस्थिति में श्रेणियों की संख्या लिख कर कोडिंग का अभ्यास करना–इसके लिए हर 3 सेकिंड के उपरांत एक श्रेणी संख्या लिखना जरूरी माना जाता है। यह अभ्यास प्रेक्षक तब तक करता रहना है जब तक कूट संकेतन की प्रक्रिया स्वचालित (Automatic) नहीं बन जाती।

(ग) प्रेक्षक के उपरांत श्रेणियों की कूट संकेतिक संख्याओं को जोड़ों में बदलना–श्रेणी संख्याओं के क्रम में पहले या बाद में यदि श्रेणी संख्या 10 न हो तो जोड़ा बनाने से पहले उन्हें सम्मिलित कर लिया जाता है। जोड़ा बनाने के लिए ये जरूरी माना जाता है कि पहले जोड़े के बाद वाली संख्या को दूसरे जोड़े की पहली संख्या माना जाना चाहिए तथा इसी क्रम में और जोड़े बनाए जाने चाहिएं। उदाहरणार्थ–यदि प्रेक्षक नीचे लिखी संख्याएं लिखी हों तो उनके जोड़े बताए गए क्रम में प्रस्तुत किए जाएंगे।

श्रेणी संख्याएं 5, 5, 4, 3, 2, 1, 4, 3, 6, 5

इस श्रेणी संख्याओं के न तो पहले और न ही अन्त में श्रेणी संख्या 10 है। इसलिए श्रेणी संख्या 10 को शुरू तथा अन्त में जोड़ना पड़ेगा। जैसे–

10, 5, 4, 3, 2, 1, 4, 3, 6, 5, 10

इससे 11 जोड़े इस प्रकार क्रम में बनेंगे—10, 5; 5, 5; 5, 5; 4, 3; 3, 2; 2, 1; 1, 4; 4, 3; 3, 6; 6, 5; 5, 10।

(ग) श्रेणी संख्याओं के जोड़ों को 10 × 10 की प्रेक्षण आधात्री (Observation Matrix) में लिखना—जोड़े की पहली संख्या के अनुसार मैट्रिक्स की पंक्ति और दूसरी संख्या के अनुसार इसका स्तम्भ देखते हुए सही खाने में उसे लिख दिया जाता है। हर जोड़े को इस द्विप में मैट्रिक्स के खानों में लिख दिया जाता है।

(घ) पंक्तियों तथा स्तम्भों का योग मालूम करना—इसमें पंक्तियों तथा स्तम्भों के कुल योग में पाई जाने वाली आकृतियां एक ही जैसी होती हैं।

2. अंकन अर्थापान प्रक्रिया (Decoding Procedure)—जिस प्रकार सभी प्रक्रिया में वर्गों के क्रम नम्बर लिखने को एनकोडिंग (Encoding) कहते हैं उसी प्रकार इन वर्गों के क्रम नम्बरों के आधार पर व्यवहारों के विवरण लिखने को डीकोडिंग (Decoding) कहते हैं।

कक्षा अन्तःक्रिया की व्याख्या करने के लिए निरीक्षण आव्यूह तालिका (Observation Matrix Table) रचना की जाती है। इस तालिका से दो प्रकार का अर्थापन किया जाता है—

(A) परिमाणात्मक अर्थापन

1. वर्ग अनुपात
2. व्यवहार अनुपात
3. अन्तःक्रिया चर

(B) गुणात्मक अर्थापन

1. घड़ी के अनुसार प्रवाह चार्ट
2. प्रवाह रेखा चित्र
3. अन्तःक्रिया प्रतिमान

फलैण्डर्स अन्तःक्रिया विश्लेषण प्रणाली में संशोधन

इस प्रणाली में संशोधन करने का श्रेय चार्ल्स एम. ग्लोबे को जाता है। इस प्रणाली में शाब्दिक अन्तःक्रिया पर ही अधिक ध्यान दिया गया है और अशाब्दिक अन्तःक्रिया पर ध्यान नहीं दिया गया, लेकिन शाब्दिक और अशाब्दिक अन्तःक्रिया (Verbal and Non-Verbal Interaction) शिक्षण में दोनों ही महत्त्व रखती

हैं। इस दोष को दूर करने के लिए चार्ल्स एम. ग्लोवे (Charles M. Gloway, 1960) ने एक आई. डी. ई. आर. प्रणाली (I.D.E.R. System) का विकास किया। इस प्रणाली में दोनों ही प्रकार की अन्तःक्रियाओं का मापन किया जा सकता है।

इस प्रणाली में कक्षा अन्तःक्रिया (Class room Interaction) को अग्रलिखित चार वर्गों में बांटा जा सकता है–

1. अप्रत्यक्ष (Indirect) (I)
2. प्रत्यक्ष (Direct) (D)
3. प्रोत्साहन (Encouragement) (E)
4. हतोत्साहन (Restricting) (R)

ओबर (Ober) ने भी फलैण्डर की प्रणाली में संशोधन क्रिया और पारस्परिक वर्ग प्रणाली (Reciprocal Catagory System) जिसे (R C S) भी कहा जाता है, का विकास किया।

परन्तु शोध कार्यों में फलैण्डर की इन दस वर्गीय विश्लेषण प्रणाली का ही प्रयोग किया जाता है। D E R और R C S प्रणाली की अर्थापन प्रक्रिया का उतना विकास नहीं हुआ। फलैण्डर ने ही अपनी प्रणाली का पूरा विकास किया जिसका प्रयोग किया जाता है।

फलैण्डर की अन्तःक्रिया विश्लेषण प्रणाली के लाभ

इस प्रणाली के लाभ तथा विशेषताएं अग्रलिखित हैं–

1. कक्षा शिक्षण के मूल्यांकन की एक विश्वसनीय प्रविधि है।
2. शिक्षण व्यवहार परिवर्तन के लिए इसे एक पृष्ठपोषण (Feedback Device) के रूप में प्रयोग किया जाता है।
3. सूक्ष्म शिक्षण (Micro-Teaching) तथा अनुकरण में इसे एक सहायक विधि के रूप में प्रयोग लाया जाता है।
4. यह अनुरूपित शिक्षण (Simulated Teaching) तथा टोली शिक्षण (Team Teaching) आदि नई प्रशिक्षण तकनीकों में यह प्रणाली एक सहायक के रूप में प्रयोग की जाती है।
5. इसके द्वारा शिक्षण व्यवहार के प्रारूप (Pattern) और प्रवाह (Flow) के निर्धारण में सहायता मिलती है।
6. यह विधि सेवाकालीन अध्यापकों के लिए भी लाभकारी है।

7. यह शिक्षक व्यवहार के सिद्धान्त का प्रतिपादन करती है।
8. शिक्षण के स्वतन्त्र तथा आश्रित चरों की व्याख्या इसके द्वारा की जा सकती है और शिक्षण सिद्धान्त प्रतिपादन किया जा सकता है।
9. प्रशिक्षण संस्थाओं (Training Institutions) में शिक्षण अभ्यास के समय इसके प्रयोग से अपेक्षित शिक्षण व्यवहार की जानकारी छात्राध्यापकों को दी जा सकती है।
10. कक्षा अन्तःक्रिया का निरीक्षण और विश्लेषण करने की यह एक विश्वसनीय तथा वस्तुनिष्ठ (Objective) तकनीक है।
12. शिक्षण व्यवहार की तीन सैकिंड के अन्दर होने वाली घटनाओं को अंकित किया जाता है।
13. शिक्षण सम्बन्धी शोध कार्यों में इसे एक प्रविधि के रूप में प्रयोग किया जाता है।

सीमाएं

1. इसमें समय, शक्ति और धन बहुत अधिक लगता है।
2. अच्छे और बुरे शिक्षक व्यवहारों के रूप में कोई स्पष्ट निर्णय इस प्रणाली के निरीक्षण और विश्लेषण द्वारा नहीं मिलता।
3. अनेक शिक्षण क्रियाओं जैसे विज्ञान में किसी प्रयोग का प्रदर्शन करना, भाषा शिक्षण में आदर्श वाचन, सामाजिक विज्ञान में चार्ट और मानचित्रों का अध्ययन आदि के वर्गीकरण पर इस प्रणाली में कोई ध्यान नहीं दिया गया है।
4. इस प्रणाली में मौन को प्रयोजन हानि और प्रयोजन पूर्ण के रूप में वर्गीकृत नहीं किया गया है जो कि एक बड़ी भूल है।
5. इस विधि में क्रिया और प्रतिक्रिया का साथ-साथ आलेखन नहीं होता है।
6. इसमें पाठ्य-वस्तु की वैधता तथा शुद्धता के सम्बन्ध में कोई जानकारी नहीं दी जा सकती है जबकि शिक्षक की प्रक्रिया का प्रस्तुतीकरण महत्त्वपूर्ण होता है। इस प्रकार यह पाठ्य-वस्तु स्वतन्त्र विधि है।
7. शिक्षक तथा छात्रों की क्रियाओं का पृथक्-पृथक् रिकॉर्ड किया जाता है। एक समय में एक ही क्रिया को लिख सकते हैं जबकि अन्तःप्रक्रिया में दोनों ही क्रियाएं साथ-साथ कुछ-न-कुछ करती हैं। इसमें क्रिया और प्रक्रिया का साथ-साथ आलेखन नहीं होता।

8. ये विधि बहुत महंगी तथा कठिन है।
9. इस प्रणाली में शिक्षक के केवल शाब्दिक व्यवहारों (Verbal behaviours) का ही निरीक्षण और विश्लेषण किया जाता है। इसलिए शिक्षक व्यवहार के सम्पूर्ण रूप में वर्णन और विश्लेषण करने में ये प्रणाली असमर्थ सिद्ध होती है।
10. इसमें कक्षा-शिक्षण की सारी क्रियाओं को दस वर्गों में बांट दिया जाता है। इसलिए यह शिक्षण-व्यवहार के स्वरूप को संकुचित कर देती है।
11. इस विधि में शिक्षक तथा छात्र की अन्तःक्रिया में सन्तुलन नहीं रखा गया है क्योंकि दस में से सात वर्गों की शिक्षक की क्रियाएं और केवल दो वर्गों की छात्र क्रियाएं हैं।

इन सीमाओं को ध्यान में रखते हुए फलैण्डर की दस वर्ग प्रणाली में अनेकों लोगों ने सुधार तथा परिवर्तन किए हैं। इनमें ओबर (Ober) की पारस्परिक वर्ग प्रणाली (R C S) अधिक महत्त्वपूर्ण मानी जाती है।

निरीक्षण का अर्थ

उत्पादक द्वारा दिये गये कार्य श्रमिकों द्वारा सही-सही किया गया है। या किसी भी क्षेत्र में दूसरों को सौंपे गये कार्य पूर्णतया सही हैं। निरीक्षण किसी भी कार्य की जाँच करना ही निरीक्षण है। या नहीं इसके संबंध में संकल्पना या परिकल्पना करना ही कार्य के अच्छे होने को इंगित नहीं करता अर्थात् मानसिक श्रम करने वाले चिकित्सक, वकील और अध्यापक उन्हें सौंपे गये कार्यों को सही-सही ढ़ंग से पूर्ण निष्ठा व कर्त्तव्य के साथ पूर्ण कर ही लेंगे इस संबंध में अनुमान लगाना मात्र कोरी कल्पना ही होगी। यही नहीं खेत में काम करने वाले श्रमिक द्वारा भी कृषक के मनमाफिक काम ही किया गया है जो एक विश्वास और भरोसे करने वाली ही कल्पना है। यही नहीं हमारे विद्यालयों में विद्यार्थियों को सौंपे गये कार्य पूर्ण और सही ही होंगे। इस विषय में भी अनुमान लगाना एक काल्पनिक सोच के समान ही है। एक नई-नई गृहिणी एक नये परिवार तथा परिवेश में प्रथम बार कदम रखकर पारिवारिक जीवन के कर्त्तव्यों का निर्वाह कर ही लेगी, ऐसा भी सोचना बेकार है। परन्तु जो भी जिस क्षेत्र में कार्य करता है उसकी उसके कार्य के साथ-साथ साधारणतया निगरानी मय जाँच ही की जाये तो हमें दूसरों के द्वारा किये जाने वाले कार्यों की वस्तु परिस्थिति की जानकारी एक आदर्श स्वरूप में मिल सकती है। इन्हीं महत्वपूर्ण बिन्दुओं के मद्दे नजर हम जैसे शिक्षित प्राणियों के लिये निरीक्षण के विषय

में अध्ययन करना आवश्यक हो जाता है। निरीक्षण के संबंध में साधारण अध्ययन इस तरह है–

निरीक्षण का अर्थ

सामान्य शब्दों में किसी भी व्यक्ति द्वारा किये गये कार्यों की जाँच करना ही निरीक्षण है। यानि एक विद्यार्थी को जो गृह काम दिया जाता है उसका विषय अध्यापक द्वारा जाँच करना 'निरीक्षण' का कार्य ही कहलाता है। इसी तरह विद्यालय की शैक्षिक गतिविधियों की उच्चाधिकारियों द्वारा जाँच करना भी 'निरीक्षण' कार्य के तहत् ही शामिल किया जाता है। दूसरे शब्दों में यह भी कहा जा सकता है कि किसी भी क्षेत्र में किसी भी श्रेणी के व्यक्ति द्वारा संपादित किये गये कार्यों का मूल्यांकन करना ही निरीक्षण है। अर्थात उनके द्वारा सम्पादित कार्य कितने विपरीत अथवा अनुकूल हैं, निश्चित लक्ष्यों की पूर्ति में सहायक सिद्ध हुये हैं अथवा नहीं और संपादित कार्यों का भावी परिणाम क्या है, इत्यादि के संबंध में मूल्यांकन करना ही 'निरीक्षण' है।

विभित्र विद्वानों ने भी 'निरीक्षण' के संबंध में अपने-अपने विचार व्यक्त करते हुये इसके अर्थ को स्पष्ट करने का प्रयत्न किया, जिनमें से महत्त्वपूर्ण विद्वानों के विचार अग्रलिखित हैं–

वाइल्स किम्बाल के शब्दों में, निरीक्षण एक ऐसी प्रक्रिया है जिसमें निगरानी रखते हुये कार्य करने के लिये प्रेरित किया जाता है।

बर्टन के शब्दों में, शिक्षा जगत में जब शैक्षिक दृष्टि से उन्नति करना ही हमारा उद्‌देश्य हो तो यह निरीक्षण की श्रेणी में आता है।

इसी प्रकार वेब्सटर (Webster) शब्द कोष के अन्तर्गत भी 'निरीक्षण' के विषय में लिखा गया है कि किसी व्यक्ति की जाँच करना ही निरीक्षण है। डॉ. मुकर्जी ने भी निरीक्षण के संबंध में अपने मत व्यक्त करते हुये कहा है कि वरिष्ठ अध्यापक अथवा प्राचार्य द्वारा किये गये मूल्यांकन ही 'निरीक्षण' की परिधि में आते हैं।

उक्त परिभाषाओं के विश्लेषणात्मक अध्ययन के आधार पर निरीक्षण के संबंध में निम्नांकित तथ्यात्मक बिन्दु स्पष्ट होते हैं–

(1) किसी भी क्षेत्र में चाहे जो भी कार्य किये गये हों उनका इस तरह देख-रेख करना कि वे निश्चित मापदण्ड के अनुसार सम्पादित किये गये हैं अथवा इत्यादि को भी 'निरीक्षण' कहा जा सकता है।

(2) किसी भी व्यक्ति की जाँच करना निरीक्षण है।

(3) किसी भी व्यक्ति द्वारा संपादित कार्यों की जाँच करना भी निरीक्षण है।

(4) किसी भी व्यक्ति द्वारा किये गये कार्यों का मूल्यांकन करना ही निरीक्षण है, जो यह स्पष्ट करता है कि उस व्यक्ति या संस्था द्वारा संपादित कार्य कितने विपरीत अथवा अनुकूल हैं।

निरीक्षण का एक ऐतिहासिक अध्ययन

भारत में पहले के भाँति आज भी संपादित कार्यों की जाँच किये जाने के संकेत मिलते हैं। जिससे यह पता चलता है कि निरीक्षण का क्या-क्या तरीका है। इस संबंध में अग्रलिखित ऐतिहासिक तथ्यों का अध्ययन किया जा सकता है–

(1) इस सबके पश्चात् भारत में हन्टर कमीशन ने 1882 में शैक्षिक सुधार लाने के लिये और शिक्षा को प्रभावी बनाने के लिये यह स्पष्ट किया कि सरकार द्वारा दिये जा रहे अनुदान का उपयोग भिन्न-भिन्न संस्थाओं, व्यक्तियों द्वारा उचित रूप से किया जा रहा है अथवा नहीं और इस बाबत अनुशासन (Dicipline) संबंधी अधिकार भी निरीक्षकों को दिये गये।

(2) बंगाल में राष्ट्रीय आन्दोलनों को समाप्त करने के लिये 1908 में भी इसी संबंध में विशेष अधिकार प्रदान किए गये और 1919 में सेडलर कमीशन ने कटु निन्दा करते हुये निरीक्षण के संबंध में कहा था कि निरीक्षण का ज्यादा कार्य जल्दबाजी में होता है, जिसके अभाव में विद्यालयों में निरीक्षण संबंधी कार्य प्रभावित होते हैं।

(3) वुड घोषणा पत्र 1854 में यह स्पष्ट है कि प्रत्येक राज्य में एक 'Director of Public Instruction' की नियुक्ति हुई थी जिसका कार्य विद्यालयों और महाविद्यालयों का सामयिकी रूप से एक विवरण सरकार को भेजना पड़ता था और यह 'DPI (Director of Public Instruction) ही परीक्षाओं का आयोजन कराता था और परीक्षा संबंधी कार्यों में सहयोग भी देता था। इस तरह इसका कार्य मुख्यतः निरीक्षण जैसा ही था जो निरीक्षक (Inpector) के रूप में कार्य करता था।

(4) वूड घोषणा पत्र के पश्चात् 1858 में निरीक्षकों को स्कूलों का निरीक्षण (Inpection) का कार्य भी सौंपा गया था जिसमें अनुदान की मात्रा निश्चित किये जाने का अधिकार भी शामिल था ये सभी निदेशक की ओर से 1858 में प्रस्तुत अनुदान की शर्त्तें थीं। इस प्रकार शैक्षिक प्रशासन में निरीक्षण के कार्य का उदय हुआ और विद्यालय प्रशासन का एक तरीका सामने आया।

(5) 1928 में भारत में स्थापित साईमन कमीशन ने भी विद्यालयों में निरीक्षण के संबंध में अपना ध्यानाकर्षित किया था। 1652-53 में माध्यमिक शिक्षा आयोग ने भी निरीक्षण के संबंध में अनेक विचार व्यक्त किये थे। फोर्ड फाउण्डेशन के एक दल ने तो भारतीय माध्यमिक विद्यालयों में जो निरीक्षण विधि अपनायी जा रही थी, उसमें कई त्रुटियाँ बताते हुये उन्हें दूर करने की बाबत निम्नांकित उपाय भी सुझाये थे–

(क) निरीक्षक को निरीक्षण कार्य शुरू करने से पूर्व उसे निरीक्षण संबंधी प्रशिक्षण दिया जाना चाहिये।

(ख) निरीक्षक को मृदुभाषी होना चाहिये उसमें इस तरह के गुण भी होने चाहिये कि उसके व्यवहार से असन्तोष की भावनायें जन्म नहीं ले सकें।

(ग) किसी भी संस्था के कार्य को व्यक्ति द्वारा सम्पादित कार्यों की जाँच से पहले निरीक्षक को निरीक्षण की भिन्न-भिन्न पद्धतियों या तकनीकों की जानकारी भी होनी चाहिए।

(घ) यह निरीक्षक को समझना चाहिये कि वह पहले मानव है और बाद में निरीक्षक इसी आधार पर मानवीय संबंध पनप सकते हैं। इस प्रकार मानवीय संबंधों के मध्य नजर रखते हुये ही निरीक्षक को निरीक्षण संबंधी कार्य करने चाहिये।

(ङ) निरीक्षक को यह समझ कर कार्य करना चाहिये कि उसका कार्य से संबंधित कोई निर्णय लेना आलोचनात्मक नहीं है अपितु उसका कार्य तो सुझात्मक ही है।

निरीक्षण के प्रमुख लक्ष्य

निरीक्षण के उद्देश्यों से आश्य उन सब कार्यों से या कारणों से होता है जो निरीक्षण के कारणों को स्पष्ट करते हैं यानि निरीक्षण क्यों किया जाना चाहिए? निरीक्षण का आधार क्या होता है? निरीक्षणोपरान्त क्या-क्या लाभकारी हित पूर्ण हो सकते हैं इत्यादि। भिन्न-भिन्न कार्यों के संपादन में हालाँकि (Helpfull) होने के कारण ही इसकी आवश्यकता अथवा जरूरत होती है। उसी संबंध में निरीक्षण के निम्नांकित उद्‌देश्य बताये जा सकते हैं–

(1) अध्यापकों की कार्य क्षमता और कुशलता में वृद्धि करने तथा उचित मार्गदर्शनार्थ भी निरीक्षण किया जाता है।

(2) हालाँकि विद्यालय में प्रशिक्षित और योग्य अध्यापकों की नियुक्ति शैक्षिक प्रशासन द्वारा की जाती है, परन्तु उनके कार्यों की जाँच इसलिये की जाती है कि उनके कार्य और भी अच्छे बनें उनमें गुणवत्ता आये और एक अच्छे शिक्षक और सर्वश्रेष्ठ शिक्षा का विकास हो सके।

(3) सभी क्षेत्रों में किये जाने वाले कार्यों की रूपरेखा और क्रियान्वित विधि अलग-अलग होती है। ऐसी अवस्था में निरीक्षण कार्य से भिन्न-भिन्न क्षेत्रों की जानकारी मिल जाती है जिससे संबंधित व्यक्ति को भी अवगत कराया जाता है।

(4) सभी व्यक्ति कार्य करने में निपुण हों यह आवश्यक नहीं होता है। परन्तु निरीक्षण द्वारा यह परखा जा सकता है कि कौन व्यक्ति कितना प्रवीण है अर्थात् व्यक्ति या संस्था द्वारा संपादित कार्यों के मूल्यांकन की बाबत भी निरीक्षण किया जाता है।

(5) पाठ्यक्रम निश्चित करने के लिए विद्यालयों में निरीक्षण किया जाता है। अर्थात् 10 विद्यालयों में निरीक्षण किया जाए कि वहाँ का आस-पास का वातावरण प्रबन्ध, विद्यार्थियों के स्तर की बाहुल्यता और सामयिकी अभिरुचियों के आधार पर अनुकूल परिणाम वाले पाठ्यक्रम निश्चिते किये जाकर शैक्षिक प्रबन्ध की जा सकती है।

(6) औद्योगिक व व्यावसायिक जगत में भी लाभ प्रदान करने वाली इकाइयाँ क्रियाशील रह सकती हैं और अलाभकारी इकाइयों की खोज कर उन्हें बन्द भी किया जा सकता है।

(7) निरीक्षण से अन्य कर्मिकों में भी क्रियाशीलता आती है।

(8) सीखने और सिखाने की भावना जाग्रत करने के लिये भी निरीक्षण संबंधी कार्य किया जाता है।

(9) निरीक्षण के माध्यम से नियमितता, कर्त्तव्य निष्ठा, ईमानदारी और समानता का सिद्धान्त इत्यादि नैतिक मूल्यों का जन्म होता है।

(10) विद्यार्थियों को अध्यापक की योग्यतानुसार ज्ञान मिलने की संभावनायें बढ़ जाती हैं।

अतएव अलग-अलग कामों को विभिन्न तरीके से संपादित करने और उनसे प्राप्त होने वाले प्रतिफलों को आवश्यक रूप से पाने के लिये ही 'निरीक्षण' का कार्य किया जाता है।

निरीक्षण की वर्तमान विचारधारा

निरीक्षण का कार्य आपसी शैक्षिक जगत् में प्रचलित है। शैक्षिक वातावरण को गुणवत्ता की दृष्टि से आज भी सब से उँचा बनाने के लिए जिला स्तरों पर कार्यालयों की स्थापना कर उसमें जिला शिक्षा अधिकारी की नियुक्ति की गई है। खण्ड स्तर पर BEO (Block Education Officer) सर्वोच्च अधिकारी होता है, जो उस प्रखण्ड के प्राथमिक पद्धति द्वारा खुद अथवा शिक्षा प्रसार अधिकारियों (EEO) (Education Extention Officer) की रिपोर्ट के आधार पर की जाती है। वर्तमान निरीक्षण प्रबंध से जहाँ मानवीय संबंधों को जन्म मिलता है तथा शिक्षा संसार में शैक्षिक सुधार तथा नवीनतम शैक्षिक तकनीकों का भी विकास होता है। इसी के साथ वर्तमान निरीक्षण विचारधारा के संबंध में अग्रलिखित महत्वपूर्ण बातें बताई जा सकती हैं–

(1) वर्त्तमान युग विज्ञान कम्प्यूटरीकृत युग है जिसमें तकनीकी ज्ञान सहित वर्तमान समाज की आवश्यकताओं के समान शिक्षा को बढ़ावा देने वाली निरीक्षण पद्धति लागू होनी चाहिये। प्राचीन ढर्रे पर चलने वाले निरीक्षकों को निरीक्षण कार्यों के लिये नियुक्त नहीं करना चाहिये।

(2) वर्त्तमान में विद्यार्थी का चातुर्य शक्ति बढ़ी है। इस प्रकार निरीक्षक को बहुत ही क्रियाशील (Active) व्यक्तित्व वाला होना चाहिये।

(3) मनोवैज्ञानिक दृष्टि से भी निरीक्षक को पूर्ण होना चाहिये जो निरीक्षण के बाद द्रुतगामी निर्णय ले सके और संरचनात्मक सुझाव देने में सफल हो सके।

(4) समानता के आधार पर निरीक्षक में आदर्श समाज की स्थापना और भारतीय सभ्यता व संस्कृति के विकास की ओर उदीयमान होना चाहिये। इस तरह वर्तमान निरीक्षण प्रबंध के संबंध में कई महत्त्वपूर्ण विचारधारायें बतायी जा सकती है।

12

समाजशास्त्र शिक्षण में मूल्यांकन

प्रत्येक विषय की तरह समाजशास्त्र के शिक्षण में भी मूल्यांकन का अत्यधिक महत्त्व है। मूल्यांकन के द्वारा ही शिक्षक को यह जानकारी प्राप्त होती है कि उसके द्वारा सिखाई जाने वाली क्रियाओं को छात्रों ने किस सीमा तक सीखा है। कौन-कौन से बिन्दु छात्र नहीं सीख पाए हैं। मूल्यांकन के न होने पर सभी क्रियाएँ निरर्थक हो जाती हैं, इसके जाने बिना सीखना भी निरर्थक होता है। मूल्यांकन के द्वारा ही हम भविष्य के मार्ग का निर्धारण करते हैं। मूल्यांकन के द्वारा केवल उपलब्धियों का मापन ही नहीं वरन् सम्पूर्ण शैक्षिक प्रक्रिया में सुधार भी होता है।

मूल्यांकन का आशय

मूल्यांकन शब्द का प्रयोग नवीन है। इसके स्थान पर मापन शब्द का प्रयोग किया जाता था। किन्तु मापन और मूल्यांकन में बहुत अन्तर है। मूल्यांकन का तात्पर्य चतुर्दिक मापन से है। मूल्यांकन के द्वारा जीवन से सम्बन्धित समस्त क्रियाओं का मापन किया जाता है। मूल्यांकन का तात्पर्य उपलब्धियों के मापन के साथ-साथ रुचियों, योग्यताओं, आदतों सामाजिक व्यवहारों, सीखने के तरीकों आदि के मापन से भी है। **जेम्स एम.ली. के अनुसार**—"मूल्यांकन का मुख्य प्रयोजन छात्रों को सीखने की प्रक्रिया को अग्रसर एवं निर्देशित करना है।" एक अन्य विद्वान **मुफात (Muffatt) के अनुसार**—"मूल्यांकन निरन्तर चलने वाली प्रक्रिया है और यह छात्रों की औपचारिक शैक्षिक उपलब्धि से अधिक है।"

शिक्षा के क्षेत्र में भी शिक्षा के निर्धारित उद्देश्यों की प्राप्ति के सही पाठ्यक्रम तैयार करके सही विधियों की सहायता से विद्यार्थियों को ज्ञान उपार्जन कराया जाता है। किस अवधि में इन उद्देशों की प्राप्ति में कहाँ तक प्रगति हुई, विद्यार्थियों की योग्यता में कितनी वृद्धि हुई, इत्यादि। इन सभी बातों का ज्ञान परिश्रम और योग्यता का सही-सही मूल्य तथा उसके द्वारा होने वाले परिवर्तनों एवं लाभ की मात्रा का ज्ञान ही मूल्यांकन कहलाता है। दूसरे शब्दों में हम यह कह सकते हैं कि "मूल्यांकन शिक्षा की प्रक्रिया (Educational Process) का वह अंग है जिसके द्वारा इस बात की जाँच की जाती है कि एक निश्चित समय में शिक्षा के उद्देश्यों की प्राप्ति में कहाँ तक प्रगति हुई, विद्यार्थियों के अनुभव तथा योग्यता में कितनी वृद्धि हुई, उनके व्यवहार में कितना अन्तर आया तथा शिक्षक ने इस दिशा में कहाँ तक सहयोग दिया।"

मूल्यांकन शब्द के व्यापक अर्थ को समझाते हुए क्वीलेन तथा हन्ना ने अपनी पुस्तक "एजूकेशन फॉर सोसल कॉम्पीटेंस" में लिखा है कि–"किसी भी संस्था द्वारा छात्र के बौद्धिक परिवर्तन में आंकलन की क्रिया तथा उसकी व्याख्या को मूल्यांकन कहते हैं। "अतः हम यह कह सकते हैं कि मूल्यांकन एक क्रमिक प्रक्रिया है जो निरन्तर छात्रों के व्यवहार का मूल्यांकन करती रहती है। यह उपलब्धि मापन के साथ-साथ विकास का मार्ग भी दर्शाती है।

मूल्यांकन प्रक्रिया

वर्तमान समय में यह निश्चित हो गया है कि मूल्यांकन एक साधन न होकर प्रक्रिया के अग्रलिखित तीन सोपान बताए जाते हैं–

1. उद्देश्यों का निर्धारण,
2. उद्देश्यों की प्राप्ति के लिए सीखने या सिखाने की क्रियाओं का निर्धारण,
3. मूल्यांकन की प्रविधियों का चयन एवं निर्माण।

परीक्षा का आशय

परीक्षा भारत में एक प्रचलित पद्धित है। जिसके तहत अध्यापक वर्ष में एक बार बालकों के ज्ञान एवं शिक्षा के बारे में जानकारी प्राप्त करने के आयोजित करता है। इसके तहत अध्यापक बालकों से पाठ्य वस्तु आधारित प्रश्न लिखित या मौखिक रूप से पूछता है। उसके प्राप्त अंक के आधार पर बालक को अगली कक्षा में उन्नति दे दिया जाता है। यह भारत की एक परम्परागत् परीक्षा विधि है। जो वर्तमान में भी प्रचलित है।

मूल्यांकन तथा परीक्षा के द्वारा समय-समय पर यह पता करने का प्रयास करते हैं कि बालक के बौद्धिक विकास में क्या एवं कितना परिवर्तन हुआ है? मूल्यांकन एक अनवरत् चलने वाली क्रिया है। जबकि परीक्षा वर्ष के अन्त में केवल एक बार ही आयोजित की जाती है। इन विधियों से यह भी ज्ञात हो जाता है कि अध्यापक द्वारा किए गए शिक्षण को बालक किस स्तर तक समझ रहे हैं? इस प्रकार के मूल्यांकन को अध्यापक की भी परीक्षा मानी जा सकती है। यदि अध्यापक अपने विषय में निपुण है तो उसके पढ़ाने का ढंग अवश्य ही रोचक होगा तथा बालक अवश्य ही परीक्षा में अच्छे अंक प्राप्त करेगा।

परीक्षा और मूल्यांकन में अन्तर

इन दोनों को प्रायः एक ही अर्थ में प्रयुक्त किया जाता है लेकिन वास्तव में उद्देश्य एक होने पर भी दोनों में बहुत अन्तर है। मूल्यांकन शिक्षण क्षेत्र में नवीन शब्द है जिसका अर्थ और क्षेत्र परीक्षा की तुलना में अधिक व्यापक है। परीक्षा से जहाँ हमारा तात्पर्य वर्ष के बाद में अथवा एक निश्चित अवधि में ली जाने वाली विषय वस्तु सम्बन्धी एक सीमित जाँच से है, वहाँ मूल्यांकन समय-समय पर किया जाता है तथा इसमें विद्यार्थी की केवल विषय सम्बन्धी योग्यता ही नहीं, उनके पूर्ण व्यक्तित्व तथा व्यवहार परिवर्तन को मापा जाता है। अतः परीक्षा की तुलना में यह अधिक उपयोगी, विश्वसनीय और प्रामाणिक है।

भारत में परीक्षा का स्वरूप

भारत में शुरू के समय परीक्षा का ढंग ब्रिटिश प्रणाली के अनुसार था। इस प्रणाली के तहत वर्ष में केवल एक परीक्षा का ही आयोजन किया जाता था। जो वार्षिक परीक्षा के नाम से जानी जाती है। यह परीक्षा सामान्य रूप से निबन्ध प्रधान होती है। इस परीक्षा का मुख्य आधार छात्र की स्मरण शक्ति का मूल्यांकन करना होता है। जिस समय भारत में यह प्रणाली चल रही थी, उस समय भारत गुलाम था। इसके साथ ही छात्रों की संख्या भी कम होती थी, तथा शिक्षा व्यवसाय में पारंगत एवं दक्षत अध्यापक आसानी से मिल जाते थे। इसलिए यह परीक्षा प्रणाली भारत में काफी समय तक बिना विशेष व्यवधान के चलती रही है। हम इस बात को हमेशा भूल जाते हैं कि भारत तथा ब्रिटिश शिक्षा प्रणाली में काफी अन्तर है। मुख्य अन्तर यह है कि ब्रिटिश परीक्षा प्रणाली में "ट्यूटोरियल" को बहुत अधिक महत्त्व दिया जाता है, जबकि भारत में "ट्यूटोरियल" पद्धति अभी तक पनप ही नहीं पाई है।

"ट्यूटोरियल" प्रणाली के अन्तरगत अध्यापक एवं छात्र के बीच बहुत ही निकट के सम्बन्ध हो जाते हैं। जिसके कारण से निरन्तर मूल्यांकन की प्रक्रिया सदैव चलती रहती है। जिससे ब्रिटिश परीक्षा प्रणाली भारत की परीक्षा पद्धति से प्रभावी है। भारत में अभी "ट्यूटोरियल" का महत्त्व शिक्षाविद् समझ नहीं पाए हैं। अतः यह और भी आवश्यक हो गया है कि भारत की परीक्षा का रूप व्यापक तथा विश्वसनीय हो। इसके लिए भारत की परीक्षा प्रणाली में अनेक विशेषताओं का होना आवश्यक है।

मूल्यांकन प्रविधियाँ

वर्तमान शिक्षा जगत में मूल्यांकन की अनेक प्रवृत्तियाँ प्रचलित हैं। समाजशास्त्र शिक्षण में निम्न प्रविधियों का प्रयोग किया जाता है—

1. **प्रश्नावली प्रविधि**—मूल्यांकन की इस प्रविधि के प्रयोग की अनेक प्रवृत्तियाँ प्रचलित हैं। समाजशास्त्र शिक्षण में निम्न प्रविधियों का प्रयोग किया जाता है।
2. **साक्षात्कार**—इस प्रविधि द्वारा छात्रों के परिवर्तित दृष्टिकोणों तथा व्यक्तिगत विभिन्नताओं का अध्ययन किया जाता है।
3. **निरीक्षण प्रवृत्ति**—इस प्रविधि द्वारा स्वयं निरीक्षण करके शिक्षक छात्रों के व्यवहार, क्रियाओं, बौद्धिक स्तर आदि का मूल्यांकन करता है।
4. **चेक लिस्ट**—इसे पड़ताल सूची भी कहा जाता है। इसका प्रयोग प्रमुख रूप से व्यक्तिगत सूचनाएँ तथा मतों को एकत्र करने में किया जाता है।
5. **अभिलेख**—विद्यालय में शिक्षकों द्वारा छात्रों के बारे में तैयार किए गए अभिलेखों के द्वारा मूल्यांकन किया जाता है। संचयी अभिलेख पत्र मूल्यांकन की एक नवीन प्रविधि है।
6. **क्रम निर्धारण मान या रेटिंग स्केल**—यह प्रविधि उन परिस्थितियों के मूल्यांकन के लिए प्रयुक्त की जाती है, जिनमें मात्राओं की जाँच करनी होती है। इस मात्रा की जाँच 3 या 5 क्रम निर्धारण मान के आधार पर की जाती है।
7. **परीक्षा प्रविधि**—मूल्यांकन में इस प्रविधि का सर्वाधिक प्रयोग होता है क्योंकि यह प्रविधि बहु कुछ परम्परागत है। इस प्रविधि के सामान्यतया तीन रूप मिलते हैं। मौखिक परीक्षा, प्रायोगिक परीक्षा, लिखित परीक्षा। लिखित परीक्षा के भी दो रूप मिलते हैं—निबन्धात्मक परीक्षा व वस्तुनिष्ठ परीक्षा।

आदर्श मूल्यांकन के गुण तथा विशेषताएँ

मूल्यांकन शिक्षा का एक बहुत ही महत्त्वपूर्ण और आवश्यक अंग है। लेकिन जिस अर्थ में इसे प्रयोग में लाया जाता है, वह तभी पूरा हो सकता है जबकि इसमें निम्न बातों का ध्यान रखा जाए–

1. विषयनुकूलता–अच्छा मूल्यांकन वही माना जाता है जो विषय के अनुकूल हो अर्थात् उसके द्वारा वही मापा जाए जिसे मापने के लिए उसे प्रयोग में लाया गया हो (It should measure what it seeks to measure)/ इस तरह से समाजशास्त्र के मूल्यांकन को विषयानुकूल तभी कहेंगे जबकि उसके हम समाजशास्त्र सम्बन्धी योग्यता को ही मापें और भाषा की योग्यता, स्वच्छता एवं सामान्य बुद्धि को नहीं।

2. विश्वसनीयता–रिट्जलैण्ड के मतानुसार "विश्वसनीयता से तात्पर्य उस श्रद्धा से है, जो एक परीक्षा में स्थापित की जा सकती है।" किसी पर विश्वास उसके व्यवहार में यथार्थता और एकरूपता (Accuracy and Consistency of Behaviour) के कारण ही होता है। अगर एक घड़ी ठीक समय देती है तो कई बार उसकी जाँच करने पर उस पर अनायास ही विश्वास जम जाता है। इसी प्रकार अगर किसी परीक्षा में विद्यार्थी की योग्यता का यथार्थ रूप से मूल्यांकन करने से उसमें कोई अन्तर नहीं आता तो उसे हम विश्वसनीय कहेंगे। अगर एक बार परीक्षा देने में परीक्षक किसी भी विद्यार्थी को 100 में से 60 अंक देकर उच्च स्तर का घोषित करे तथा दूसरी बार वही परीक्षक उसी परीक्षार्थी को 100 में 40-45 अंक देकर सामान्य स्तर का घोषित करवाए तो ऐसी परीक्षा कभी भी विश्वसनीय नहीं हो सकती।

3. वस्तुनिष्ठ–इसका अर्थ यह है कि किसी भी प्रश्न का उत्तर देते समय विद्यार्थी और जाँचते समय परीक्षकगण अपनी-अपनी रुचियों, भावनाओं तथा जानकारी को ही महत्त्व देते हुए अगर अपने उत्तर को अपने रंग में न रंग सके तो वह मूल्यांकन वस्तुनिष्ठ कहलाता है। किसी भी परीक्षा की वस्तुनिष्ठता उसके प्रश्नों को देखकर आसानी से पहचानी जा सकती है। अगर प्रश्नों का उत्तर संक्षिप्त और प्रत्येक परिस्थिति में एक-सा ही हो और उस पर व्यक्तिगत दृष्टिकोण, पसन्द ना पसन्द तथा भावनाओं का कोई प्रभाव न पड़े तो वह परीक्षा वस्तुनिष्ठता कहीं जा सकती है।

4. समुचितवरण–मूल्यांकन का उद्देश्य पिछली पढ़ाई सम्बन्धी सभी बातों के बारे में यह पता लगाना होता है कि विद्यार्थी उनको ठीक प्रकार से समझ पाए हैं अथवा नहीं तथा उसमें कितनी योग्यता और ज्ञान की वृद्धि हुई है। अतः मूल्यांकन

ऐसा होना चाहिए कि इस दिशा में वह अधिक से अधिक जाँच कर सके, उसमें सभी प्रकरणों, प्रकरणों के सभी अंशों तथा अन्य उपयोगी ज्ञान की सही जाँच की क्षमता हो। ऐसा न हो कि कुछ प्रकरणों में से प्रश्न पूछ लिए जाए और कुछ बिल्कुल अछूते ही रह जाएँ। फिर एक प्रकरण में से एक प्रश्न चुन लेने से प्रकरण के सभी अंशों को सही प्रतिनिधित्व कैसे मिल सकता है? अगर जाँच करनी ही है तो प्रत्येक पढ़ाए हुए अंश को सही स्थान मिलना ही चाहिए। समुचितवरण तभी हो सकता है जबकि मूल्यांकन में प्रश्नों की संख्या अधिक हो तथा प्रश्न इस प्रकार के हों कि वे पढ़ाए हुए ज्ञान के सभी क्षेत्रों का सही प्रतिनिधित्व कर सकें।

5. निदानात्मकता—एक अच्छे मूल्यांकन में निदानात्मकता का गुण भी होना चाहिए। जिस तरह किसी भी रोगी के रोग का सही निदान उसके उपचार के लिए आवश्यक है, इसी प्रकार विद्यार्थियों की कमियों, कठिनाईयों तथा रुचियों इत्यादि का सही ज्ञान भी आवश्यक है जिससे उनकी रुकावटों को दूर किया जा सके। अच्छा मूल्यांकन वही कहा जा सकता है, जो इस दिशा में सही सहयोग दे।

6. व्यावहारिकता—मूल्यांकन के व्यावहारिक होने का अर्थ उसकी निम्न विशेषताओं में है—

(a) **बनाने में आसानी**—मूल्यांकन का साधन, प्रश्न-पत्र और अन्य सामग्री अधिक खर्चीला न हो तथा उसे तैयार करने में अधिक परिश्रम तथा समय नहीं लगता है।

(b) **परीक्षा लेने में आसानी**—जब विद्यार्थियों की जाँच की जाए तो उनकी बिना किसी प्रबन्धात्मक तथा अनुशासन सम्बन्धी समस्या की ठीक जाँच की जा सके। छात्र आपस में नकल तथा पूछताछ द्वारा अनुचित लाभ उठाने में समर्थ न हो सकें।

(c) **अंक लगाने में आसानी**—परीक्षक को विद्यार्थियों के अंक लगाने में आसानी हो। अधिक लम्बे-लम्बे प्रश्नों को ठीक प्रकार से पढ़ने और समझने के बाद सभी विद्यार्थियों के उत्तर का तुलनात्मक अध्ययन करते हुए अंक देना अध्यापक के लिए बड़ा सिर दर्द बन जाता है। इसलिए मूल्यांकन ऐसा होना चाहिए जिसमें अध्यापक को सही और न्यायपूर्ण अंक लगाने में आसानी हो।

नवीन प्रकार के प्रश्न-पत्र

किसी भी परीक्षा-प्रणाली के द्वारा सही मूल्यांकन उस परीक्षा में प्रयुक्त जाँच सामग्री पर बहुत कुछ निर्भर करता है। हमारी प्रचलित परीक्षा प्रणाली सही

जाँच सामग्री प्रयोग में न लाने पर ही अत्यन्त दोष पूर्ण और निरर्थक सिद्ध हो रही है। पुराने निबन्धात्मक ढंग के प्रश्नों का प्रयोग, जिनमें कि बच्चे प्रश्न-पत्र के लगभग सभी गुणों का अभाव है, हमारी शिक्षा व्यवस्था को डावॉडोल बनाए हुए हैं। इस प्रकार के प्रश्नों के तहत दोषों को देखकर ही अब इनके स्थान पर नवीन शैली के प्रश्न-पत्रों को स्थान देने की जरूरत अनुभव की जा रही है। इन प्रश्न-पत्रों में विषयानुकूलता, वस्तुनिष्ठा, समुचितवरण, विश्वसनीयता आदि गुण, जो एक आदर्श प्रश्न-पत्र में पाए जाने चाहिएँ, पाए जाते हैं। हल करने में तथा जाँचने में भी परिश्रम तथा समय का अपव्यय नहीं होता। इसकी सहायता से विद्यार्थियों की गणित सम्बन्धी योग्यता का सही मूल्यांकन किया जा सकता है।

निबन्धात्मक परीक्षा में बालकों को कुछ प्रश्नों का उत्तर देना पड़ता है। इसमें छात्रों की भाषा, शैली, अभिव्यंजना, सुलेख आदि का मूल्यांकन होता है। इस प्रणाली का प्रयोग बहुत पहले से होता चला आ रहा है। वर्तमान समय में भी इसी प्रणाली का अधिक प्रयोग होता है। यद्यपि वर्तमान युग में इस प्रणाली में अनेक दोष बताए गए हैं।

निबन्धात्मक परीक्षा प्रणाली के दोषों को दूर करने के लिए वस्तुनिष्ठ प्रणाली का प्रयोग किया गया। वस्तुनिष्ठ परीक्षा प्रणाली में ऐसे छोटे-छोटे प्रश्न होते हैं, जिन पर भाषा, अभिव्यंजना, लेखन शैली आदि का प्रभाव नहीं पड़ता है। इन प्रश्नों के द्वारा तथ्यों का सही मापन होता है। वर्तमान समय में वस्तुनिष्ठ परीक्षा प्रणाली का प्रयोग धीरे-धीरे काफी प्रचलित हो गया है।

वर्तमान परीक्षा प्रणाली के दोष

वर्तमान परीक्षा प्रणाली परम्परागत निबन्धात्मक परीक्षा प्रणाली है। अनेक अनुसंधानों द्वारा इस प्रणाली को अविश्वसनीय और अवैध बताया गया है। इस प्रणाली में निम्न दोष हैं–

1. इस प्रणाली के कारण शिक्षा का स्परूप बदल गया है। शिक्षक और छात्र केवल परीक्षा उत्तीर्ण कराने वे करने के लिए शिक्षा प्राप्त करते हैं।
2. इस परीक्षा प्रणाली में छात्रों को लम्बे-लम्बे निबन्ध याद करने पड़ते हैं जिससे उनके स्वास्थ्य पर बुरा प्रभाव पड़ता है जो छात्र सभी तथ्यों को जानते हुए भी लम्बे निबन्ध नहीं लिख पाते हैं, वे परीक्षा में अनुत्तीर्ण हो जाते हैं जिससे निराशा व आत्महत्या, गृहत्याग आदि की घटनाएँ होती हैं।
3. यह प्रणाली अमनोवैज्ञानिक है इसमें छात्रों की रुचि, योग्यता, क्षमता आदि को ध्यान में नहीं रखा जाता है।

4. इस प्रणाली में छात्रों के ज्ञान की अपेक्षा उनकी भाषा-शैली की जाँच अधिक होती है।
5. इस प्रणाली के द्वारा केवल सैद्धांतिक ज्ञान प्राप्त होता है व्यावहारिक ज्ञान की कोई जाँच नहीं होती है।
6. यह प्रणाली आत्मगत मापन पर बल देती है। अर्थात् इसमें परीक्षक एक ही प्रकार के प्रश्नों के उत्तरों की जाँच कर पृथक्-पृथक् अंक प्रदान करता है। इस प्रकार इस प्रणाली में परीक्षकों के बदलने तथा परीक्षक की परिस्थितियों के बदलने पर मूल्यांकन प्रभावित हो जाता है।

वस्तुनिष्ठ परीक्षा

वर्तमान समय में मूल्यांकन करने की प्रविधियों में सर्वाधिक प्रयोग वस्तुनिष्ठ परीक्षा प्रणाली का हो रहा है। वस्तुनिष्ठ परीक्षा में प्रश्नों के निम्न प्रारूप मिलते हैं—

1. **प्रत्यास्मरण प्रश्न**—इन प्रश्नों के द्वारा बालकों के स्मरण शक्ति की जाँच की जाती है। इनके उत्तर एक या दो शब्द के होते हैं। जैसे—भारत में सर्वप्रथम समाजशास्त्र का अध्ययन कब आरंभ हुआ?
2. **रिक्त स्थान पूरक**—इन प्रश्नों में वाक्यों में रिक्त स्थानों की पूर्ति करनी होती है। जैसे—समाजशास्त्र के जनक .... थे।
3. **सत्य-असत्य प्रश्न**—इस प्रकार के प्रश्नों में कुछ कथन दिए जाते हैं और कथनों का उत्तर सत्य या असत्य अथवा हाँ या नहीं में देना होता है। जैसे—समाजशास्त्र समाज का अध्यन नहीं करता है। (सत्य/असत्य)
4. **बहुविकल्पीय प्रश्न**—इसमें एक प्रश्न के कई विकल्प दिए जाते हैं। उनमें से सही विकल्प वाला उत्तर चुनना होता है। जैसे—भारत के वर्तमान राष्ट्रपति है (अ) डॉ. राधा कृष्णन (ब) श्री आर वेंकट रमन (स) श्री वी. वी. गिरी (द) डॉ. शंकर दयाल शर्मा।
5. **मिलान या तुलना वाले प्रश्न**—इस प्रकार के प्रश्नों में दो सूचियों के पदों में मिलान या तुलना करके सही क्रम लिखने को कहा जाता है। जैसे—नीचे दी गई दोनों सूचियों में से मिलान करते हुए जोड़े बनाये—

महात्मा गाँधी	भूदान यज्ञ
आचार्य विनोबा भावे	सहयोग आन्दोलन
दयानन्द सरस्वती	ब्रह्म समाज
राजाराम मोहन राय	आर्य समाज

6. **वर्गीकरण प्रश्न**—इनमें बालकों को शब्दों का एक समूह दिया जाता है जिसमें से एक उस समूह से भिन्न होता है, जिसे छाँटकर लिखना होता है। जैसे—नीचे दिए गए शब्दों में से भिन्नता रखने वाले शब्दो को रेखांक्ति करो—कांग्रेस, भारतीय जनता पार्टी, आर्य समाज, जनता दल, बहुजन समाज पार्टी।

वस्तुनिष्ठ प्रकार के प्रश्नों में वैधता और विश्वसनीयता बहुत अधिक होती है। इनके अंकन में शुद्धता एवं सरलता रहती है। यह रटने की प्रवृत्ति को कम करते हैं। किन्तु साथ ही इन प्रश्नों में कुछ दोष होते हैं। इनके निर्माण में अधिक समय व श्रम लगता है। इन प्रश्नों के उत्तर अनुमान से भी छात्र देने लगते हैं। इनमें नकल करने की सँभावनाएँ अधिक हो जाती है। इनके द्वारा छात्रों में धीरे-धीरे अभिव्यक्ति करने की शैली का ह्रास होता है। इनके द्वारा केवल तथ्यों की जाँच हो पाती है।

परन्तु उक्त कमियाँ ऐसी नहीं है, जिनका सुधार करके उनकों दूर नहीं किया जा सके। इन कमियों को दूर करके तथा पुरानी और नई दोनों परीक्षा प्रणलियों का सही समन्वय करके जाँच विधि का एक आदर्श ढंग अपनाया जा सकता है। निम्न सुझाव इस दिशा में उपयोगी सिद्ध हो सकते हैं—

(i) निबन्धात्मक (Essay Type) तथा नवीन परीक्षा प्रणाली (Objective Type) दोनों को ही मूल्यांकन में स्थान दिया जाना चाहिए। नवीन प्रकार के प्रश्नों के साथ-साथ कुछ प्रश्न निबन्धात्मक भी होने चाहिए।

(ii) लिखित परीक्षा के साथ-साथ मौखिक एवं क्रियात्मक परीक्षाओं को भी स्थान दिया जाना चाहिए।

(iii) जाँच-पत्र की विषयानुकूलता तथा विश्वसनीयता को प्रयोगों तथा अनुभवों के द्वारा परख करके प्रमाणित (Standardised) बना लेना चाहिए।

(iv) विद्यार्थियों से प्रश्नों के उत्तर अलग कागज पर लिखवा लेने चाहिएँ। इससे परीक्षा पुस्तिकाओं को बार-बार प्रयोग में लाया जा सकता है। इस प्रकार प्रश्नों को बार-बार छपवाने तथा उत्तर पुस्तिकाओं के व्यय को बचाया जा सकता है।

(v) अनुमान (Guess) पर नियन्त्रण लगाने के लिए निम्न प्रयोग में लाना चाहिए।

जबकि नीचे दिया गया है किः—M=Marks Deserved (अंक जिन्हें पाने का वह अधिकारी हो), R=Right Answers (विद्यार्थी द्वारा दिए गए शुद्ध उत्तरों की संख्या), W=Wrong Answers (विद्यार्थी द्वारा दिए गए अशुद्ध उत्तरों की

संख्या) तथा N = Total Number of Questions (कुल प्रश्न जिनके उत्तर देने हैं।)

यह नियम सत्य-असत्य के निर्णय वाले, बहुविकल्प एवं युगलीकरण जाँच-पत्रों में प्रयुक्त हो सकता है।

सुझाव

प्रचलित परीक्षा के उपर्युक्त दोषों को दूर करने के लिए अग्रलिखित सुझाव दिए जा सकते हैं–

1. निबन्धात्मक प्रश्नों के साथ-साथ वस्तुनिष्ठ प्रश्नों को भी सम्मिलित किया जाए।
2. प्रश्न अत्यन्त स्पष्ट, उपयुक्त और छोटे हों, भ्रामक न हों। परीक्षकों का चयन करते समय उनकी योग्यता, अनुभव और प्रशिक्षण को ध्यान में रखा जाए।
3. परीक्षकों को प्रश्नों के आदर्श उत्तर उपलब्ध कराए जाएँ।
4. परीक्षकों द्वारा अंकन अंकों में न कराकर ए.बी.सी. श्रेणियों में कराया जाए।
5. परीक्षा के साथ-साथ मूल्यांकन की अन्य प्रविधियों का प्रयोग किया जाए।

13

समाजशास्त्र शिक्षण में पाठ योजना

आई. के. डेवीज (I. K. Davis) ने अपने प्रथम सोपान में पाठ योजना की रचना को बहुत अधिक महत्त्व दिया है। शिक्षण व्यवस्था के सभी पक्षों के व्यावहारिक रूप का आलेख ही पाठ योजना है। कक्षा शिक्षण की पूर्व अवस्था (pre-active stage) में पाठ योजना तैयार की जाती है।

एन. एल. बॉसिंग—'पाठ योजना उन उद्देश्यों के कथनों और विशिष्ट तरीकों को प्रदान किया गया शीर्षक है जिनके द्वारा क्रियाओं के परिणामस्वरूप उन्हें प्राप्त किया जाता है।'

डेविस—'कक्षा में जाने वे पहले शिक्षक को पूरी तैयारी कर लेनी चाहिए क्योंकि शिक्षक की प्रगति के लिए कोई बात इतनी बाधक नहीं है जितनी कि शिक्षक की अपूर्ण तैयारी।'

बिनिंग और बिनिंग—'दैनिक पाठ-योजना में उद्देश्यों को परिभाषित करना, पाठ्य-वस्तु का चयन, उसे क्रम में व्यवस्थित करना और विधियों तथा प्रक्रिया को निर्धारित करना शामिल है।'

थोड़े में हम कह सकते हैं कि ध्यानपूर्वक योजना का निर्माण करना अच्छे शिक्षण के लिए आवश्यक है। **रायबर्न** (Ryburn) ने यह भी कहा है—'शिक्षण के लिए हमें पूर्व प्राप्त अनुभव का प्रयोग अपने कार्य को करने के लिए करना चाहिए।'

पाठ योजना का महत्त्व

अध्यापक की सफलता का रहस्य उसके पाठों की पूर्व योजनाएँ होती हैं। इसलिए अध्यापक के लिए पाठों की पूर्व योजना बहुत आवश्यक है। पूर्व योजना की सहायता से शिक्षण उद्देश्यों की प्राप्ति में आसानी होती है। पाठ योजना की आवश्यकता तथा महत्त्व निम्नलिखित हैं–

1. अनुशासनहीनता पर नियंत्रण—यदि अध्यापक तैयार होकर कक्षा में नहीं आता और उसका शिक्षण अरुचिकर रहता है तो अनुशासनहीनता फैल जाती है। इस प्रकार की समस्या के समाधान के लिए पाठ योजना का होना बहुत ही आवश्यक होता है। इससे छात्र योजनानुसार क्रिया करने में व्यस्त रहते हैं।

2. व्यक्तिगत विभिन्नताओं का उपयोग—कक्षा के छात्रों की विभिन्नताओं को ध्यान में रखकर उनके अनुसार भिन्न-भिन्न प्रकार की पाठ योजनाएँ तैयार की जा सकती हैं। इस प्रकार व्यक्तिगत विभिन्नताओं का उपयोग पाठ योजना द्वारा ठीक प्रकार से किया जा सकता है।

3. शिक्षण क्रियाओं तथा सहायक सामग्री की जानकारी—पाठ योजना की सहायता से अध्यापक पहले ही तय कर लेता है कि कक्षा में उसे कौन-कौन सी शिक्षण क्रियाएँ करनी हैं और कैसे करनी हैं। इस बात का भी निर्णय प्रारम्भ में ही कर लिया जाता है कि सहायक सामग्री कौन-कौन सी और कैसे प्रयोग में लाई जाती है।

4. विषय-वस्तु का संगठन—पाठ योजना के महत्त्व के कारण निर्धारित उद्देश्यों की प्राप्ति के लिए विषय-वस्तु का संगठन करना आवश्यक है। इस योजना में प्रस्तुतीकरण के क्रम तथा पाठ्य-वस्तु के रूप को निश्चित कर लिया जाता है।

5. उद्देश्यों को परिभाषित करना—निर्धारित उद्देश्यों को परिभाषित करने के लिए पाठ योजना को बनाना आवश्यक हो जाता है। शिक्षण उद्देश्यों तथा परीक्षण परिस्थितियों का निर्धारण होता है।

6. शिक्षण उद्देश्यों की स्पष्टता—कक्षा में पढ़ाई जाने वाली विषय-वस्तु के शिक्षण उद्देश्यों की स्पष्टता के लिए पाठ योजना का तैयार करना अति आवश्यक है। पाठ योजना के कारण अध्यापक अपने पाठ के उद्देश्यों पर ही केन्द्रित रहता है और इधर-उधर की बातों में समय नष्ट नहीं करता।

7. कक्षा क्रियाओं की व्यवस्था—छात्रों की व्यक्तिगत भिन्नता के आधार पर कक्षा की क्रियाओं की व्यवस्था करने में पाठ योजना सहायक होती है। छात्राध्यापकों को प्रशिक्षण के लिए पाठ योजना कक्षा क्रियाओं के लिए रूप-रेखा प्रदान करती है।

8. समस्याओं का समाधान—पाठ के सम्बन्ध में पैदा होने वाली सम्सयाओं तथा कठिनाईयों को पाठ योजना के माध्यम से हल किया जा सकता है।

9. व्यवस्थित ज्ञान—विद्यार्थियों को क्रमबद्ध तथा व्यवस्थित रूप से ज्ञान प्रदान करना अति आवश्यक होता है। इस उद्देश्य के लिए पाठ योजना का बहुत महत्त्व होता है।

10. पुनर्वलन—छात्रों की क्रियाओं के नियन्त्रण तथा पुनर्वलन की प्रविधियों के प्रयोग की परिस्थिति भी निर्धारित की जाती है। यह पाठ योजना द्वारा ठीक हो सकती है।

11. शिक्षण अधिगम में सम्बन्ध स्थापित करना—शिक्षा के क्षेत्र में शिक्षण और अधिगम का सम्बन्ध बहुत आवश्यक होता है। इनमें व्यावहारिक रूप से सम्बन्ध स्थापित करने के लिए पाठ योजना बहुत जरूरी है।

12. पाठों की निरन्तरता—किसी भी विषय में उपविषयों (Topics) में एक निरन्तरता बनाए रखना आवश्यक होता है। पाठ योजना के आधार पर अध्यापक ये जान सकता है कि विषय के कौन-कौन से उप-विषय पढ़ाए जा चुके हैं और कौन-कौन से उपविषय शेष रह गए हैं। छात्रों के पूर्व ज्ञान का पता लगाना भी इससे आसान होता है।

13. रूप-रेखा प्रदान करना—शिक्षकों के प्रशिक्षण के लिए पाठ योजना कक्षा की क्रियाओं के लिए रूप-रेखा प्रदान करती है।

14. पूर्व ज्ञान के आधार पर नया ज्ञान—पाठ योजना से शिक्षण में सरलता तथा नवीनता आ जाती है। पहले से ही सभी क्रियाएँ कक्षा-स्तर तथा पाठ्य-वस्तु के अनुसार चुन ली जाती हैं। इससे पूर्व ज्ञान के आधार पर नया ज्ञान मिलता है। पाठ में छात्रों की रुचि भी बढ़ती है।

उपरोक्त तत्त्वों को देखते हुए ये कहा जा सकता है कि पाठ योजना का कितना महत्त्व तथा आवश्यकता है। कक्षा में अध्यापक को नैतिक बल प्रदान करने के लिए पाठ योजना आवश्यक है। इसलिए अध्यापक को कक्षा में शिक्षण के लिए जाने वे पहले, चाहे वह छोटी कक्षा क्यों न हो, अपने पाठ की योजना तैयार कर लेनी चाहिए इससे अध्यापक का विश्वास बढ़ता है।

पाठ योजना के हरबर्ट उपागम

हरबर्ट उपागम (Herbartia Approach) एक प्राचीन प्रणाली है। इसका प्रयोग अतीत काल से किया जाता है और आज भी प्रयोग करते हैं। अधिकांश प्रशिक्षण संस्थाओं में हरबर्ट की पाठ योजना ही प्रयोग में लाई जाती है और यह पाठ्य-वस्तु केन्द्रित (Subject Matter Centred) है।

इस उपागम में प्रस्तुतीकरण पर अधिक बल दिया जाता है। इसमें छात्रों की रुचियों, अभिवृत्तियों, मूल्यों तथा सम्बन्धों पर ध्यान नहीं दिया जाता। यह उपागम स्मृति स्तर (Memory Level) तक का है। अर्थात् इसमें छात्रों के रटने पर अधिक बल दिया जाता है। अधिकांश विषयों के पाठ्य-वस्तु (Subject Matter) के शिक्षण के लिए इस पाठ योजना को प्रयोग में लाया जा सकता है।

हरबर्ट उपागम के सोपान

1. प्रस्तावना—इसमें विद्यार्थियों के पूर्व ज्ञान के आधार पर पाठ की प्रस्तावना की जाती है। प्रस्तावना का उद्देश्य पूर्व ज्ञान को पाठ से सम्बद्ध कराना तथा छात्रों को नवीन ज्ञान ग्रहण करने के लिए तैयार करना है। इसके बाद उस दिन पढ़ाए जाने वाले पाठ की घोषणा की जाती है और छात्रों को नया पाठ पढ़ने के लिए मानसिक रूप से तैयार किया जाता है।

2. प्रस्तुतीकरण—शिक्षक नवीन ज्ञान व तथ्यों को छात्र के पूर्व ज्ञान से सम्बन्ध स्थापित करने हेतु प्रस्तुत करता है कि विकासात्मक तथा बोध प्रश्नों की सहायता से अध्यापक पाठ का प्रस्तुतीकरण करता है। इसमें अध्यापक को अग्रलिखित बातों का ध्यान रखना चाहिए—

(i) छात्रों के सामने कितनी तथा किस प्रकार की अधिगम सामग्री प्रस्तुत की जानी चाहिए।

(ii) अधिगम सामग्री को कितनी इकाईयों (Units) में बाँटा जाना चाहिए।

(iii) छात्रों का सहयोग कैसे प्राप्त किया जाए तथा पाठ को प्रस्तुत करने के लिए कौन-कौन सी प्रविधियों तकनीकों तथा ब्यूह रचनाओं को प्रयोग में लाया जाए।

3. तुलना एवं सम्बन्ध—छात्रों के नवीन तथ्यों का पूर्ण ज्ञान से सम्बन्ध स्थापित कराया जाता है। नए ज्ञान को स्थायी कराना होता है। शिक्षक अर्जित ज्ञान का पूर्व ज्ञान के साथ तुलना करता है और नए ज्ञान तथा पूर्व ज्ञान से सम्बन्ध स्थापित करने का प्रयास करता है।

4. सामान्यीकरण—इस सोपान में पाठ में सीखे हुए ज्ञान का सामान्यीकरण किया जाता है। नए सीखे हुए ज्ञान से परिणाम, सिद्धान्त और नियमों को प्रतिपादित किया जाता है। यह सामान्यीकरण अध्यापक को छात्रों से कराया जाना चाहिए, यह अधिक प्रभावशाली होता है। अध्यापक का कार्य मार्गदर्शन तक ही सीमित रहना चाहिए।

5. प्रयोग—इस सोपान में अध्यापक ऐसी परिस्थितियाँ प्रस्तुत करता है जिनमें छात्र अपने सीखे हुए ज्ञान का प्रयोग कर सकता है। जैसे किसी सूत्र की सहायता से किस प्रकार समस्याएँ हल की जाती हैं। इसमें अध्यापक छात्रों के सामने पुनरावृत्ति प्रश्न प्रस्तुत करके छात्रों को नए ज्ञान का प्रयोग करा सकता है।

हरबर्ट उपागम पर आधारित पाठ योजना की रूप-रेखा

इन पाँच सोपानों के आधार पर पाठ योजना की रूप-रेखा विकसित की गई। इसके प्रमुख पद अग्रलिखित हैं—

1. प्रस्तुतीकरण—पाठ-योजना का क्रियात्मक पक्ष प्रस्तुतीकरण से आरम्भ होता है। प्रस्तुतीकरण में शिक्षक को छात्रों की मानसिक क्रिया को निरन्तर प्रेरित तथा उत्तेजित करते रहना चाहिए। प्रस्तुतीकरण में विकासात्मक प्रश्न पूछकर पाठ को आगे बढ़ाया जाता है। पाठ को प्रस्तुतीकरण के लिए आवश्यक इकाइयों में बाँट लिया जाता है लेकिन इन इकाइयों में क्रमबद्धता अवश्य होनी चाहिए।

2. स्पष्टीकरण—विकासात्मक प्रश्नों के उत्तर न मिलने पर शिक्षक स्वयं उन प्रश्नों का स्पष्टीकरण दे ताकि छात्रों के मन में किसी किस्म का द्वन्द्व न शुरू हो पाए।

3. श्यामपट्ट कार्य—शिक्षक अपने शिक्षण बिन्दुओं को श्यामपट्ट पर लिखता है। श्यामपट्ट शिक्षक का अभिन्न मित्र होता है। इसके बिना शिक्षक सफल नहीं हो सकता। श्यामपट्ट सार या तो शिक्षण के साथ-साथ लिखा जाना चाहिए, या अध्यापक के कथनों की समाप्ति पर। श्यामपट्ट सार का विकास छात्रों से प्रश्न पूछ-पूछ कर उनके सहयोग से किया जाना चाहिए। श्यामपट्ट पर लिखाई आकर्षक हो।

4. पुनरावृत्ति—पढ़ाए गए पाठ को दोहराना ही पुनरावृत्ति कहलाता है। इससे शिक्षण की सफलता का साथ-साथ ही ज्ञान होता रहता है। पुनरावृत्ति के समय शिक्षक छात्रों की कापियाँ बन्द करवा दे। श्यामपट्ट सार को भी मिटा देना चाहिए। पुनरावृत्ति में पूछे गए प्रश्नों के सही उत्तर प्राप्त करने से ही शिक्षक की सफलता का अनुमान लगाया जा सकता है। यदि पाठ को छोटी-छोटी इकाईयों में बाँट रखा है तो

प्रत्येक खंड या भाग या इकाई पढ़ाने के बाद पुनरावृत्ति की जानी चाहिए। इसे खंड-पुनरावृत्ति (Sectional Recapitulation) कहते हैं। पाठ पूरा होने पर पूरे पाठ की पुनरावृत्ति की जानी चाहिए।

5. गृह-कार्य—शिक्षण में गृह-कार्य का महत्त्व किसी भी सोपान से कम महत्त्वपूर्ण नहीं है। अतः गृह-कार्य अवश्य दिया जाना चाहिए। गृह-कार्य में विभिन्न प्रकार के प्रश्न दिए जा सकते हैं जैसे, रिक्त स्थानों की पूर्ति, संक्षिप्त उत्तर वाले प्रश्न, लम्बे उत्तरों वाले प्रश्न तथा वस्तुनिष्ठ (Objective Type) प्रश्न आदि।

6. विषय, प्रकरण या उप-विषय, कक्षा, विभाग, कालांश तथा दिनांक—पाठ-योजना की तैयारी इन तथ्यों के निर्धारण से होती है। विषय के अनुसार उपविषय या प्रकरण तथा कक्षा का चयन किया जाता है। शिक्षण के लिए समय आदि भी निर्धारित किया जाता है।

7. सामान्य उद्देश्य—प्रत्येक विषय के शिक्षण के पीछे कुछ सामान्य उद्देश्य का निर्धारण आवश्यक होता है। इन उद्देश्यों की प्राप्ति ही शिक्षण की सफलता होती है। शिक्षक के शिक्षण का व्यापक मूल्याँकन भी इन सामान्य उद्देश्यों के सन्दर्भ में किया जाता है। सामान्य उद्देश्य कक्षा-स्तर तथा आयु-वर्ग के अनुसार होने आवश्यक हैं। ये पाठ-योजना के शुरू में ही लिखे जाने चाहिए।

8. विशिष्ट उद्देश्य—इन विशिष्ट उद्देश्यों का सम्बन्ध प्रत्यक्ष रूप से पढ़ाए जाने वाले पाठ से होता है। इनका निर्धारण विषय-वस्तु के आधार पर किया जाता है। विशिष्ट उद्देश्य प्रत्येक प्रकरण के साथ बदलते रहते हैं। इनके निर्धारण के लिए शिक्षक को विषय-वस्तु का व्यापक ज्ञान होना चाहिए।

9. सहायक सामग्री—शिक्षक को पाठ-योजना में ही सहायक सामग्री को तय करना पड़ता है। जैसे श्यामपट्ट, माडल चार्ट, रेडियो, टेप-रिकार्डर, प्रोजेक्टर, टेलीविजन आदि। किस चरण में इनका प्रयोग किया जाना है—यह भी पाठ-योजना में तय कर लिया जाता है।

10. पूर्व ज्ञान—शिक्षण में नए ज्ञान को शुरू करने के लिए पूर्व ज्ञान के बारे में सोचना अति आवश्यक है। नवीन ज्ञान प्राप्त करने में पूर्व-ज्ञान आधार का कार्य करता है। इन दोनों में सम्बन्ध स्थापित करना आवश्यक होता है। इससे पाठ रोचक और स्पष्ट बन जाता है।

11. प्रस्तावना—पाठ की प्रस्तावना छात्रों के पूर्व ज्ञान पर आधारित होती है। प्रस्तावना के माध्यम से नए पाठ तक पहुँचा जाता है। प्रस्तावना का पद पाठ-योजना में बहुत महत्त्वपूर्ण माना जाता है। प्रस्तावना के लिए प्रकरण (Topics) से

सम्बन्धित पूर्व-ज्ञान के बारे में प्रश्न पूछकर उसे पढ़ाए जाने वाले प्रकरण के साथ जोड़ा जाता है। इसके लिए शिक्षक 3 या 4 प्रश्न पूछता है ताकि पूर्व ज्ञान के साथ प्रस्तावित पाठ का सम्बन्ध जोड़ा जा सके।

12. उद्देश्य कथन—प्रस्तावना को आधार मानकर शिक्षक अपने शिक्षण के उद्देश्य का कथन करता है। शिक्षण पाठ से सम्बन्धित घोषणा करता है कि आज हम इस प्रकरण के बारे में अध्ययन करेंगे।

हरबर्ट उपागम की विशेषताएँ

हरबर्ट उपागम की प्रमुख विशेषताएँ अग्रलिखित हैं—

1. इसमें छात्रों को सोचने का मौका मिलता है और वे सक्रिय रहते हैं।
2. इसमें पूर्व ज्ञान के आधार पर नए ज्ञान को प्रस्तुत किया जाता है।
3. नया अर्जित ज्ञान नई परिस्थितियों में कैसे प्रयोग किया जाए इस उपागम द्वारा छात्रों को सिखाया जाता है।
4. इससे सारा ज्ञान दूसरे विषयों से भी समन्वित करके दिया जाता है।
5. ये उपागम शिक्षण के मनोवैज्ञानिक सिद्धान्तों पर आधारित हैं।
6. यह शिक्षा को एक सुनियोजित, सुव्यवस्थित तथा सुनियन्त्रित क्रिया के रूप में सामने लाता है।
7. इस उपागम द्वारा सभी विषयों तथा उप-विषयों की शिक्षा दी जा सकती है।
8. इससे पाठ योजना का कार्य विधिवत और सरल हो जाता है।

हरबर्ट उपागम के अवगुण

हरबर्ट उपागम के प्रमुख अवगुण अग्रलिखित हैं—

1. शिक्षण की क्रियाओं की सार्थकता और व्यावहारिकता को ध्यान में नहीं रखा जाता।
2. शिक्षण क्रियाओं तथा सार्थकता और व्यावहारिकता को ध्यान में नहीं रखा जाता।
3. पाठ योजना कम लचीली होती है।
4. छात्रों की रुचियों तथा अभिवृत्तियों पर ध्यान नहीं दिया जाता।
5. शिक्षण स्मृति स्तर तक सीमित रहता है।
6. इसमें प्रस्तुतीकरण पर अधिक बल दिया जाता है।
7. शिक्षण उद्देश्यों और अधिगम परिस्थितियों को ध्यान में नहीं रखा जाता।
8. पाठ योजना में शिक्षण अधिगम परिस्थितियों को ध्यान में नहीं रखा जाता।

इकाई उपागम के सोपान

1. अन्वेषण—यह सोपान हरबर्ट उपागम के प्रस्तावना और तैयारी सम्बन्धी पद से मिलता-जुलता है। अन्वेषण का अर्थ होता है पता लगाना। छात्रों में पूर्व ज्ञान का पता लगाना ही अन्वेषण (Exploration) कहलाता है। अध्यापक को निम्न बातों का अन्वेषण करना चाहिए।

(i) छात्रों की रुचियों तथा अभिरुचियों का अन्वेषण।

(ii) पाठ की इकाई से सम्बन्धित पूर्व ज्ञान का अन्वेषण।

(iii) उपलब्ध वातावरण और शिक्षण स्रोतों का अन्वेषण।

(iv) इकाई को प्रस्तुत करने के लिए आवश्यक विधियों और प्रविधियों का अन्वेषण।

2. प्रस्तुतीकरण—इसमें पाठ्य-वस्तु की व्याख्या की जाती है। अध्यापक समस्त इकाई के स्वरूप को छात्रों के सामने प्रस्तुत करता है। उद्देश्यों से भी छात्रों को परिचित कराया जाता है। यह पद हरबर्ट उपागम के प्रस्तुतीकरण से मिलता-जुलता है। अध्यापक अगली इकाई तब तक प्रस्तुत नहीं करता जब तक पहली इकाई की सामग्री विद्यार्थी पूरी तरह से सीख न लें। इस सोपान के अन्तर्गत शिक्षक छात्रों से अधिक सक्रिय रहता है और लगभग सभी क्रियाएँ या तो वह करता है या उन पर उसका नियन्त्रण रहता है।

3. आत्मीकरण—यह सोपान अर्जित किए गए ज्ञान को स्थाई करने से सम्बन्धित होता है। छात्र ज्ञान अर्जित करने के लिए पुस्तकालय तथा प्रयोगशालाओं का प्रयोग करते हैं। छात्र इस सोपान में निरीक्षण (Observation), शंकाओं का समाधान, तर्क-वितर्क आदि प्रविधियों का प्रयोग करके आत्मीकरण करते हैं। कठिनाइयों को नोट करने के लिए छात्रों को निर्देशन पत्र (Guide sheets) भी दे दिए जाते हैं। विद्यार्थी कठिनाइयों का समाधान या तो स्वयं करने का प्रयत्न करते हैं या शिक्षक से सहायता लेते हैं।

4. व्यवस्थापन—इस सोपान में छात्र पढ़ी हुई विषय-वस्तु का संगठन करते हैं। अध्यापक यह देखता है कि छात्र पुस्तक या नोट्स की सहायता से विषय-वस्तु को लिखकर अभिव्यक्त करने में कितने समर्थ हो गए हैं। संगठन में छात्र सीखे हुए पाठ को लिखित रूप में प्रस्तुत करते हैं। मोरीसन ने इसे व्यवस्थापन या संगठन का नाम दिया है। इस पद की उपयोगिता विस्तृत विषय के लिए ही अधिक हो सकती है।

5. आवृत्ति—इस उपागम के अन्तिम पद में छात्र इकाई से सम्बन्धित अर्जित की गई सामग्री को शिक्षक या सहपाठियों के सामने मौखिक रूप से प्रस्तुत करते हैं। लेकिन इसमें छात्रों की रुचि का भी ध्यान रखना चाहिए। इससे छात्रों में विश्वास बढ़ जाता है। इस सोपान में लिखित अभिव्यक्ति, श्यामपट्ट पर कार्य, प्रयोगशाला में कार्य कराना आदि सम्मिलित हैं। कुछ परिस्थितियों में ऐसा भी हो सकता है कि प्रस्तुतीकरण सोपान से अन्तिम सोपान पर सीधे ही पहुँचा जाए। इस अवस्था में आत्मीकरण व व्यवस्थापन सोपान की आवश्यकता नहीं पड़ती है।

इकाई उपागम के गुण

इकाई उपागम के प्रमुख गुण अग्रलिखित हैं–

1. इस उपागम से विद्यार्थियों में स्वयं सीखने की आदत विकसित होती है।
2. यह उपागम मौखिक व लिखित दोनों प्रकार की अभिव्यक्ति को प्रोत्साहन देता है।
3. छात्रों में अपने विचारों को अभिव्यक्त करने की योग्यता आ जाती है।
4. इस उपागम से शिक्षण अधिगम प्रक्रिया को पारस्परिक सहयोग से चलाना होता है। अतः अन्तःक्रिया स्वस्थ रूप में विकसित होती है।
5. इस उपागम से छात्र एक इकाई से दूसरी इकाई को सीखता हुआ सारी शिक्षण सामग्री को आसानी से सीख लेता है।
6. किसी इकाई से सम्बन्धित पाठ्य-वस्तु को विद्यार्थी आसानी से आत्मसात् कर सकते हैं।
7. यह उपागम छात्र-प्रधान है।
8. पाठ्य-वस्तु को छोटी-छोटी इकाइयों व उप-इकाइयों में बाँट दिया जाता है। इससे शिक्षण व अधिगम सरल हो जाता है।
9. इसमें विद्यार्थी जो कुछ सीखतें हैं, पूरी तरह समझ कर सीखते हैं।

इकाई उपागम के अवगुण

इकाई उपागम के अवगुण अग्रलिखित हैं–

1. प्रत्येक इकाई को सार्थक बनाना व्यावहारिक रूप से असुविधाजनक होता है।
2. इस प्रणाली में शिक्षण धीमी गति से होता है जिसके परिणामस्वरूप पाठ समय पर समाप्त नहीं हो पाता।
3. इस उपागम के कई सोपान क्रिया और व्यवहार में एक-दूसरे से काफी

मिलते-जुलते हैं। इसलिए इनमें आपस में अन्तर न होने के कारण काफी अस्पष्टता रहती है।

4. इसमें समय अधिक खर्च होता है। मन्द गति से सीखने वाले बच्चों के कारण सामान्य व प्रतिभाशाली बच्चों का काफी समय व्यर्थ चला जाता है।
5. शिक्षण की इस मन्दगति के कारण पाठ्यक्रम ठीक समय पर पूरा करने में कठिनाई होती है।
6. जो विद्यार्थी पहली इकाई में अनुत्तीर्ण हो जाते हैं उन्हें पुनः वही इकाई पढ़नी पड़ती है। यह विचार व कार्य व्यावहारिक दृष्टि से ठीक नहीं है।
7. कई बार जरा-सी असावधानी बरतने से यह नीरस तथा निर्जीव हो जाती है।

शिक्षण उद्देश्यों का निर्धारण

किसी क्रिया द्वारा व्यवस्थित रूप से जो परिवर्तन होते हैं वह उद्देश्य का ही रूप होता है। शैक्षिक उद्देश्य से तात्पर्य (i) ज्ञानात्मक (ii) भावात्मक तथा (iii) क्रियात्मक पक्षों में परिवर्तन लाना है। इन उद्देश्यों के निर्धारण में अग्र बातों को ध्यान में रखना आवश्यक है–

(i) प्रत्येक विषय की प्रकृति (Nature) भिन्न होती है जिससे विभिन्न उद्देश्यों की प्राप्ति होती है।

(ii) समाज की आर्थिक, राजजीतिक तथा सांस्कृतिक आवश्यकताओं का निर्धारण करते हैं जो उद्देश्य के लिए महत्त्वपूर्ण होते हैं।

(iii) एक ही पाठ्य-वस्तु को विभिन्न स्तरों पर पढ़ाया जा सकता है लेकिन शिक्षण के उद्देश्य भिन्न होते हैं। उद्देश्यों के निर्धारण में स्तर को महत्त्व दिया जाता है।

(iv) छात्र के विकास क्रम को ध्यान में रखने से भिन्न-भिन्न स्तर के छात्रों के लिए उचित उद्देश्यों का निर्धारण किया जाता है।

अधिगम के अनुभव

ये वे साधन हैं जिनकी सहायता से शिक्षण उद्देश्यों की प्राप्ति की जाती है। विद्यार्थी को अनेकों अनुभव होते हैं लेकिन सबको 'अधिगम के अनुभव' नहीं कह सकते। केवल स्कूल तथा उसके बाहर प्राप्त अनुभवों को ही 'अधिगम के अनुभव' कहा जा सकता है। ये अनुभव शिक्षण उद्देश्यों को प्राप्त करने में सहायक होते हैं।

कक्षा में अध्यापक भिन्न-भिन्न प्रकार की क्रियाएँ करके छात्रों को अधिगम अनुभव प्रदान करता है। अतः शिक्षक उन सभी युक्तियों को शामिल करता है जो उद्देश्यों की प्राप्ति में सहायक होती हैं। इनमें शिक्षण की विधि, प्रविधि, सहायक सामग्री तथ अनुदेशन (Instruction) को शामिल कर सकते हैं।

अधिगम के अनुभवों के साधनों के उदाहरण अग्रलिखित हैं—

शिक्षण उद्देश्य	अधिगम के अनुभवों के साधन
1. ज्ञान उद्देश्य	व्याख्यान, चार्ट, प्रदर्शन, पाठ्य पुस्तकें, फिल्म तथा गृह-कार्य।
2. बोध उद्देश्य	वाद-विवाद, प्रश्नोत्तर विधि, प्रदर्शन, रेखाचित्र, मानचित्र, माडल, पाठ्य-पुस्तकें तथा गृह-कार्य।
3. प्रयोग उद्देश्य	समस्या समाधान, प्रयोगात्मक विधि, अन्तः प्रक्रिया विधि, अनुवर्ग शिक्षण।
4. सर्जनात्मक उद्देश्य	समस्या समाधान, व्यक्तिगत प्रयोग।

व्यवहार परिवर्तन का मूल्यांकन

अधिगम के अनुभवों की सहायता से विद्यार्थियों के व्यवहार में वांछित परिवर्तन लाए जा सकते हैं। व्यवहार परिवर्तन तीन प्रकार के होते हैं—

(i) ज्ञानात्मक
(ii) भावात्मक
(iii) क्रियात्मक

इन तीनों प्रकार के व्यवहार परिवर्तन के मापने की व्यवस्था की जाती है। इनमें आपस में समन्वय एवं सामंजस्य होता है। उद्देश्यों की प्राप्ति किस सीमा तक हुई है इसकी जानकारी छात्रों में व्यवहार परिवर्तन से की जाती है।

मूल्यांकन उपागम के गुण

मूल्यांकन उपागम के प्रमुख गुण अग्रलिखित हैं—

1. इसमें निर्धारित उद्देश्यों की प्राप्ति के लिए अपनाई जाने वाली विधियों, प्रविधियों, ब्यूह रचनाओं और सहायक साधनों का स्पष्ट उल्लेख किया जाता है।
2. इस उपागम में वाँछित व्यवहार परिवर्तनों के मूल्याँकन पर बल दिया जाता है।

3. इस उपागम में शैक्षिक उद्देश्यों, अधिगम अनुभवों और व्यवहार परिवर्तन में निकट का सम्बन्ध स्थापित किया जाता है।
4. यह उपागम मनोविज्ञान के सिद्धान्तों पर आधारित है।
5. इसमें शिक्षक और छात्रों की क्रियाओं को अलग-अलग स्पष्ट किया जाता है।
6. इस उपागम में शैक्षिक उद्देश्यों को व्यावहारिक शब्दावली (Behavioural Terms) में प्रस्तुत किया जाता है।
7. शिक्षण बिन्दुओं के माध्यम से विषय-वस्तु और अधिगम अनुभवों को संक्षिप्त रूप में प्रस्तुत किया जा सकता है।

मूल्यांकन उपागम के अवगुण

मूल्यांकन उपागम के प्रमुख अवगुण अग्रलिखित हैं—

1. इसमें छात्रों की अपेक्षा अध्यापक का अधिक नियन्त्रण रहता है जिससे छात्रों को स्वयं आगे बढ़ने के उतने अवसर नहीं मिलते।
2. इस उपागम के उद्देश्यों, अधिगम अनुभवों और मूल्याँकन तकनीकों में समन्वय व्यावहारिक रूप से कठिन लगता है।
3. इसमें शैक्षिक उद्देश्यों को लिखने के लिए मानसिक योग्यताओं का ध्यान नहीं रखा जाता।
4. छात्र व अध्यापक की स्वतन्त्रता छिन सकती है क्योंकि इसमें उनकी क्रियाओं को पहले से ही सीमाबद्ध कर दिया जाता है।

हरबर्ट उपागम और मूल्यांकन उपागम में अन्तर

हरबर्ट उपागम और मूल्यांकन उपागम में अग्रलिखित अन्तर हैं—

1. हरबर्ट उपागम में शैक्षिक उद्देश्यों को व्यावहारिक शब्दावली में बदलने की व्यवस्था नहीं है, लेकिन मूल्याँकन उपागम में शैक्षिक उद्देश्यों को व्यावहारिक शब्दावली में बदलकर प्रयोग में लाया जा सकता है।
2. यह उपागम पाठ्य-वस्तु केन्द्रित है, लेकिन यह उपागम शिक्षण-बिन्दु केन्द्रित है।
3. इस उपागम में पाठ्य-वस्तु के प्रस्तुतीकरण पर अधिक बल दिया जाता है, लेकिन इस उपागम में अपेक्षित व्यवहार परिवर्तनों के मूल्यांकन पर बल दिया जाता है।

4. हरबर्ट उपागम में इन पदों का प्रयोग किया जाता है–(i) तैयारी, (ii) प्रस्तुतीकरण, (iii) तुलना और सम्बन्ध, (iv) सामान्यीकरण, (v) प्रयोग। लेकिन, मूल्यांकन उपागम में इन पदों का प्रयोग होता है– (i) शैक्षिक उद्देश्यों को निर्धारित करना, (ii) अधिगम के अनुभव प्रदान करने, (iii) व्यवहार-परिवर्तन का मूल्याँकन करना।
5. इस उपागम में शिक्षण उद्देश्यों और अधिगम परिस्थितियों को ध्यान में नहीं रखा जाता है, लेकिन इस उपागम में शिक्षण-उद्देश्यों और अधिगम-परिस्थितियों पर विशेष बल दिया जाता है।
6. इस उपागम में शिक्षण–अधिगम उद्देश्यों का विशिष्टीकरण नहीं किया जाता है, लेकिन इस उपागम में शिक्षण-अधिगम उद्देश्यों का विशिष्टीकरण करना सम्भव है।
7. इस उपागम में शिक्षण के विभिन्न पक्षों को पृष्ठ-पोषण (Feedback) नहीं मिलता है, लेकिन इस उपागम में इसकी व्यवस्था सम्भव है।

अध्यापक के लिए पाठ योजना का महत्त्व

पाठ योजना सम्बन्धी यह उपागम क्षेत्रीय शिक्षा महाविद्यालय मैसूर ने विकसित किया है। इसलिए इस उपागम को क्षेत्रीय शिक्षा महाविद्यालय मैसूर उपागम या आर.सी.ई.एम. उपागम के नाम से जाना जाता है। ये पाठ योजना अन्य पद्धतियों से श्रेष्ठ मानी गई है। इसमें मानसिक प्रक्रियाओं को महत्त्व दिया जाता है। उद्देश्यों के निर्धारण में ब्लूम के वर्गीकरण (Bloom's Taxonomy) का प्रयोग किया गया है। इस उपागम में 17 मानसिक योग्यताओं का उपयोग किया गया है। शिक्षक की अपनी पाठ योजनाओं के निर्माण में इन्हीं मानसिक योग्यताओं के विकास की व्यवस्था करनी पड़ती है।

मुख्य विशेषताएँ

1. यह उपागम प्रणाली उपागम (System Approach) के उपयोग पर आधारित है।
2. इस उपागम में प्रणाली उपागम के तीनों पदों–अदा (Input), प्रक्रिया (Process) और प्रदा (Output) के प्रयोग में लाया जाता है। ये पद निम्नलिखित हैं–
   (i) **अदा**—आर. सी. ई. एम. उपागम में अदा (Input) को अपेक्षित व्यवहार परिणाम (Expected Behaviour Outcomes or E

BOS) का नाम दिया गया है। इस पद में पाठ के शैक्षिक उद्देश्यों का ठीक प्रकार से निर्धारण व स्पष्टीकरण किया जाता है। अदा के अन्तर्गत शिक्षण के अपेक्षित व्यवहारों का निर्धारण करना तथा उन्हें व्यावहारिक रूप में लिखना है। ब्लूम के 6 वर्गों को 4 वर्गों में बाँट लिया गया है। इन चार वर्गों–ज्ञान, बोध, प्रयोग तथा सर्जनात्मक, को 17 मानसिक योग्यताओं में बाँटा गया है। इनकी सहायता से शिक्षण उद्देश्यों को व्यावहारिक रूप में लिखा जाता है।

(ii) **प्रक्रिया**—इस उपागम में प्रक्रिया को संप्रेषण ब्यूह रचना (Communication Strategies) का नाम भी दिया गया है। इस पद को हरबर्ट उपागम के 'प्रस्तुतीकरण' और ब्लूम के 'मूल्याँकन उपागम' के 'अधिगम अनुभव' (Learning Experience) पदों जैसा ही माना जाता है। उद्देश्यों की प्राप्ति के लिए शिक्षण की विभिन्न विधियों, ब्यूह रचनाओं तथा सहायक सामग्री की व्यवस्था की जाती है। इस पद में छात्र और शिक्षक दोनों की क्रियाएँ शामिल हैं और कक्षा में अन्तःक्रिया होती है।

(iii) **प्रदा**—इस उपागम से इस पद को 'वास्तविक अधिगम परिणाम' (Real Learning Outcomes-RLO) का नाम भी दिया गया है। छात्रों के पद का सीधा सम्बन्ध पाठ के मूल्याँकन (Evaluation) से होता है। छात्रों के व्यवहार में परिवर्तन होना ही 'वास्तविक अधिगम परिणाम (RLO) कहलाता है। इसके लिए शिक्षक विभिन्न प्रकार की मापन विधियों का प्रयोग करता है। ये मापन विधियाँ 'अपेक्षित व्यवहार परिवर्तन' (EBOS) पर आधारित होती हैं। इसमें अध्यापक मौखिक तथा लिखित परीक्षाओं को प्रयोग में लाता है और शिक्षण के साथ-साथ वह अपने उद्देश्यों की प्राप्ति की जानकारी भी लेता रहता है।

भारतीय परिस्थितियों में यह उपागम अधिक उपयोगी सिद्ध हो सकता है। इस उपागम में ब्लूम के वर्गीकरण का उपयोग किया जाता है और ब्लूम के 6 वर्गों को घटाकर केवल 4 वर्गों का प्रयोग किया है। दूसरे उपागमों में मानसिक क्रियाओं का कोई उल्लेख नहीं है जबकि इसमें 17 मानसिक योग्यताओं का उल्लेख है। हरबर्ट उपागम में शैक्षिक उद्देश्यों के वर्गीकरण का प्रयोग नहीं किया जाता और न ही इन उद्देश्यों का प्रयोग मूल्याँकन उपागम में किया जाता है। हरबर्ट उपागम में केवल ज्ञान पक्ष से सम्बन्धित उद्देश्यों की पूर्ति हो सकती है। आर. सी. ई. एम. उपागम स्मृति

स्तर तक सीमित है तथा बोध और चिन्तन भी इसमें सम्मिलित है। मानसिक योग्यताओं का उल्लेख मूल्याँकन उपागम में नहीं पाया जाता। जबकि आर. सी. ई. एम. उपागम में छात्रों की योग्यताओं, रुचियों, अभिरुचियों और प्रविष्टि व्यवहारों (Entering Behaviours) का पूरा ध्यान रखा जाता है। दूसरे उपागमों में ऐसी व्यवस्था नहीं मिलती। अतः आर. सी. सी. ई. एम. उपागम दूसरे उपागमों से कई दृष्टिकोणों में उत्तम माना जाता है।

आदर्श पाठ-योजना का प्रतिरूप

पाठ-योजना-1

कक्षा–	विषय–समाजशास्त्र (अगस्त कॉम्टे के चिंतन की मुख्य बातें)
अवधि–50 मिनट	दिनांक– ....

अनुदेशनात्मक सामग्री

1. अगस्त कॉम्टे का चित्र।
2. भारतीय समाज का चित्र।

अनुदेशनात्मक उद्देश्य

1. छात्रों में पाठ्य विषय के सम्बन्ध में जिज्ञासा पैदा करना।
2. छात्रों की तार्किक, मानसिक, निरीक्षण शक्ति का विकास करना।
3. छात्रों में ऐसी क्षमता विकसित करना कि वे प्रभावोत्पादक भाषा में अपने विचार प्रकट कर सकें।
4. छात्रों की शब्दावली में वृद्धि करना।
5. छात्रों का व्यावहारिक ज्ञान बढ़ाना।
6. छात्रों को अगस्त कॉम्टे का जीवन वृत्त की जानकारी देना।

प्रारम्भिक व्यवहार

पाठ्य विषय के सम्बन्ध में बालकों के विचार मानक भाषा में प्राप्त करना।

पूर्वज्ञान-परीक्षण

1. कुछ प्रमुख समाजशास्त्रियों का नाम बताओ।
2. समाजशास्त्र के जन्मदाता कौन थे?

उद्देश्य-कथन

छात्रों से सन्तोषप्रद उत्तर मिलने पर विषयाध्यापक घोषणा करेगा कि आज हम समाजशास्त्र के जन्मदाता के रूप में अगस्त कॉम्टे के विषय में महत्वपूर्ण जानकारी प्राप्त करेंगे।

प्रस्तुतीकरण

विषयाध्यापक निम्न रूप में विषय का प्रस्तुतीकरण सरल व सुबोध भाषा में करें–

समाजशास्त्र के जन्मदाता अगस्त कॉम्टे इस नये विज्ञान को सबलता प्रदान करना चाहता थे, जिससे कि उसका एक विशिष्ट विज्ञान के तौर पर विकास हो सके। उसके लिए उसने तीन प्रस्थितियों के सिद्धांत का प्रतिपादन किया। इसमें उसने विज्ञानों का उच्चानुक्रम प्रतिपादित किया। तीन अवस्थाओं के नियम के आधार पर कॉम्टे ने समस्त विज्ञानों का वर्गीकरण निम्न संस्तरण के अनुरूप किया–

(1) गणितशास्त्र–अपने वर्गीकरण में कॉम्टे ने सबसे पहला स्थान गणितशास्त्र को दिया। उसने गणितशास्त्र को सर्वाधिक सामान्य प्राचीन और दोष रहित विज्ञान माना है। यह विज्ञान स्वयं शासित एवं आत्म निर्भर है। गणितशास्त्र एक अपरिवर्तनीय और यथार्थ शास्त्र है।

(2) जड़ पदार्थों से सम्बन्ध रखने वाला विज्ञान–दूसरे विज्ञानों का स्थान निर्धारित करने हेतु सम्पूर्ण घटनाक्रम को दो हिस्सों में बाँटा गया है–(1) अचेतन एवं (2) चेतन। अचेतन पदार्थों में समतुल्यता ज्यादा होती है, अतः गणितशास्त्र के पश्चात् उन विज्ञानों को स्थान दिया गया है जिनमें अचेतन घटनाओं का अध्ययन किया जाता है। अचेतन घटनाओं को कॉम्टे ने हिस्सों में बाँटा है–(क) खगोल सम्बन्धी घटनाएँ, एवं (ख) पार्थिक अथवा स्थानीय घटनाएँ।

कॉम्टे के अनुसार खगोल सम्बन्धी घटनाओं में ग्रह, नक्षत्र, तारे, पुच्छल तारे, चन्द्रमा, बुध, मंगल आदि का अध्ययन किया जाता है। पार्थिक अथवा स्थानीय घटनाओं से सम्बन्धित दो तरह के पदार्थ होते हैं–एक भौतिक पदार्थ एवं

दूसरे रासायनिक पदार्थ होते हैं। इस तरह कॉम्टे ने विज्ञानों का स्थिति क्रम निम्न प्रकार से रखा है–(1) खगोल शास्त्र, (2) भौतिक शास्त्र एवं (3) रसायन शास्त्र।

(3) चेतन घटनाओं से सम्बन्ध रखने वाला विज्ञान–कॉम्टे के अनुसार चेतन घटनाएँ जटिल होती हैं अतएव इनका अध्ययन बाद में आता है। ये घटनाएँ दो रूपों में घटित होती हैं–(1) व्यक्तिगत रूप में एवं (2) सामूहिक रूप में । उनके अनुसार निजी जीवन की घटनाओं का अध्ययन जीवशास्त्र अथवा शरीर विज्ञान में किया जाता है। कॉम्टे के अनुसार राजनीतिशास्त्र, धर्मशास्त्र, नीतिशास्त्र आदि सामाजिक विज्ञान मनुष्य के जीवन की सामूहिक घटनाओं का अध्ययन करते हैं। इस प्रकार कॉम्टे ने विज्ञानों का संस्तरण इस प्रकार प्रस्तुत किया है–(1) गणितशास्त्र, (2) खगोल शास्त्र, (3) भौतिक शास्त्र, (4) रसायन शास्त्र, (5) जीव शास्त्र एवं (6) समाज शास्त्र।

प्रत्यक्षवाद और अगस्त कॉम्टे–कॉम्टे का कथन है कि व्यवस्थित कार्य प्रणाली द्वारा जिस प्रकार प्राकृतिक घटनाएँ कुछ निश्चित नियमों पर आधारित होती हैं, उसी प्रकार प्रकृति के अंग के रूप में सामाजिक घटनाएँ भी कुछ निश्चित नियमों के अनुसार घटित होती हैं। जिस प्रकार पृथ्वी की गति, ऋतु परिवर्तन, चन्द्रमा और सूरज का आवागमन, दिन और रात का बनना आदि प्राकृतिक घटनाएँ आकस्मिक नहीं हैं, बल्कि कुछ निश्चित नियमों के द्वारा निर्देशित होती हैं, उसी प्रकार मानवीय या सामाजिक घटनाएँ भी आकस्मिक नहीं होती, वे भी कुछ सामाजिक नियमों के अन्तर्गत घटित होती हैं। कॉम्टे का प्रत्यक्षवाद का यही प्रथम आधारभूत सिद्धान्त है। कॉम्टे के अनुसार प्रत्यक्षवादी प्रणाली के अन्तर्गत सर्वप्रथम हम अध्ययन विषय को चुनते हैं और फिर अवलोकन या निरीक्षण द्वारा उस विषय से सम्बन्धित होने वाले समस्त तथ्यों (Facts) को एकत्रित करते हैं और इसके बाद इन तथ्यों का विश्लेषण करके सामान्य विशेषताओं के आधार पर इनका वर्गीकरण करते हैं और अतं में उसी से उन विषयों से सम्बधित निष्कर्ष निकालते हैं। इस प्रकार निरीक्षण और वर्गीकरण प्रत्यक्षवाद की नींव है। कॉम्टे के अनुसार प्रत्यक्षवाद विचार की पद्धति है जो सार्वभौमिक रूप से सभी को मान्य है।

अगस्त कॉम्टे का तीन स्तरों का नियम–कॉम्टे का तीन स्तरों का नियम इस प्रकार है–कॉम्टे ने मानव के बौद्धिक विकास का अध्ययन करने के आधार पर बताया कि इसके तीन क्रम इस प्रकार हैं–(1) धार्मिक स्तर, (2) आध्यात्मिक-तत्व मीमांसा-स्तर एवं (3) प्रत्यक्ष स्तर।

कॉम्टे के अनुसार प्रत्येक प्रमुख अवधारणा, ज्ञान की प्रत्येक शाखा, एक के बाद एक तीन विभिन्न सैद्धान्तिक दशाओं से गुजरती है–धार्मिक स्तर, तात्विक अथवा अमूर्त अवस्था और वैज्ञानिक अथवा प्रत्यक्ष अवस्था।

सामाजिक स्थिति विज्ञान एवं गति विज्ञान–कॉम्टे ने समाजशास्त्र को दो प्रमुख भागों में बाँटा है–

1. सामाजिक स्थिति विज्ञान–सामाजिक स्थिति विज्ञान समाजशास्त्र की वह शाखा है जो समाज का पूर्व विभाग के रूप में अध्ययन करती है। इस प्रकार सामाजिक व्यवस्था या संरचना के अन्तर्गत अनेक भाग होते हैं। सामाजिक स्थिति विज्ञान इन समस्त भागों का अलग-अलग नहीं, अपितु एक सम्पूर्ण व्यवस्था के रूप में अध्ययन करता है।

2. सामाजिक गति-विज्ञान–सामाजिक गति विज्ञान मानव के विकास या प्रगति का अध्ययन है। यह मानवता की अवश्यकता निरन्तर गति का विज्ञान है। इसके अन्तर्गत ही निश्चित नियम आ जाते हैं जिनके अनुसार समाज का क्रमिक विकास या परिवर्तन होता है।

उपसंहार

उक्त वर्णित विचारों से अगस्त कॉम्टे का समाजशास्त्र के सम्बन्ध व्यक्त विचारों की जानकारी प्राप्त होती है।

गृह कार्य

(1) प्रत्यक्षवाद का विश्लेषण करें।

(2) अगस्त कॉम्टे का तीन स्तरों के नियम पर प्रकाश डालें।

पाठ-योजना-2

कक्षा– .... **विषय**–समाजशास्त्र (भारतीय सविधान सभा)

अवधि–50 मिनट **दिनांक**– ....

अनुदेशनात्मक सामग्री

1. समुदाय से सम्बद्ध चित्र-चार्ट।
2. शिक्षण सहायक सामग्री जैसे–श्यामपट, पाठ्य पुस्तक आदि।

अनुदेशनात्मक उद्देश्य

1. छात्रों में पाठ्य विषय के सम्बन्ध में जिज्ञासा पैदा करना।
2. छात्रों की तार्किक, मानसिक, निरीक्षण शक्ति का विकास करना।
3. छात्रों में ऐसी क्षमता विकसित करना कि वे प्रभावोत्पादक भाषा में अपने विचार प्रकट कर सकें।
4. छात्रों की शब्दावली में वृद्धि करना।
5. छात्रों का व्यावहारिक ज्ञान बढ़ाना।
6. छात्रों को समुदाय की जानकारी देना।

प्रारम्भिक व्यवहार

पाठ्य विषय के सम्बन्ध में बालकों के विचार मानक भाषा में प्राप्त करना।

पूर्वज्ञान-परीक्षण

1. आपके परिवार में कितने सदस्य हैं?
2. आपका परिवार किस समुदाय से सम्बन्ध रखते हैं?

उद्देश्य-कथन

छात्रों से सन्तोषप्रद उत्तर मिलने पर विषयाध्यापक घोषणा करेगा कि आज हम समुदाय का अध्ययन करेंगे।

प्रस्तुतीकरण

विषयाध्यापक निम्न रूप में विषय का प्रस्तुतीकरण सरल व सुबोध भाषा में करें—

समुदाय का अभिप्राय एक ऐसे मानव-समूह से है जो साधारण जीवन व्यतीत करने के लिए किसी निर्धारित भू-भाग पर संगठित किया गया हो। कहने का अभिप्राय यह है कि संगठित सामाजिक जीवन समुदाय कहा जाता है। पारिवारिक जीवन एवं सामुदायिक जीवन दोनों ही मानव समाज के आधारस्तम्भ हैं और यह सर्वत्र प्रकट होता है। समुदाय से निकटता, अपनत्व तथा जान-पहचान का बोध होता है। समुदाय में न केवल लोग साथ-साथ रहते हैं अपितु सामुदायिक जीवन में भी साथ-साथ भाग लेते हैं। समुदाय जनसंख्या के उस संगठित अपितु को कहा जाता

है जो किसी निश्चित भौगोलिक भू-भाग पर निवास करती है। जनसंख्या, निश्चित भू-भाग एवं सामान्य संस्कृति एवं संगठन आदि समुदाय के जरूरी अवयव हैं। साथ ही इन तत्त्वों के साथ-साथ सामुदायिक भावना का पाया जाना भी जरूरी है। अगर सभी तत्त्व समुदाय में पाए जाएँ और सामुदायिक भावना नहीं पाई जाए तो वह समुदाय नहीं कहलाएगा। मानव-समूह के साथ-साथ निश्चित भू-भाग एवं सामुदायिक भावना भी समुदाय के लिए नितांत आवश्यक है। इन तीनों में से एक के अभाव में भी समुदाय का निर्माण नहीं हो सकता है। समाज में हर व्यक्ति का जीवन समुदाय से इस तरह जुड़ा रहता है कि व्यक्ति उसी में पैदा होता है और अपना संपूर्ण जीवन बिताकर उसी में मर भी जाता है। समुदाय का विकास स्वतः ही होता है। कहने का अभिप्राय यह कि जान-बूझकर किसी विशेष उद्देश्य की प्राप्ति के लिए समुदाय का निर्माण नहीं किया जाता है। अतएव समुदाय के सदस्यों का सामान्य जीवन समुदाय में ही व्यतीत होता है। जब थोड़े व्यक्ति किसी विशेष स्थान पर अपना सामान्य जीवन व्यतीत करने लगते हैं तो व्यक्तियों के इस समूह को समुदाय का नाम दिया जाता है। इस समुदाय से व्यक्ति की सभी जरूरतों की पूर्ति होती है। सामान्य जीवन के कारण समुदाय के सदस्यों के बीच एक मनोवैज्ञानिक कड़ी बन जाती है जो इसके सदस्यों के बीच 'हम भावना' को जन्म देती है। इसी 'हम भावना' को सामुदायिक भावना का नाम दिया जाता है।

समुदाय का विचार पड़ोस से आरंभ होकर समस्त संसार तक पहुँच जाता है। इसके कारण को स्पष्ट करते हुए बोगार्डस ने अपनी पुस्तक 'सोशियोलॉजी' में लिखा है कि जब बच्चा जन्म लेता है तब वह समुदाय की अवधारणा से अवगत नहीं रहता है। जब वह थोड़ा बड़ा होकर चलने-फिरने लग जाता है तब उसका परिचय आस-पड़ोस से होने लगता है जो हौले-हौले उसमें सामुदायिक भावना का बोध कराता है। ज्यों-ज्यों वह बड़ा होता है तो उसकी जानकारी बड़े समुदायों से लेकर विश्व समुदाय तक हो जाती है। डॉ. बोडिन ने समुदाय के विषय में विचार स्पष्ट करते हुए कहा है कि समुदाय सभ्यता की सच्ची नैतिक इकाइयाँ हैं। समुदाय कई प्रकार के होते हैं। जैसे—ग्रामीण समुदाय, शहरी समुदाय, कबीला समुदाय, भारतीय समुदाय एवं विश्व समुदाय आदि।

समुदाय की परिभाषा

समुदाय के अर्थ को और अधिक स्पष्ट करने के लिए इसकी परिभाषाओं का अवलोकन करना भी आवश्यक लगता है। विभिन्न समाजशास्त्रियों ने समुदाय को

अलग-अलग ढंगों से परिभाषित किया है। यहाँ प्रमुख समाजशास्त्रियों द्वारा दिए गए समुदाय की परिभाषा प्रस्तुत की जा रही है।

(1) प्रसिद्ध समाजशास्त्री **मैकाईवर (MacIver)** के शब्दों में–"जहाँ कहीं किसी छोटे या बड़े समूह के सदस्य इस प्रकार रहते हैं कि वे यह या वह विशेष हित नहीं बल्कि सामान्य जीवन की मूल दशाओं में भाग लेते हैं, तब हम उस समूह को समुदाय कहते हैं।"

इस परिभाषा से यह पता चलता है कि समुदाय के सदस्यों का कोई विशेष हित नहीं होता है बल्कि वे सामान्य हितों के तहत सामान्य जीवन व्यतीत करते हैं।

(2) **ऑगबर्न (Ogburn)** के शब्दों में–"समुदाय हम उस संपूर्ण संगठित सामाजिक जीवन को कह सकते हैं जो एक सीमित क्षेत्र में पाया जाता हो। मानव जीवन विशेषतः इसी प्रकार के समुदाय में बीतता है। ये सामूहिक जीवन, संस्थात्मक संगठन और मानव व्यक्तित्व के विकास केन्द्र हैं।"

इस परिभाषा से यह पता चलता है कि समुदाय के सदस्यों का सामाजिक जीवन होता है तथा एक सीमित क्षेत्र भी होता है।

(3) **मर्डाक (Murdock)** के शब्दों में–"समुदाय व्यक्तियों का वह समूह होता है जो आमने-सामने के संबंध सहित साथ-साथ निवास करता है।"

मर्डाक की इस परिभाषा से पता चलता है कि समुदाय के सदस्यों में आमने-सामने का संबंध होता है तथा वे एक साथ निवास करते हैं।

(4) **सदरलैण्ड (Sutherland)** के शब्दों में–"समुदाय एक ऐसा स्थानीय क्षेत्र है जिस पर व्यक्ति एक ही भाषा का प्रयोग करते हैं, समान रूढ़ियों का अनुसरण करते हैं, अधिक या कम मात्रा में समान भावों का अनुभव करते हैं और समान धारणाओं पर चलते हैं।"

इस परिभाषा के आधार पर यह कहा जा सकता है कि समुदाय के व्यक्तियों का जीवन एक समान बीतता है। कहने का तात्पर्य यह है कि समुदाय के सदस्य कम या अधिक एक ही प्रकार के आचारों-व्यवहारों का प्रदर्शन करते हैं।

(5) प्रसिद्ध समाजशास्त्री **गिन्सबर्ग (Ginsberg)** के विचार में–"समुदाय से सामाजिक प्राणियों के एक ऐसे समूह का बोध होता है जो एक सामान्य जीवन व्यतीत करता है जिसमें वे सब असीम रूप से विविध और जटिल सम्बन्ध सम्मिलित रहते हैं जो सामान्य जीवन का परिणाम हैं या उसको बनाते हैं।"

गिन्सबर्ग की इस परिभाषा से पता चलता है कि समुदाय के लोगों का एक सामान्य जीवन होता और वे अपना संपूर्ण जीवन उसी समुदाय में व्यतीत करते हैं।

(6) **बोगार्डस (Bogardus)** के अनुसार—"एक समुदाय एक सामाजिक समूह है जिसमें कुछ अंशों में हम की भावना है और जो एक विशेष क्षेत्र में रहता है।"

इस परिभाषा से समुदाय के संबंध में तीन बातों का पता चलता है। पहली बात यह है कि समुदाय एक सामाजिक समूह है। दूसरी बात यह है कि इस सामाजिक समूह में 'हम समूह' की भावना पाई जाती है। तीसरी बात यह है कि समुदाय का एक निश्चित भौगोलिक क्षेत्र होता है।

(7) **कोल (Cole)** के विचार में—"एक समुदाय से मेरा तात्पर्य एक जटिल सामाजिक जीवन से है, एक ऐसी जटिलता जिसमें परिवर्तनशील समान रूढ़ियों, प्रथाओं तथा परंपराओं द्वारा परस्पर सम्बद्ध और किसी सीमा तक सामान्य सामाजिक लक्ष्यों और हितों के प्रति चेतन, सामाजिक संबंधों की अवस्थाओं में साथ-साथ रहने वाले मानव प्राणी सम्मिलित होते हैं।"

इस परिभाषा से यह पता चलता है कि समुदाय के सदस्य सामान्य सामाजिक लक्ष्यों और हितों के प्रति चेतनशील रहते हैं।

(8) **डेविस (Davis)** के शब्दों में—"समुदाय सबसे छोटा क्षेत्रीय समूह है जिसमें सामाजिक जीवन के सभी पक्ष आ सकते हैं।"

इस परिभाषा से दो बातें सामने आती हैं। पहली बात यह है कि समुदाय सबसे छोटा क्षेत्रीय समूह है। दूसरी बात यह है कि इसमें सामाजिक जीवन के सभी पक्षों का समावेश हो सकता है।

उपर्युक्त परिभाषाओं का अवलोकन करने से यह ज्ञात होता है कि समुदाय एक मानव-समूह है। समुदाय का एक निश्चित भौगोलिक क्षेत्र होता है तथा उसके सदस्यों के बीच 'हम भावना' अथवा सामुदायिक भावना व्याप्त होती है। इन तीनों में से किसी एक के अभाव में समुदाय का निर्माण नहीं हो सकता है। कहने का आशय यह है कि समुदाय एक निश्चित भौगोलिक क्षेत्र में रहने वाला एक ऐसा मानव-समूह है जो स्वयं उत्पन्न होता है। प्रत्येक समुदाय का एक विशिष्ट नाम होता है जिससे उसकी पहचान होती है। समुदाय के सदस्य अपना सामान्य जीवन समुदाय में ही व्यतीत करते हैं। इनमें सामुदायिक भावना पाई जाती है। साथ ही समुदाय के सदस्य सामान्य रूढ़ियों, परम्पराओं, रीति-रिवाजों, विधियों एवं सामाजिक संबंधों से आपस में बँधे हुए रहते हैं। उपरोक्त आधारों पर बहुत से समुदाय पाए जाते हैं। जैसे—हिन्दू समुदाय, मुस्लिम समुदाय, ईसाई समुदाय आदि।

समुदाय की विशेषताएँ

समुदाय की प्रमुख विशेषताएँ अग्रलिखित हैं–

(1) समुदाय की प्रमुख विशेषता 'मानव-समूह' है। विभिन्न समाजशास्त्रियों द्वारा दी गई परिभाषाओं से यह स्पष्ट होता है कि समुदाय का एक आवश्यक तत्त्व मानव-समूह है। इसके अभाव में समुदाय की कल्पना नहीं की जा सकती है। निश्चित भौगोलिक क्षेत्र एवं सामुदायिक भावना किसी मानव-समूह में ही पाई जा सकती है। अतः मानव-समूह समुदाय की एक विशेषता कही जा सकती है।

(2) समुदाय का एक निश्चित भौगोलिक क्षेत्र होता है। मैकाईवर ने निश्चित भौगोलिक क्षेत्र अथवा निश्चित भू-भाग को समुदाय की अनिवार्य विशेषता माना है। उन्होंने कहा है कि किसी स्थान विशेष का वहाँ के निवासियों के जीवन पर विशेष प्रभाव पड़ता है। एक-सा जीवन, एक-सी प्रथाएँ, एक-से विचार एवं एक-सी संस्कृति किसी निश्चित भू-भाग में रहने पर ही संभव है। इस संबंध में सैम्पिल ने 'Influences of Geographical Environment' में लिखा है, ''मनुष्य पृथ्वी के धरातल की उपज है।'' ("Man is a Product of earth's Surface.") इस प्रकार यह पता चलता है कि निश्चित भौगोलिक क्षेत्र समुदाय की एक विशेषता है। मैकाईवर (MacIver) ने भी निश्चित भौगोलिक क्षेत्र की महत्ता पर प्रकाश डालते हुए लिखा है, ''विस्तृत रूप में समुदाय की धारणा का महत्त्व यह है कि, यह सामाजिक संयोग (Social Coherence) और भौगोलिक क्षेत्र के बीच आवश्यक संबंध स्थापित कर देती है.....सामाजिक संबंधों और प्रादेशिक निवास के संबंध में सभ्यता कैसे भी परिवर्तन क्यों न ला दे, लेकिन फिर भी स्थानीयता के अभाव में आधारभूत तत्त्व को भुलाया नहीं जा सकता।''

(3) समुदाय के सदस्यों के बीच सामुदायिक भावना पाई जाती है। इसका तात्पर्य यह है कि मानव-समूह एवं निश्चित भौगोलिक क्षेत्र के साथ-साथ सामुदायिक भावना का होना भी समुदाय के लिए आवश्यक है। सामुदायिक भावना के अभाव में कोई भी मानव-समूह निश्चित भू-भाग में रहने के बावजूद समुदाय नहीं कहला सकता है। जब मनुष्यों में सामुदायिक भावना होगी तभी वे एक-दूसरे के सुख-दुःख में साथ निभाएँगे तथा समुदाय में अपना सामान्य जीवन व्यतीत करेंगे। सामुदायिक भावना से 'हम समूह' की भावना विकसित होती है जिससे सदस्यों में निकटता का बोध होता है। मैकाईवर तथा बोगार्डस ने सामुदायिक भावना को समुदाय की आवश्यक विशेषता बताया है। इसी प्रकार समुदाय में सामुदायिक भावना के महत्त्व

पर प्रकाश डालते हुए सदरलैण्ड, वुडवर्ड एवं मैक्सवेल ने 'Introductory Sociology' में लिखा है, "समुदाय एक ऐसा स्थानीय क्षेत्र है जिस पर लोग एक ही भाषा का प्रयोग करते हैं, समान रूढ़ियों का पालन करते हैं और न्यूनाधिक समान भावों का अनुभव करते हैं।"

(4) समुदाय का सामान्य जीवन होता है। इसका मतलब कि समुदाय के सदस्य अपना सामान्य जीवन समुदाय में ही व्यतीत करते हैं। समुदाय में व्यक्ति संपूर्ण समाज की संस्कृति के अनुरूप ही अपने व्यवहार को ढालता है तथा एक विशेष प्रकार का जीवन व्यतीत करता है। इसमें सभी सामान्य जीवन जीते हैं तथा ऊँच-नीच की भावना भी नहीं पनपती है। समुदाय में भाषा, रीति-रिवाज, रूढ़ियों एवं परंपराओं आदि अनेक बातों में समानता पाई जाती है। समुदाय की इस विशेषता के संबंध में ग्रीन ने 'Sociology : An Analysis of Life in Modern Society' नामक पुस्तक में लिखा है, "समुदाय संकीर्ण भौगोलिक दायरे में रहने वाले लोगों का संग्रह है जो कि जीवन के एक सामान्य ढंग को अपनाते हैं।"

(5) समुदाय का अपना एक विशिष्ट नाम कही जा सकती है। इसका मतलब कि प्रत्येक समुदाय का एक विशिष्ट नाम होता है और उसी नाम से उस समुदाय को जाना जाता है। एक समाज में अनेक समुदाय होते हैं। इसलिए सभी का नाम अलग-अलग होना आवश्यक प्रतीत होता है। समुदाय का विशिष्ट नाम होने के कारण उस समुदाय के सदस्यों में सामुदायिक भावना का विकास होता है और समुदाय के सदस्य एक विशेष उद्वेग का अनुभव करते हैं। समुदाय की इस विशेषता का उल्लेख करते हुए ल्यूम्ले (Lumley) ने 'Principles of Sociology' में लिखा है, "वह एकरूपता का संकेत होता है, वह यथार्थता बतलाता है, वह वैयक्तिकता का द्योतक है, वह बहुधा व्यक्तित्व का बखान करता है और प्रत्येक समुदाय किसी-न-किसी प्रकार एक व्यक्तित्व है।"

(6) समुदाय जन्म स्वतः होता है। कहने का आशय यह है कि किसी योजनाबद्ध तरीके से समुदाय का निर्माण नहीं होता है बल्कि यह स्वतः जन्म ले लेता है। समुदाय निर्माण में पहले कुछ व्यक्ति एक जगह बस जाते हैं। वहाँ फिर धीरे-धीरे अन्य व्यक्ति भी आकर बस जाते हैं। सभी व्यक्ति एक-दूसरे के सुख-दुःख में भागी होकर अपना सामान्य जीवन व्यतीत करने लगते हैं। धीरे-धीरे उनके बीच सामुदायिक भावना का विकास हो जाता है। इस प्रकार समुदाय का जन्म स्वतः ही हो जाता है। उदाहरणस्वरूप यह कहा जा सकता है कि गाँव, नगर, राष्ट्र आदि समुदायों का जन्म स्वतः हो गया है। इसे जान-बूझकर बसाया नहीं गया है। इनके संबंध में कोई

निश्चित तारीख भी नहीं बताए जा सकते हैं। अतः स्वतः जन्म समुदाय का एक तत्त्व कहा जा सकता है।

(7) इसमें कानूनी प्रस्थिति का अभाव (Absence of Legal Status) पाया जाता है। चूँकि समुदाय में कानूनी प्रस्थिति का अभाव पाया जाता है। अतः इस पर न तो व्यक्ति की तरह मुकदमा चलाया जा सकता है और न तो कानूनी दृष्टि से इसके कार्य तथा अधिकार स्पष्ट होते हैं।

(8) इसमें स्थायित्व (Permanency) पाई जाती है। कहने का आशय यह है कि यह भीड़ के समान अस्थायी नहीं होता है। इसमें स्थायित्व पाई जाती है जिसके कारण समुदाय का जीवन स्थायी होता है।

(9) समुदाय में थोड़ी-बहुत आत्मनिर्भरता भी होती है। इस संबंध में आसबर्न एवं न्यूमियर (Osborn and Neumeyer) ने 'The Community and Society' में लिखा है, "समुदाय निकटवर्ती भौगोलिक क्षेत्र में रहने वाले हितों और क्रियाओं के सामान्य केन्द्र रखने वाले और जीवन की मुख्य बातों में मिलकर काम करने वाले लोगों का एक समूह है।"

उपसंहार

आज हमने समुदाय के विषय में ज्ञान प्राप्त किया। अब हम भली प्रकार समझ गये कि समुदाय क्या होता है तथा इसकी क्या विशेषताएँ होती हैं।

गृह कार्य

(1) समुदाय किसे कहते हैं?

(2) समुदाय की कुछ महत्त्वपूर्ण परिभाषा दें।

(3) समुदाय की प्रमुख विशेषताओं पर प्रकाश निक्षेप करें।

❑❑❑